Das Totenritual, geprägt durch Jenseitsvorstellungen und Gesellschaftsrealität

Theorie des Totenrituals eines kupferzeitlichen Friedhofs zu Tiszapolgár-Basatanya (Ungarn)

Marita Meisenheimer

BAR International Series 475
1989

B.A.R.

5, Centremead, Osney Mead, Oxford OX2 0DQ, England.

BAR -S475, 1989: 'Das Totenritual, geprägt durch Jenseitsvorstellungen und Gesellschafts realität'

ISBN 9780860546122 paperback
ISBN 9781407347622 e-book
DOI https://doi.org/10.30861/9780860546122
A catalogue record for this book is available from the British Library
This book is available at www.barpublishing.com

VORWORT

Diese Arbeit wurde im Februar 1986 von der Philosophischen Fakultät der Universität des Saarlandes in Saarbrücken als Dissertation angenommen.

Für seine Anteilnahme und Unterstützung beim Entstehen der Arbeit möchte ich Prof. Rolf Hachmann meinen Dank aussprechen. Ebenso danke ich Prof. Jan Lichardus für zahlreiche Anregungen und Hinweise. Nicht unerwähnt möchte ich auch meinen Bruder, Dr. rer. nat. Klaus Meisenheimer, lassen, der mir mit seinen Fragen, seiner Kritik und seinen Vorschlägen eine unschätzbare Hilfe gewesen ist.

INHALTSVERZEICHNIS

Kapitel I: Einleitung

Totenritual als Soziogramm?
Einige Anmerkungen zur Aussagekraft von Grabfunden

Gräber sind unter den archäologischen Quellen diejenigen, die uns vom *einzelnen* vorgeschichtlichen Menschen am meisten zu erkennen geben. Gleichzeitig ist jedes Grab Ausdruck der *Gruppe*, die es angelegt hat. Mit dieser zweifachen Aussage über die archäologische Quelle des Grabes ist bereits die Problematik einer Gräberfeldanalyse angesprochen, deren Ziel es ist, auf das Leben einer solchen Gruppe und die Stellung des einzelnen in ihr rückzuschließen; es sind immer beide Seiten im Auge zu behalten.

Zunächst stellt das Anlegen eines Grabes - wie immer es im einzelnen aussehen mag - ganz pragmatisch eine Art und Weise dar, sich eines toten Körpers zu entledigen.

Daß damit normalerweise aber auch Intentionen ganz anderer Art verbunden werden, ist der archäologischen Wissenschaft seit langem bewußt[1]. Nur deswegen sind Untersuchungen wie die vorliegende überhaupt möglich. Ganz allgemein kann festgehalten werden, daß Gräber, um einer Interpretation zugänglich zu sein, Ausdruck einer *gedanklichen Konzeption* sein müssen, die sich ihrerseits in einer formalen Kontinuität niederschlagen muß. Sie müssen also Teil eines Toten*rituals* sein. Mit diesem Begriff der 'gedanklichen Konzeption' sei zunächst nur auf die Ideenwelt verwiesen, die die Bestattungsgemeinschaft zur Ausführung bestimmter ritueller Handlungen anläßlich eines Todesfalles veranlaßt. Im Normalfall dürften dies die Jenseitsvorstellungen sein. Jedes einzelne - verstorbene - Gemeinschaftsmitglied wird auf diese Weise einerseits gedanklich in die Vorstellungswelt der Gruppe integriert, und andererseits findet die somit gewonnene Position mit der Gestaltung des Grabes einen symbolischen Ausdruck.

Die vorliegende Untersuchung des Gräberfeldes von Tiszapolgár-Basatanya[2] beschäftigt sich mit der Frage, welche Schlüsse sich aus dem *formalen* Verhältnis der Gräber auf das *reale* Verhältnis der Personen (zu Lebzeiten), die dort bestattet sind bzw. die dort bestattet haben, ziehen lassen. Dies soll zunächst in keinerlei Weise eingeschränkt werden. Alles, was in den Gräbern zum Ausdruck kommt, soll berücksichtigt werden - seien es nun Unterschiede zwischen den Geschlechtern, Altersgruppen oder Familien,

---

1 Eggers 1959, 265: "Gräber enthalten Beigaben, die in die Erde gelangten ..., weil der Tote auf Grund einer religiösen Sitte oder eines Rechtsbrauches diese Dinge mitbekommen mußte. Gräber enthalten aber nicht einen 'objektiven' Querschnitt durch alle Typen, die in einer bestimmten Zeit und in einer bestimmten Gegend in Umlauf waren, sondern einen völlig subjektiven Ausschnitt aus dem Typenvorrat der jeweiligen lebenden Kultur. Es handelt sich also hier um einen völlig bewußten Willensakt des Menschen, ... Wenn aber Beigaben vorhanden sind, dann stellen sie eine positive Auslese dar, aus bekannten Gründen."

Hachmann 1956, 7: "Natürlich erlauben Grabanlagen stets in erster Linie Rückschlüsse auf religiöse Verhältnisse, aber die Art, wie der Tote für sein Dasein im Jenseits ausgerüstet wurde, gestattet es doch auch, auf die Rolle rückzuschließen, die er im Leben spielte."

Siehe auch Steuer 1982, 73.

2 Auch 'Polgár-Basatanya', im folgenden kurz 'Basatanya' genannt. - Das Gräberfeld wurde 1963 von I. Bognár-Kutzián unter dem Titel "The Copper Age Cemetery of Tiszapolgár-Basatanya" (im folgenden abgekürzt: BK) veröffentlicht.

betrifft es den Besitz, die tägliche Arbeit, den Kult oder was auch immer in einer solchen Gemeinschaft Kontinuität besitzen kann. Das Interesse gilt letztendlich den *sozialen*[3] Beziehungen der Personen und damit den Eigenschaften, die den einzelnen als Mitglied der Gemeinschaft auszeichneten.

Für die oftmals gestellte Frage, inwieweit ein Gräberfeld als Widerspiegelung der Gemeinschaft aufgefaßt werden kann[4], ist mit den einleitenden Sätzen bereits eine erste Antwort gegeben: Grundsätzlich ist davon auszugehen, daß die Gestaltung der Gräber durch den Filter der religiösen Vorstellungen gegangen ist. Somit kommt es entscheidend darauf an, in welchem Maße die Jenseitsvorstellungen an die diesseitige Wirklichkeit anknüpfen. Allgemein gilt sicher, daß die Übereinstimmung des Diesseits mit dem vorgestellten Jenseits besonders eng ist, solange Glaube und Wissen über die Welt noch nicht auseinanderfallen, wie das bei 'Naturvölkern' noch der Fall ist. Auch in Basatanya dürfte das Bild, das man sich vom Jenseits machte, ein sehr konkretes gewesen sein, wie die große Zahl verschiedenartiger Beigaben bezeugt.

Bei der Interpretation von Gräbern gibt es jedoch noch einen anderen Aspekt zu bedenken, der mit dieser religiösen Ebene nicht in unmittelbarem Zusammenhang steht - die Frage, wer die Bestattungen im einzelnen vorgenommen hat. Die Anlage von Gräbern erforderte ja nicht notwendigerweise die Beteiligung der gesamten Gruppe, die zu einem Gräberfeld gehörte; genausogut können nur Teile der Gemeinschaft dafür verantwortlich gewesen sein. Je mehr die Ausführung des Totenrituals jedoch Teilgruppen überlassen blieb, umso mehr wird sich die konkrete Ausgestaltung der rituellen Vorschriften voneinander unterschieden haben, und umso mehr wird die Anlage der Gräber von Intentionen bestimmt gewesen sein, die sich nicht aus den Jenseitsvorstellungen selbst ergaben. Eine wichtige Rolle könnte dabei z.B. das Prestigebedürfnis einzelner Familien gespielt haben[5].

Das Äneolithikum - die Epoche, der das Gräberfeld von Basatanya angehört - gilt als eine Zeit, in der es, verbunden mit dem Aufkommen der Metallverarbeitung, verstärkt zu gesellschaftlichen Differenzierungen gekommen ist[6]. Herausragendes Beispiel dafür ist im karpatenländischen Raum der Fundort von Varna mit seinen spektakulären Gold- und Kupferfunden[7]. Im Unterschied dazu galt mein Interesse den Verhältnissen in einem Gräberfeld, das zwar dieser Zeit angehört, aber selbst keinerlei außergewöhnlichen Fundstücke aufzuweisen hat - und damit einer Fundstelle, die die Hinterlassenschaft einer sozusagen 'durchschnittlichen' Gemeinschaft darstellt. Wie würde es in einem derartigen Fall um die Möglichkeiten einer Grabinterpretation bestellt sein?

Das Gräberfeld von Basatanya bot sich aufgrund seiner Größe, der Art seiner Befunde (Körpergräber mit einer Vielzahl von Beigaben) und seines guten Erhaltungszustandes wegen für diese Untersuchung an. Hinzu kommt, daß es sorgfältig gegraben und gut bearbeitet ist[8]. Durch die Publikation von I. Bognár-Kutzián aus dem Jahre 1963 ist es darüberhinaus ausführlich dokumentiert. Der darin enthaltene Katalog bildet die Basis für die nachfolgende Analyse. Die persönliche Betrachtung des Materials im Ungarischen Nationalmuseum in Budapest ergab, daß diese Materialvorlage für die hier beabsichtigte Untersuchung im wesentlichen brauchbar war.

---

3 In seiner allgemeinsten Bedeutung.

4 Vgl. z.B. Hachmann 1956, 7; Ucko 1969, 262-80; Binford 1971, 6-29; Shennan 1975, 282; Nacev-Skomal 1980, 77 und Steuer 1982, 73ff.

5 Vgl. Kossack 1974, 3-33.

6 Siehe z.B. Georgiev 1976; Sherratt 1976; Todorova 1976 und 1978; Kalicz 1985; Renfrew 1986.

7 Symposium Varna 1976; Todorova 1976 und 1978; Ivanov 1986; Renfrew 1986, Ivanov 1988, Mazarov 1988.

8 Es liegen detaillierte anthropologische und zoologische Bestimmungen vor.

In ihrem Auswertungsteil widmet sich I. Bognár-Kutzián in erster Linie der - formenkundlich und chronologisch orientierten - Einordnung der Funde und Befunde sowie deren Vergleich mit weiteren Gräberfeldern in und außerhalb Ungarns. Da sie jedoch teilweise mit Grundannahmen operiert, deren Gültigkeit in Frage gestellt werden muß, wurde eine Neubearbeitung der relativen Chronologie des Gräberfeldes und als Voraussetzung dafür der typologischen Gliederung der Keramik notwendig. Als Beispiel sei hier nur I. Bognár-Kutziáns Bestimmung der feinchronologischen Abfolge der Gräber genannt, die ausschließlich an den Grabreihen orientiert ist[9].

Der Aspekt des Gräberfeldes, der im folgenden im Vordergrund stehen soll, ist von I. Bognár-Kutzián ebenfalls angesprochen worden[10]. Die Ausführungen zu diesem Thema sind jedoch recht knapp gehalten und lassen darüberhinaus an Systematik missen. Diesbezüglich wird hier eine von Grund auf neue Interpretation vorgestellt, die sich vielfach bereits in den Fragestellungen von I. Bognár-Kutzián unterscheidet[11]. Daß die Ergebnisse trotzdem nicht in allen Punkten verschieden sind, sollte jedoch nicht überraschen - schließlich handelt es sich um die selben Gräber.

Gilt das vorrangige Interesse also dem Verhältnis der Personen, heißt dies, daß man sein Augenmerk in erster Linie auf die *Unterschiede* zwischen den Gräbern und die Art ihres Zustandekommens richten muß.

So können Eigenschaften von Toten deshalb im Ritual einen Ausdruck gefunden haben, weil sie in den Jenseitsvorstellungen eine wichtige Rolle spielten. Im vorliegenden Fall sind z.B. Personen männlichen Geschlechts im Grab grundsätzlich auf die rechte Seite, Frauen und Mädchen auf die linke Seite gelegt worden. Der Geschlechtsunterschied dürfte auch im Jenseits noch seine Bedeutung gehabt haben und wurde mit der Seitenlage - einer Form, die von sich aus keinerlei inhaltlichen Bezug zum Geschlecht einer Person hat - in eine rituelle Metapher übersetzt[12].

Eine andere Art von Unterschied hat man dagegen vor sich, wenn rituelle Vorschriften, die für alle gleichermaßen gegolten haben, Besonderheiten der Toten entsprechend ausgefallen sind. Wenn z.B. sowohl Männer als auch Frauen in ihrer geschlechtsspezifischen Tracht ins Grab gelegt worden sind, gelangten auf diese Weise alltägliche Unterschiede in die Gräber, ohne daß die Bestattungsgemeinschaft dabei einen besonderen Gedanken an den Geschlechtsunterschied verwandt haben muß.

---

9 Vgl. im einzelnen dazu die Ausführungen in Kap. II.

10 BK Kap. IV, Abschnitte 10-14.

11 So wird hier z.B. davon abgesehen, das 'Problem des Reichtums' an den Ausgangspunkt der Untersuchung zu stellen (vgl. BK 386). Denn eine geringe oder große Anzahl von Grabbeigaben ist nicht ohne weiteres mit einer/m unterschiedlichen Verteilung/Zugang von/zu Sachgütern in der zu untersuchenden Gesellschaft gleichzusetzen, da persönlicher Besitz und Beigaben keineswegs identisch sein müssen. Weder ist hier unbedingt eine repräsentative Auswahl oder gar eine Vollständigkeit zu erwarten, noch ist umgekehrt davon auszugehen, daß jede Beigabe nur aus dem Besitz des Verstorbenen stammen kann. Auch fehlt m.E. ein allgemeingültiges Kriterium für die Beurteilung der Wertschätzung der deponierten Gegenstände. Die Gültigkeit des von I. Bognár-Kutzián (BK 386) vorgeschlagenen Maßstabes des Aufwandes, der mit dem Erwerb verbunden war und der einen Vergleich aller Gegenstände ermöglichen soll - so unterschiedlich ihre Funktion auch gewesen sein mag - ist bei einer Gemeinschaft, die im wesentlichen für den Eigenbedarf produziert, doch stark in Zweifel zu ziehen.

Noch weniger überzeugend ist der Ansatz von S. Nacev-Skomal (1980, 76-78), die in ihrer Untersuchung des tiszapolgár-zeitlichen Teils des Gräberfeldes von Basatanya mittels einer Punktevergabe so disparate Dinge wie die praktische Funktion von Gegenständen, mögliche symbolische Funktionen ('Statussymbol') und Materialherkunft auf einen Nenner bringen und daran den 'Reichtum' der Gräber messen will.

Bereits angesprochen wurde die Möglichkeit, daß einzelne Gruppen von Hinterbliebenen die Bestattungen dazu benutzten, um mit dem Toten sozusagen auch sich selbst in ein besonderes Licht zu rücken. Daß hier innerhalb des vorgegebenen Rituals Freiräume genutzt worden sein können, würde bedeuten, daß damit eine gewisse Willkür ins Spiel gekommen ist, die sogar Fragen des persönlichen Geschmacks betreffen und somit der Kalkulierbarkeit entzogen sein kann.

Die eigentliche Gräberfeldanalyse muß also mit der Erfassung der Unterschiede zwischen den Gräbern beginnen (siehe Kap. III). Da natürlich sehr viele Unterschiede, die der Archäologe in seinem Befund erkennt, rein zufällig zustande gekommen sein können und für die Bestattungsgemeinschaft weder im Diesseits noch im Jenseits irgendeine Bedeutung gehabt haben müssen, ist es wichtig, sich über die *Relevanz* der gegebenen Unterschiede Klarheit zu verschaffen. Darüber können zwei Dinge Aufschluß geben:

- Zum einen kann ein Befund so auffällig sein, daß offenkundig wird, daß die Bestattungsgemeinschaft im Ritual eine bestimmte Absicht verfolgte. Deutlich wird dies in Basatanya z.B. bei der häufig vorkommenden Lage einer langen Silexklinge in Schädelnähe. Die Geräte sind mit Sicherheit ganz bewußt dort niedergelegt worden, ohne daß der Archäologe daher unbedingt auf die spezielle Bedeutung dieses rituellen Aktes schließen können muß[13].

- Ist dem einzelnen Befund die bewußte Gestaltung nicht anzusehen, bleibt das regelmäßige Zusammentreffen von Erscheinungen, das eine Relevanz anzeigt[14]. Z.B. sind die

---

13 Nichtsdestotrotz soll in dieser Arbeit der Versuch unterbleiben, solche Fragen mit Hilfe von Beispielen aus dem ethnologischen Bereich einer konkreten Deutung näher zu bringen. Damit soll keineswegs bestritten werden, daß die Beschäftigung mit der Ethnologie dazuführen kann, "to widen the horizon of the interpreter" (P.J. Ucko 1969, 262 in seiner Gegenüberstellung von archäologisch faßbaren Grabbefunden und ethnologisch belegten Deutungsmöglichkeiten, in Anlehnung an V.G. Childe); diese Erweiterung bleibt m.E. jedoch so lange ohne Folgen, so lange nur Interpretationsmöglichkeiten aufgezeigt werden, ohne daß man der Antwort näherkommt, ob diese im vorliegenden Fall tatsächlich zutreffen oder nicht. Auch L.R. Binfords vielbeachteter Aufsatz über "Mortuary practices" aus dem Jahre 1971 (siehe z.B. Shennan 1975, 280; Chapman 1977, 21f.; Hodson 1977, 406; Fiedel 1979, 26ff.) legt im Grunde genommen eine Skepsis gegenüber zu großen Erwartungen an die Ethnologie nahe, obwohl dies der Autor selbst nicht so sehen möchte. Aber auch er ist sich bewußt, daß es für die einzelnen rituellen Formen, die Gegenstand der archäologischen Untersuchung sind, keine allgemeingültige Bedeutung gibt ("... one group cremates its chiefs and the other cremates its criminals." Binford 1971, 16) und beschränkt sich letztendlich darauf, ganz allgemeine Zusammenhänge zwischen Totenritual und Gesellschaftsform herauszustellen und mit ethnographischem Material zu belegen.

Eine extreme Verfahrensweise zeigt die Arbeit von R. Meyer-Orlac (1982), die fast ausschließlich eine Kompilation der verschiedensten Falldarstellungen aus dem ethnologischen Bereich bildet. Man gewinnt den Eindruck, daß man zu jedem Fall, der eine spezielle Interpretation archäologischer Befunde belegen soll, ein Gegenbeispiel finden könnte. Diese Untersuchung zeigt überdeutlich, wie sinnlos das gegenseitige Aufrechnen von ethnologischen Parallelen ist, wenn man dadurch dem Wesen der Erscheinungen nicht näher kommt - wenn man sie nicht auf ihren abstrakten Kern reduziert.

Eine ausführliche Begutachtung der ethnologischen sowie historischen Literatur zu all den Themen, die im Totenritual von Basatanya vorkommen, wie symbolische Gräber, Schädelbestattungen, Zerstörung von Beigaben, Mitbestattung eines Hundes oder Beigabe von Schweineunterkiefern, um nur einige zu nennen, würde jedoch den Rahmen einer solchen Gräberfeldanalyse sprengen. Möglicherweise könnten dadurch die Begriffe verfeinert werden, die bei der Interpretation der beobachteten Erscheinungen verwendet werden, und sich vielleicht zusätzliche Fragestellungen ergeben, auf die das Gräberfeld eine Antwort liefern könnte. In dieser Arbeit soll es jedoch bei einer dem archäologischen Befund angemessenen allgemeinen Begriffsbildung bleiben und auf unbegründete Ausmalungen von Einzelheiten verzichtet werden.

14 Vgl. z.B. Christlein 1973, 148.

langen Silexklingen in Basatanya zusätzlich auf Männergräber beschränkt, so daß man sicher sein kann, in diesem Fall einen bereits im Diesseits existenten Unterschied zwischen den Geschlechtern oder - dies ist die andere Möglichkeit - eine im Totenritual gestaltete Unterscheidung vor sich zu haben[15].

Fragen der letztgenannten Art zu diskutieren, ist ein weiterer Schritt der Analyse (siehe Kap. IV), bevor letztendlich Rückschlüsse auf das Verhältnis der Personen im Diesseits gezogen werden können (Kap. V).

Zum Gräberfeld von Tiszapolgár-Basatanya

Das Gräberfeld von Basatanya - im Norden des großen ungarischen Tieflandes am Oberlauf der Theiß gelegen - zählt zu den wichtigsten Gräberfeldern des Äneolithikums im Bereich des Karpatenbekkens. Es ist das einzige Gräberfeld, in dem sowohl die Tiszapolgár-[16] als auch die Bodrogkeresztúr-Kultur[17] vertreten ist und gehört für beide Kulturgruppen (mit 57 bzw. 87 eindeutig zuweisbaren Gräbern) zu den größten bekannten Gräberfeldern[18]. Aufgrund des weitgehenden Fehlens von Siedlungsfunden ist das Gräberfeld von Basatanya gleichzeitig als bedeutendster Fundort dieser beiden Kulturen anzusprechen. Die chronologische Stellung der beiden Kulturgruppen zueinander ist am Siedlungsfund von Székely-Zöldtelek abzulesen, wo Tiszapolgár- und Bo-

---

15 P. Patay z.B. vernachlässigt diesen Punkt der Relevanz, wenn er die unterschiedliche Orientierung der Gräber in Basatanya mit 'ethnischen Ursachen' in Verbindung bringt (Patay 1970; siehe auch Patay 1978a, 35f.). In der Mehrheit sind die Gräber west-östlich orientiert, bei einigen jedoch, besonders gegen Ende des bodrogkeresztúr-zeitlichen Teils des Gräberfeldes (Periode II), ist der Kopf nach Osten orientiert (siehe im einzelnen Kap. IIIa und IVb sowie Tabellen 10a-d und Karte 35). Zu dieser Differenz in der Orientierung fehlt jegliche sonstige Parallele in den Gräbern, so daß es keinen Hinweis darauf gibt, daß hier verschiedene Gruppen - Patay denkt an Familien - am Werke waren und bewußt oder unbewußt die unterschiedlichen Formen gestalteten; ganz abgesehen davon, daß sich innerhalb dieser Gruppen die chronologische Entwicklung der Periode II parallel abzeichnen müßte, was sicher nicht der Fall ist (vgl. Karte 35 mit Karte 33). Patays Vermutung, daß man in Basatanya im Lauf der Periode II (wie bis auf wenige nahegelegene Ausnahmen in der Bodrogkeresztúr-Kultur üblich) zur Ost-West-Orientierung übergegangen ist, halte ich ebenfalls für wahrscheinlich, kann darin jedoch keine ethnischen Gründe entdecken. Auch wenn dies auf den Einfluß einer irgendwie fremden Bevölkerung zurückzuführen ist, begründet dies doch noch keine Unterscheidung innerhalb der Gemeinschaft von Basatanya. Genausogut ist vorstellbar, daß die Gruppe von Basatanya als Gesamtheit von der strengen Befolgung der Sitte der West-Ost-Orientierung abgegangen ist und ohne weitere Überlegung einmal diese, einmal jene Orientierung wählte.

16 Zusammenfassende Darstellung durch I. Bognár-Kutzián 1972 (Verbreitung siehe Beilagen 1 und 2); im folgenden auf das Gräberfeld bezogen "Periode I" (oder "P I ") genannt.

17 Zusammenfassende Darstellung durch Patay 1974 (Verbreitung siehe Beilage 1); im folgenden auf das Gräberfeld bezogen "Periode II" ("P II") genannt.

18 Im überregionalen Maßstab sind diese Kulturgruppen in das frühe Äneolithikum einzuordnen. - Siehe J. Lichardus 1976, 199; auch Makkay 1976, Kalicz 1985.

Ungeklärt ist die absolut-chronologische Stellung dieser Epoche, die hier vor allem in bezug auf die Belegungsdauer des Gräberfeldes interessiert. Traditionelle archäologisch-historische und naturwissenschaftliche Ansätze differieren stark und liefern auch für sich genommen kein einheitliches Bild (siehe Bognár-Kutzián 1972, 210f.; Patay 1974, 57 und Kalicz 1985). Der derzeitige Forschungsstand erlaubt keine begründete Festlegung auf einen bestimmten Zeitraum. Im Gräberfeld selbst gibt es jedoch einige Indizien dafür, daß die Belegungsdauer keine allzulange Zeitspanne umfaßt haben dürfte (vgl. Kap.IVa, S. 54).

drogkeresztúr-Schichten stratigraphisch zu trennen sind[19]. Auch im Gräberfeld selbst gibt es eine Vertikalstratigraphie der beiden Kulturgruppen durch jeweils zwei übereinander angelegte Gräber, wodurch diese Abfolge bestätigt wird[20]. Damit soll jedoch nicht gesagt sein, daß Periode II unmittelbar auf Periode I folgte. Die Zäsur zwischen den Kulturgruppen ist in Basatanya sogar so offenkundig, daß bereits die Frage aufgeworfen wurde, ob es sich nicht um zwei voneinander unabhängige Gräberfelder und damit auch Bevölkerungsgruppen gehandelt haben könnte[21]. In Kap. IVa wird auf diese Frage der lokalen Kontinuität ausführlich eingegangen.

Die Fundstelle in Basatanya ist seit dem frühen 20. Jahrhundert bekannt[22]. Die eigentliche Freilegung des Gräberfeldes, bei der die Gräber 1 - 156 zutage kamen, erfolgte in den Jahren 1950 - 1954 unter der Leitung von I. Bognár-Kutzián[23].

Die ursprüngliche Zahl der Gräber dürfte um etwa 10-15% höher gelegen haben. Durch Störungen noch in prähistorischer Zeit und kleinere Grabungen zu Beginn dieses Jahrhunderts sind nach Angaben von I. Bognár-Kutzián 6 - 9 Gräber zerstört worden. Dem Bau eines Kanals, der sich durch den südlichen Teil des Gräberfeldes zieht, fielen 1928 10 - 15 Gräber zum Opfer[24]. Berücksichtigt man die üblichen Abstände zwischen den vorhandenen Gräbern und die chronologische Stellung der Gräber, die direkt neben dem Kanal lagen[25], zeigt sich m.E., daß die Schätzung von I. Bognár-Kutzián (BK 350) mit 30 zerstörten Gräbern zu hoch gegriffen ist. 1929 öffnete F.Tompa bei der ersten systematischen Grabung 11 Gräber, von denen drei wahrscheinlich mit Gräbern identisch sind, die zu I. Bognár-Kutziáns Nummern 1 - 156 gehören[26]. I. Bognár-Kutzián hat in ihrer Publikation versucht, diese Gräber zu rekonstruieren[27]. Wegen der zahlreichen Unsicherheiten, die mit ihnen verbunden sind, sollen sie jedoch in der hier vorgenommenen Bearbeitung des Gräberfeldes unberücksichtigt bleiben.

Im übrigen geht I. Bognár-Kutzián (BK 20) davon aus, bei ihrer Grabung die Grenzen des Gräberfeldes erreicht zu haben.

Die Gräber sind in mehr oder weniger regelmäßigen Reihen angelegt worden[28]. Es handelt sich durchweg um Körperbestattungen in einfachen etwa rechteckigen Grabgruben. Die Toten sind - soweit dies zu beurteilen ist - bekleidet und mit Schmuck versehen bestattet worden. Als Beigaben fanden sich Gefäße mit Speiseresten (Tierknochen), Geräte aus Stein, Kupfer und Knochen-/Geweihmaterial sowie zahlreiche Tierknochen mit vorwiegend symbolischer Bedeutung[29].

Die Mehrheit der 156 Gräber ist ungestört mit meist gut erhaltenen Skeletten und Beigaben aufgefunden worden. Allein im nordöstlichen Teil war der Erhaltungszustand ei-

---

19 Kalicz 1958 und Bognár-Kutzián 1972, 81.

20 Siehe in Kap. II den Abschnitt: Die Trennung der Perioden I und II.

21 Siehe Patay 1974, 58. I. Bognár-Kutzián, die sich ausführlich mit dieser Frage beschäftigt hat, kommt zu dem Schluß, daß eine Kontinuität bestanden hat (BK 351f. und 519).

22 Einzelheiten zur geographischen Lage und zur Forschungsgeschichte siehe BK 15ff. und 349ff. sowie Beilage 1.

23 Siehe Beilage 2 bei BK: "Plan of the 1950-54 excavations".

24 Siehe Gräberfeldpläne bei BK (Beilagen 1 - 3).

25 Siehe Karten 19 und 33.

26 Grab A: Nr. 22; Grab D: Nr. 47; Grab E: Nr. 19.

27 Gräber A-K:BK 23-31.

28 Siehe Gräberfeldplan bei BK (Beilage 3).

29 Siehe im einzelnen Kap. IIIa.

niger Gräber aufgrund ihrer geringen Tiefe durch Einwirkung von Pflug und Feuchtigkeit mehr oder weniger stark beeinträchtigt[30].

Die menschlichen Skelette waren im allgemeinen so gut erhalten, daß Alter und Geschlecht bestimmt werden konnten[31]. Auch über Krankheiten, die sich am Knochenbau bemerkbar machten, gibt es Informationen. Hinzu kommt eine rassische Klassifizierung.

Durch die Publikation von I. Bognár-Kutzián liegen sehr ausführliche Beschreibungen sowohl der Grabbefunde als auch der einzelnen Fundgegenstände vor. Die Gegenstände sind zum größten Teil photographisch abgebildet, die Grabbefunde sind z.T. photographisch, z.T. zeichnerisch dargestellt.

30 Siehe Gräberfeldplan bei BK (Beilage 3) und Karte 2 in dieser Arbeit. Auf der Karte wird die fehlende Geschlossenheit bez. der Keramikgefäße gesondert aufgeführt, da dies für die chronologische Einordnung der Gräber von entscheidender Bedeutung, für den allgemeinen Vergleich der Gräber aber unerheblich sein kann. Die auf den Tabellen 14 - 17 zu Kap. IIIb gekennzeichneten Störungen beziehen sich entsprechend nicht auf solche, durch die nur die Gefäße beeinträchtigt worden sind.

31 Siehe Karten 39 - 40 und Tafel 9 sowie S. 51 Anm. 186.

Kapitel II: Die relative Chronologie

In diesem Kapitel soll die relativ-chronologische Stellung der Gräber innerhalb des Gräberfeldes geklärt werden. Das beinhaltet zum einen die Zuordnung der einzelnen Gräber zu einer der beiden Perioden und zum anderen die Abfolge innerhalb der Perioden.

Das Chronologieschema des gesamten Äneolithikums basiert auf einem Vergleich der Keramik. Das hat seinen Grund darin, daß die Keramik einen großen Teil des Fundkontingentes ausmacht und damit eine große Variationsbreite der Formen verbunden ist. Dies gilt auch für das Gräberfeld von Basatanya, in dem die Keramik die einzige Gegenstandsgruppe darstellt, die ursprünglich in allen Gräbern vertreten war. Obwohl einige Gräber wegen des schlechten Erhaltungszustandes der Keramik ausfallen, lassen sich mit ihrer Hilfe immer noch fast alle Gräber miteinander in Beziehung setzen.

Da die Chronologie in dieser Untersuchung nur die Basis der eigentlichen Analyse bildet, sollen hier die verschiedenen Untersuchungsschritte nicht bis in jede Einzelheit, sondern nur die *Ergebnisse* der relativ-chronologischen Auswertung des Gräberfeldes dargestellt werden. Auf Funde außerhalb Basatanyas wird nur Bezug genommen, um Widersprüche auszuschließen bzw. die Ergebnisse absichern zu können.

I. Bognár-Kutzián hat in ihrer Arbeit bereits eine relativ-chronologische Einordnung der Gräber vorgenommen, deren Kriterien jedoch, soweit sie erkennbar sind, fragwürdig bleiben. Unter der Überschrift "*The Sucession of the Burials*" (BK 229-231) stellt sie eine Aufeinanderfolge der Gräber vor, die sich ausschließlich an den Grabreihen orientiert, beginnend an der südwestlichen Ecke des Gräberfeldes bei Gr. 4.

Von einer derartigen regelmäßigen Belegung kann jedoch grundsätzlich nicht ausgegangen werden. Allein die Kartierung der Alters- und Geschlechtsgruppen in Periode I spricht gegen diese Annahme[32]. Es zeigt sich, daß den Kern der Reihen meist Männergräber bilden, während die Frauen- und Kindergräber mehr am Rand oder auch zwischen den Reihen angelegt worden sind.

Nach welchen Gesichtspunkten sie die Trennung der Perioden sowie die Klassifizierung der Übergangsgräber vorgenommen hat, wird von I. Bognár-Kutzián nicht näher erläutert. Aus sporadischen Bemerkungen erfährt man im weiteren, daß dabei z.B. Keramikformen und Skelettlage berücksichtigt worden sind[33].

Aufgrund dieser Unzulänglichkeiten wurde eine nochmalige, detaillierte Beschäftigung mit der relativen Chronologie von Basatanya notwendig. Grundlage dafür bildet die Gliederung der Keramikformen. Da jedoch auch die Gefäßtypologie I. Bognár-Kutziáns grundsätzliche Mängel aufweist, konnte auf eine eigenständige Bearbeitung ebensowenig verzichtet werden.

Zunächst fällt auf, daß in der Arbeit von I. Bognár-Kutzián die Typen von vorneherein nach den Perioden getrennt vorgestellt werden, während doch umgekehrt die Typologie die Grundlage für die chronologische Einordnung darstellen sollte. Desweiteren wird nicht in ausreichendem Maße deutlich, nach welchen Kriterien die typologische Einteilung vorgenommen worden ist. Aus der Beschreibung der Typen läßt sich ent-

---

32 Siehe Karten 40a.b.

33 Z.B. BK 294f. oder 359.

nehmen, daß wahlweise einmal die äußere Form der Gefäße, dann wieder die Verteilung der Henkel und Knubben als Kriterium den Ausschlag für die Zuordnung gab[34]. Gelegentlich wird sogar das Vorkommen in einem Grab zum Argument für die formale Einordnung[35]. Darüberhinaus erläutert I. Bognár-Kutzián nicht, wodurch ihre 'Varianten' charakterisiert sind. Die Bedeutung der lateinischen Kleinbuchstaben auf den Typentafeln 123 - 139 ist nicht nachvollziehbar. In vielen Fällen ist auch die Zuordnung der einzelnen Gefäße zu den Typen unklar[36], so daß eine Überprüfung nicht möglich ist.

Aus all diesen Gründen schien es unerläßlich, erneut eine typologische Unterteilung der Keramik von Basatanya vorzunehmen. Es liegt in der Natur der Sache, daß sich darin Grundstrukturen der Gliederung I. Bognár-Kutziáns wiederfinden, aber gerade in den Details, die von besonderer fein-chronologischer Relevanz sind, gilt es doch eine ganze Reihe von Unterscheidungen festzuhalten.

Die formale Gliederung der Keramik

Wie bei handgemachter Ware nicht anders zu erwarten, sind keine zwei Gefäße zu finden, die in allen benennbaren Merkmalen *gleich* sind, sondern im besten Fall solche, die durch Übereinstimmung in sehr vielen Merkmalen *ähnlich* sind. Um die Vielzahl der Variationen überschaubar zu machen, müssen sie in Typen untergliedert werden. Der Vorgang des Typenbildens besteht darin, ähnliche Formen zu solchen gleichen Typs zusammenzufassen, indem man offensichtlich irrelevante Unterschiede beiseite läßt. Im Begiff des *Typs* ist bereits ausgedrückt, daß es sich nicht um eine Identität bis ins kleinste Detail, sondern nur um eine Übereinstimmung in charakteristischen Merkmalen handelt[37].

Beginnt man, Gefäße im Hinblick auf ihre Ähnlichkeit bzw. Unterschiedlichkeit zu sortieren, wird man damit konfrontiert, daß sich ein Gefäß aus einigen grundsätzlichen Elementen zusammensetzt, die sowohl technisch als auch räumlich/materiell ganz verschiedene Dimensionen darstellen und die zu trennen - als erster Schritt der Gliederung - aus Gründen der Übersichtlichkeit sinnvoll ist. Damit ist keinerlei Aussage über ihre Relevanz in chronologischer, funktionaler oder sonst einer Richtung verbunden[38]. Jedes Gefäß kann daher als 'geschlossener Fund' verstanden werden, an dem die Ausgestaltungen der verschiedenen Elemente miteinander verbunden sind.

Wie die Auflösung der Gefäße in ihre Elemente im einzelnen vorzunehmen ist, hängt vom Material selbst und den vorliegenden Informationen ab. Im Fall der Keramik von Basatanya können aufgrund der Publikation folgende Elemente unterschieden werden: Was die Herstellung betrifft - Magerung, Oberflächenbehandlung, Verzierungstechnik, Farbe, Sorgfältigkeit der Herstellung ('craftmanship'); was die Formung betrifft - Gefäßprofil, Wandungsstärke, plastische Aufsätze ('Handhabung') sowie das Verzierungsmuster[39].

---

34 Siehe z.B. BK 243: Unterscheidung der Varianten 1,2 und 3 der 'storage jars'.

35 Siehe BK 261

36 Siehe z.B. BK 244.

37 Vgl. z.B. Hill/Evans 1972, bes. 232f.

38 Vgl. dazu die Zwischenbemerkung auf S. 18f. Die funktionale Gliederung, die im einzelnen erst in Kap. III behandelt wird, ist in der chronologischen Darstellung teilweise bereits vorweggenommen.

39 Zu dieser Einteilung siehe Stehli 1973, 57.

Die Ordnung des Materials basiert auf Informationen, die der Publikation entnommen werden können. Das Originalmaterial wurde nur zur Überprüfung bzw. zur Modifizierung einiger Punkte herangezogen. In Anbetracht der Tatsache, daß mit Hilfe der solchermaßen gewonnenen Typologie eine chronologische Gliederung des Gräberfeldes erreicht werden konnte, die über die bisherigen Erkenntnisse deutlich hinausgeht und zudem den gewünschten Zweck erfüllt, scheint dies vertretbar. Als Alternative wäre nur eine Neuaufnahme des gesamten Keramikmaterials in Frage gekommen.

Aufgrund der gegebenen Vorlage des Materials ist nicht für alle Elemente eine gleichwertige Gliederung möglich. Eine *typologische* Einteilung im genannten Sinn ist - mit gewissen Einschränkungen - nur für Gefäßprofil und Handhabung zu erstellen. Was Magerung, Oberflächenbehandlung, Farbe und Wandungsstärke betrifft, sind die Angaben für eine detaillierte Gliederung zu kursorisch.

Kaum in Erscheinung tritt bei der Keramik von Basatanya die Verzierung. Nur etwa ein Viertel der Gefäße ist überhaupt verziert, viele davon so unscheinbar, daß es auf den photographischen Abbildungen kaum zu erkennen ist. Auch wenn eine definitive Ordnung der Verzierungsmuster auf Basis der Publikation nicht möglich ist, lassen sich die Variationen doch soweit überblicken, daß mit Sicherheit ausgeschlossen werden kann, dadurch eine Differenzierung der Gräber zu erreichen, die über die hier erarbeitete Unterteilung hinausginge.

Somit ergibt sich eine Priorität der Elemente Profil und Handhabung, auf die daher die folgende Darstellung konzentriert sein soll. Daß diese Beschränkung bei der gegebenen Materialvorlage seine Berechtigung hat, ist auf Tabelle 1b am Beispiel einer ausgewählten *Gattung* (hIII)[40] dokumentiert: Hier sind die verschiedenen Variationen der Elemente, über die zumindest durchgängig Informationen vorliegen - Oberflächenbehandlung, Verzierungstechnik und Wandungsstärke -, der feinchronologischen Gliederung der Gräber der Periode I gegenübergestellt, die sich, wie zu sehen sein wird, mit Hilfe von Profil und Handhabung ergibt[41].

Allgemeine Informationen zur Herstellung der Keramik siehe Bk 299f.

40 Vgl. "Die funktionale Gliederung der Keramik" in Kap. IIIa.

41 Um eine Überprüfung der nachfolgenden formalen Gliederung zu ermöglichen, enthält der Anhang mehrere Listen.

Die Gefäße sind pro Grab durchnumeriert worden. Liste 1 ist eine Konkordanzliste dieser Gefäßnummer mit der Inventarnummer (im Ungarischen Nationalmuseum) und der Abbildungsnummer bei I. Bognár-Kutzián.

Auf Liste 2 sind die Profiltypen, auf Liste 3 die Handhabungstypen mit den jeweiligen Gefäßnummern aufgeführt.

Auf die Vorstellung einer Gesamttypologie, bei der alle Elemente berücksichtigt werden, über die Informationen vorliegen, wird in diesem Fall verzichtet, da es zu wenige Gefäße gibt, die in allen oder zumindest vielen Merkmalen übereinstimmen. Schon die Verbindung von Profil- und Handhabungstypen ist im Detail so uneinheitlich, daß eine Zusammenfassung zu einem kombinierten Typ, bei der beide Elemente gleichwertig behandelt werden, nicht sinnvoll ist. Typen, denen zwei oder mehrere Gefäße zugeordnet werden könnten, würden sich nur in geringer Zahl ergeben (siehe Tabellen 4 - 6).

Auf Tabelle 7 ist zu verfolgen, durch welche weiteren Merkmale - zumindest der Tendenz nach - die zur funktional bestimmten Einheit der Gattungen zusammengefaßten Verbindungen von Profil- und Handhabungsvariationen gekennzeichnet sind.

Gefäßprofil

Die photographischen Abbildungen in der Publikation lassen den generellen Profilverlauf deutlich erkennen und geben, wie die Überprüfung an den Originalgefäßen ergab, die Formen auch recht gut wieder. Einzelheiten wie z.B. die Randbildung sind auf den Abbildungen im allgemeinen nicht zu erkennen und können daher im Normalfall nicht in die Typologie eingehen. Rand- und Bodenbildung werden nur berücksichtigt, wenn sie besonders auffällig und auf der Abbildung gut sichtbar gestaltet sind oder I. Bognár-Kutzián ausdrücklich eine besondere Form erwähnt. Hinzu kommen Angaben über Höhe, Mündungs- und Bodendurchmesser.

Die Gliederung der Gefäße geht jeweils von den prinzipiellen Unterschieden aus, indem zunächst die Gefäßformen getrennt werden, zwischen denen keine oder so gut wie keine fließenden Übergänge bestehen. Die Kriterien werden fortschreitend verfeinert, bis zum Schluß diejenigen Gefäße zu einem *Typ* zusammengefaßt werden, die innerhalb einer relativ weit gefaßten ersten Untergliederung, bestimmt von *Proportionen* und *Grundtypen*, zusätzlich eine Übereinstimmung in Einzelmerkmalen zeigen.

Die Gefäße sind in zwei große Gruppen von ein- bis zweigliedrigen gegenüber dreigliedrigen Profilen getrennt, denen fast alle Exemplare eindeutig zugeordnet werden können. Dieser Trennung entspricht in etwa auch ein Unterschied in den Proportionen, d.h. im Verhältnis zwischen Gefäßhöhe und Mündungs- bzw. Bauchdurchmesser. Die dreigliedrigen Gefäße sind im allgemeinen relativ hoch und schmal, während bei den ein- bis zweigliedrigen Gefäßen der Mündungsdurchmesser oft größer als die Höhe oder beides ausgeglichen ist.

Im Profilverlauf lassen sich innerhalb dieser beiden Gruppen wiederum einige Grundtypen unterscheiden, in die die meisten ganz erhaltenen Gefäße eingeordnet werden können (Abb. 1):

- Bei den ein- bis zweigliedrigen Gefäßen gibt es neben solchen, die den Grundtypen ganz oder weitgehend entsprechen, einzelne Exemplare, die Merkmale von zwei Grundtypen in sich vereinen. Wenige Gefäße sind von diesen Grundtypen vollkommen verschieden.

Das Verhältnis von Höhe und Mündungsdurchmesser variiert in dieser ganzen Gruppe stark, wobei es erstens zwei Häufungspunkte gibt - Höhe etwa halb so groß wie Mündungsdurchmesser (Proportion I) oder beides etwa ausgeglichen (Proportion II) - und zweitens Profilgrundtypen entweder nur mit Proportion I (B, E), nur mit Proportion II (C, D, F, G) oder aber mit beiden Proportionen (A) verbunden sind.

Eine dritte Variable ergibt sich dadurch, daß drei der Profilgrundtypen (A, E, G) und einige Sonderformen entweder auch oder nur mit Hohlfuß erscheinen.

- Bei den dreigliedrigen Gefäßen ist der Unterschied zwischen den beiden Grundtypen deutlich ausgeprägt. Einige Sonderformen sind z.T. an den einen oder anderen Grundtyp angelehnt. Ebenso gibt es Gefäße mit und ohne Fuß (hauptsächlich H).

Innerhalb der Grundtypen ergeben sich - entweder durch geringfügige Abweichungen oder durch besondere Ausgestaltungen derselben - weitere Variationen. Über die generelle Gleichheit hinaus können somit zwischen Gefäßen Ähnlichkeiten in einem oder mehreren Einzelmerkmalen bestehen, so daß eine weitere Untergliederung in Typen möglich ist, wenn sich die Variationsmöglichkeiten nicht untereinander überschneiden. Dabei kann der Grad der Ähnlichkeit zwischen den einzelnen Gefäßen innerhalb der

Typen verschieden sein. Gefäße, die nur einen Grundtyp verkörpern, ohne mit einem weiteren Gefäß in Details übereinzustimmen, werden keinem dieser Typen zugeordnet.

Die *Bezeichnungen* setzen sich aus einem Großbuchstaben für den Profilgrundtyp und einer römischen Ziffer für die Proportion zusammen. Dabei wird dreigliedrigen Gefäßen grundsätzlich die Proportion III zugeordnet, auch wenn sich rein rechnerisch die Werte für das Verhältnis von Höhe und Mündungsdurchmesser mit denen der ein- bis zweigliedrigen Gefäße überschneiden. Hinzu kommt - als Kennzeichnung der Typen - ein Kleinbuchstabe, wenn innerhalb der Grundtypen Variationen zu beobachten sind, die mit Regelmäßigkeit (d.h. mindestens zweimal) auftreten und sich von anderen Variationsmöglichkeiten absetzen.

Gefäße, die sich nicht in die Grundtypen einordnen lassen, werden mit S für Sonderform bezeichnet und ebenfalls zu einem Typ zusammengefaßt, wenn bis in Einzelheiten Ähnlichkeiten gegeben sind. Mit dem Zusatz U (wie Unterteil) wird ein Hohlfuß angezeigt.

In der folgenden Beschreibung werden bei den Typen nur die jeweils kennzeichnenden Details angesprochen, da die Form im Prinzip bereits mit dem Grundtyp benannt ist.

Ein- bis zweigliedrige Gefäße

Grundtyp A (Tafel 1):

Konisches Unterteil, zylinderförmiges Oberteil. Umbruch in der oberen Gefäßhälfte deutlich ausgeprägt. Bodendm. deutlich kleiner als Mündungsdm. Sowohl mit Proportion I als auch II verbunden.

Die Form AI zeigt wenig Variationen, d.h. viele Gefäße entsprechen dem Grundprinzip in gleicher Weise[42]. Nur wenige Gefäße gleichen sich in Einzelmerkmalen durch eine besondere Ausgestaltung oder Abweichung vom Grundtyp A.

AIa:	entspricht Grundtyp A - besonders hoher und scharfer Umbruch, sehr kleiner Bodendm.
AIb:	deutlich eingezogenes Gefäßunterteil
AIc:	stetig sich verbreiternde Form, d.h. Unter- und Oberteil konisch - relativ scharfer Umbruch
AId:	abgerundeter Grundtyp A, d.h. Umbruch nicht deutlich ausgeprägt

Bei den Gefäßen der Form AII ist das Oberteil meist leicht eingezogen.

AIIa:	schwacher Umbruch in üblicher Höhe (etwa 2/3 Gefäßhöhe)
AIIb:	Umbruch hoch und unscharf, sehr kleiner Bodendm.

Die Kombination Grundtyp A/Proportion I (AI) ist häufig mit einem Fuß versehen, wobei der Umbruch meist runder als bei den Gefäßen ohne Fuß gestaltet ist. Es gibt zwar viele Variationen, die aber wegen ihrer Uneinheitlichkeit zum Großteil nicht in Typen unterschieden werden können[43].

---

[42] Siehe z.B. BK Taf. 76,2 - Gefäß 67,2.

[43] Siehe z.B. BK Taf. 45,6 - Gefäß 35,6.

UAIa: tiefe Form - Umbruch sehr rund
UAIb: Umbruch weit unten und scharf
UAIc: sehr breite Form mit scharfem Umbruch relativ weit oben
UAId: schwach ausgeprägter Umbruch - ausgezogener Rand
UA(I)e[44]: deutlich eingezogene Mündung - sehr runder Umbruch

Die Hohlfüße sind der Form nach bei allen Gefäßen ähnlich (leicht kegelförmig mit ausgezogenem unterem Rand), variieren aber in der Länge. Bei den verschiedenen Gefäßen der einzelnen Typen ist die Länge jedoch etwa gleich. Zudem sind die meisten Füße mit Löchern versehen, die in Zahl und Anordnung derartig unterschiedlich sind, daß von einer Gliederung abgesehen wurde.

Grundtyp B (Tafel 2):

Annähernd halbkreisförmig. Der angedeutete Umbruch liegt relativ tief, d.h. meist in der unteren Gefäßhälfte[45]. Das Verhältnis von Mündungsdm. zu Bodendm. variiert stark, je nach Ausprägung des Bodens. Es sind zahlreiche Typen zu unterscheiden, in die viele Gefäße eingeordnet werden können. Nur mit Proportion I verbunden, z.T. sehr flach.

BIa: relativ flach, d.h. Kreis nicht bis zur Hälfte - kleine Standfläche - sehr runde Form
BIb: relativ hohe Form, d.h. Kreis über die Hälfte hinaus, aber Mündung nicht eingezogen - größere Standfläche als bei BIa, aber noch runde Form
BIc: sehr wenig Standfläche - relativ deutlicher Umbruch im Gefäßunterteil
BId: breite Standfläche - Mündung leicht eingezogen
BIe: breite Standfläche - relativ flach mit weiter Mündung - Umbruch knapp über dem Boden - Gefäße somit nicht sehr rund
BIf: relativ hohe Form - weite Mündung - angedeuteter Umbruch sehr tief
BIg: leicht angedeuteter Schulterknick
BIh: Umbruch relativ scharf - annähernd konisches Unterteil
BIk: deutlich abgesetzter zylindrischer Rand

Grundtyp C (Tafel 2):

Konische Form. Bodendm. aber meist nicht wesentlich kleiner als Mündungsdm. Nur mit Proportion II.

(C)IIa: sehr kleine, etwas unregelmäßig gestaltete Gefäße
CIIb: Mündungsdm. kaum größer als Bodendm., d.h. nur leicht konisch
CIIc: schmale Gefäße - Bodendm. deutlich kleiner als Mündungsdm.
(C)IId: wie CIIc, nur mit einem abgesetzten, sehr kurzen Unterteil (hier Profilverlauf eng mit Handhabung verbunden - siehe Tabelle 3)

---

44 Eine Klammer steht immer dann, wenn Formen nicht genau mit der Definition übereinstimmen. Hier sind die Gefäße an und teilweise über der Grenze zu Proportion II.

45 Siehe z.B. BK Taf. 108,8 - Gefäß 121,9.

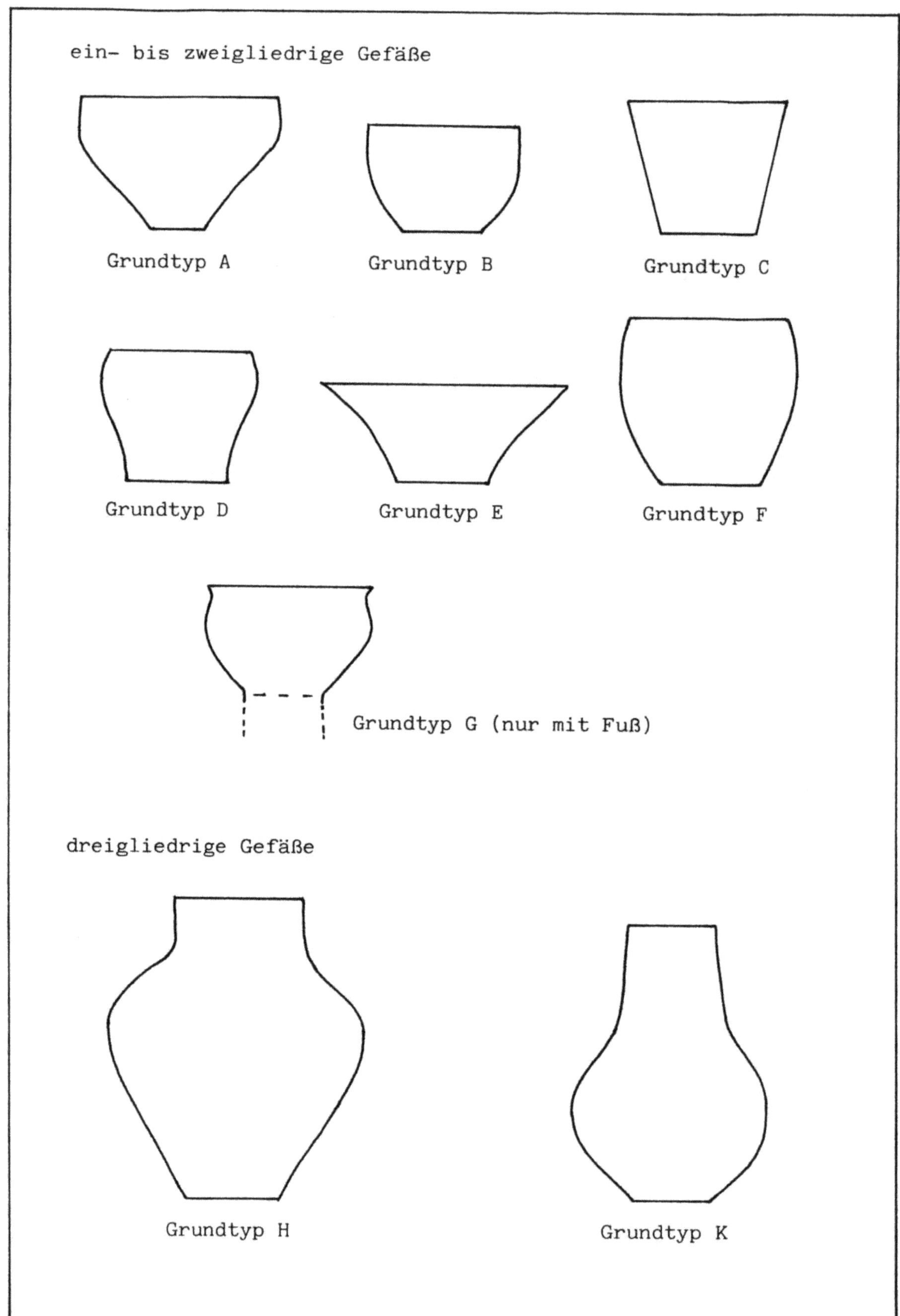

Abbildung 1: Keramik - Profilgrundtypen

Mischtyp CA (Tafel 2):

Fast konische Form. Die leichte Rundung im Prinzip wie bei Grundtyp A.

CAIIa: leichte Rundung, oben nicht eingezogen - Bodendm. wesentlich kleiner als Mündungsdm.
CAIIb: größerer Bodendm.

Grundtyp D (Tafel 3):

Nur sehr prinzipielle Ähnlichkeit zwischen den Gefäßen: leicht geschweift mit abgesetztem, sehr kurzem Rand. Mündungs- und Bodendm etwa gleich. Nur Proportion II.

DIIa: sowohl Unter- wie Oberteil leicht eingezogen
DIIb: etwas breiterer konischer Rand
DIIc: Oberteil deutlich eingezogen

Grundtyp E (Tafel 3):

Stetig zunehmend sich verbreiternde Form[46]. Mündungsdm. wesentlich größer als Bodendm. Nur Proportion I, auch mit Fuß.

EIa: Unterteil leicht eingezogen - Mündung nicht weit ausgezogen
UEIa: weit ausgezogene Mündung (Gefäß 68,5 ohne Boden zwischen Gefäßoberteil und Fuß)

Grundtyp F (Tafel 3):

Im Querschnitt fast viereckig. Seiten leicht gerundet, Mündungsdm. kaum größer als Bodendm., nur Proportion II. Gefäße relativ uneinheitlich.

FIIa: Ähnlichkeit mit Grundtyp A - relativ hoher Umbruch, relativ kleiner Bodendm.
FIIb: wie FIIa, nur höher und schmaler
FIIc: Umbruch relativ tief - Bodendm. relativ klein
FIId: leicht abgesetzter Boden - offene Mündung

Grundtyp G (Tafel 3):

Mehr oder weniger abgerundeter Grundtyp A mit deutlich abgesetztem, leicht konischem Rand. Mündungsdm. deutlich größer als Bodendm. Nur mit Fuß.

UGIIa: tiefer Umbruch, sehr kurzer Rand

Sonderformen der Proportionen I und II (Tafel 4):

SIa: Mischform aus A und B - flache, breite Form - Umbruch scharf und sehr tief - konisches Unterteil, zylindrisches Oberteil

---

46 Siehe z.B. BK Taf. 42,1 - Gefäß 33,1.

SIIa:	ähnlich Grundtyp F mit deutlich abgesetztem Boden mit kleinem Durchmesser
SIIb:	Mischform aus A und F - Bodendm. deutlich kleiner als Mündungsdm. - Umbruch vollkommen rund
USIIa:	in ihrer 'Formlosigkeit' zwei recht ähnliche Gefäße - leicht geschweift - hohe weite Mündung

Dreigliedrige Gefäße

Grundtyp H (Tafel 4 und 5):

Konisches Unterteil. Hoher Bauchumbruch. Abgesetzter zylindrischer Hals. Bodendm. geringfügig bis wesentlich kleiner als Mündungsdm. Viele Variationen, die sich in zahlreiche Typen einteilen lassen.

HIIIa:	klar abgesetzter, relativ schmaler hoher Hals - kleiner Bodendm.
HIIIb:	etwas breiterer kürzerer Hals - ebenfalls kleiner Bodendm.
HIIIc:	Hals sehr breit und fast konisch - hoher Bauchumbruch und schmaler Körper - kleiner Bodendm.
HIIId:	Hals sehr breit und kurz, wenig abgesetzt - relativ bauchiger Körper
HIIIe:	kugeliger Körper (Umbruch relativ tief) - Hals breit und abgesetzt
HIIIf:	fast S-förmiges Profil - Bauchumbruch weit oben (Gefäß 65,2 mit Ähnlichkeit zu HIIIa - siehe BK Taf. 67,8)
HIIIg:	Hals von mittlerer Breite, kurz und wenig abgesetzt
HIIIh:	schmaler abgesetzter Hals - relativ großer Bodendm.

mit Fuß

UHIIIa:	tiefer Bauchumbruch - klar abgesetzter Hals von mittlerer Breite
UHIIIb:	höherer Bauchumbruch - schmaler hoher Hals

Grundtyp K (Tafel 6):

Rundes Unterteil. Bauchumbruch auf das ganze Gefäß bezogen tief; dadurch im Prinzip hoher Hals, dieser aber kaum abgesetzt. Mündungsdm. und Bodendm. oft ungefähr gleich, z.T. Bodendm. kleiner. Zahlreiche Variationen. Viele Gefäße jedoch, u.a. wegen des oftmals fragmentarischen Zustandes, keinem Typ zuzuordnen.

KIIIa:	relativ schmaler und deutlich abgesetzter, leicht kegelförmiger Hals
KIIIb:	sehr hoher Hals - eingesenkte Schulter - Unterteil fast konisch
KIIIc:	Hals fast überhaupt nicht abgesetzt - sehr rundes Unterteil
KIIId:	Hals relativ breit und kurz - Unterteil annähernd konisch
KIIIe:	fast kugelförmiger Bauch - leicht kegelförmiger, mehr oder weniger hoher Hals
KIIIf:	Bauchumbruch relativ scharf - Hals breit und kurz
KIIIg:	runder Bauch - breiter, kurzer Hals

mit Fuß

UKIIIa:	schmaler, hoher wenig abgesetzter Hals - dazu Deckel in zoomorpher Gestalt

Sonderformen der Proportion III (Tafel 4 und 6):

S(K)IIIa:	fast doppelkonisches Bauchteil, d.h. scharfer Bauchumbruch - Hals wenig abgesetzt (Ähnlichkeit mit Grundtyp K)
SIIIa:	annähernd kugelförmiger Körper - klar abgesetzter zylindrischer Hals
SIIIb:	relativ kleiner Bodendurchmesser - Umbruch etwa in Bauchmitte - schmaler, hoher kaum abgesetzter Hals
SIIIc:	mehr oder weniger kugelförmiger Bauch - abgesetzter kegelförmiger Hals

Handhabung (plastische Aufsätze)

Fast alle Gefäße sind mit meist symmetrisch verteilten plastischen Aufsätzen - Henkeln und Knubben - versehen. Alle durchlochten Aufsätze werden als *Henkel*, alle undurchlochten als *Knubben* bezeichnet, ohne daß damit eine funktionelle Unterscheidung vorgenommen werden soll[47]. Auch die Bezeichnung *Handhabung* muß nicht durchgehend zutreffen, z.T. mag das Anbringen von plastischen Aufsätzen auch eine Form der Verzierung gewesen sein. Dies ist aber für die formale Gliederung unerheblich.

Formale Variationen treten in drei verschiedenen voneinander unabhängigen Weisen auf:

- Die *Form* der einzelnen Henkel/Knubben variiert von flach rund bis spitz ausgezogen. Vier Formen werden unterschieden:

r:	rund (siehe z.B. BK Taf. 9,10)
rs:	spitz abgerundet (BK Taf. 9,9)
s:	spitz (BK Taf. 9,3)
b:	bandförmig (BK Taf. 119,6a.b)

Die spitzen Henkel sind meist nur schmal durchlocht, so daß man auch von durchlochten Knubben sprechen könnte, wohingegen die Durchbohrung bei den runden Formen meist deutlicher ausgeprägt ist (wenn sie nicht überhaupt bereits in Form eines Henkels aufgesetzt worden sind). Eine eindeutige Trennung ist jedoch nicht möglich.

- Was ihre *Position* am Gefäß betrifft, ist zwischen den ein- bis zweigliedrigen und den dreigliedrigen Gefäßen zu unterscheiden. Es sind sieben bzw. fünf verschiedene Positionen zu beobachten:

An ein- bis zweigliedrigen Gefäßen:

1:	am Rand (siehe z.B. BK Taf. 17,6)
2:	knapp unter dem Rand (BK Taf. 9,1)
3:	über dem Umbruch/der Mitte (BK Taf. 9,3)
4:	auf dem Umbruch/der Mitte (BK Taf. 10,2)
5:	unter dem Umbruch/der Mitte (BK Taf. 9,3)
6:	knapp über dem Boden (BK Taf. 18,7)
7:	als Füßchen (BK Taf. 18,6)

47 Wegen der Verkalkung des Materials ist in einigen Fällen nicht zu entscheiden, ob ursprünglich tatsächlich eine Durchbohrung stattgefunden hat oder diese nur angedeutet war.

An dreigliedrigen Gefäßen:

1: am Rand (BK Taf. 6,2.3)
2: knapp unter dem Rand (BK Taf. 55,4)
3: auf der Schulter (BK Taf. 9,4)
4: auf der Bauchmitte (BK Taf. 34,6)
5: unter der Bauchmitte (BK Taf. 9,4)

- Als letztes variiert die *Zahl* der Henkel und Knubben pro Gefäß. Durch all diese Variationen ergeben sich zwischen den ein- bis zweigliedrigen und den dreigliedrigen Gefäßen - trotz der teilweise gleichen Position - nur wenig Überschneidungen (fast nur bei 2 Henkel - 1).

Die Verteilung der Henkel und Knubben an den Gefäßen ist im allgemeinen symmetrisch. Am häufigsten sind zwei oder vier Henkel/Knubben auf einer Höhe, oder es handelt sich um eine Kombination aus diesen Möglichkeiten in zwei verschiedenen Höhen, wobei dann die Henkel/Knubben in den beiden Reihen fast immer gegeneinander versetzt sind (um 45°/90°)[48].

Zwischenbemerkung

Es versteht sich von selbst, daß nicht alle zwischen den Gräbern erfaßten Unterschiede chronologisch bedingt sind. Daneben gibt es auch zahlreiche funktional begründete Differenzierungen. Betrachtet man, wie die einzelnen Typen einerseits auf die Gräber verteilt sind und andererseits an den Gefäßen miteinander kombiniert sind, kann es gelingen, allein aufgrund des Erscheinungsbildes chronologische von funktionalen Unterschieden zu trennen.

Chronologische Differenzierbarkeit ist den Formen etwas vollkommen Äußerliches, die Gefäße dienen dabei nur als Indikator für die relativ-chronologische Einordnung der Gräber. Eine Differenzierung ergibt sich quasi 'zufällig' dadurch, daß Gefäße der selben Funktion in Einzelheiten variieren oder neue Funktionen und damit auch neue Formen hinzukommen bzw. alte aufgegeben werden. Weder die Hersteller der Keramik noch diejenigen, die die Gefäße in die Gräber mitgaben, beabsichtigten eine derartige Regelmäßigkeit.

Ob sich die Gräber an Hand formaler Variationen unterteilen lassen, wird ersichtlich, wenn man die Verbreitung der einzelnen Typen auf dem Gräberfeld (Horizontalstratigraphie) sowie die Kombination der Typen in den Gräbern (Kombinationstabelle) betrachtet. Diejenigen Elemente der Keramik, deren Variationen in so gut wie allen Gräbern vorkommen und häufig miteinander kombiniert sind, sind auszuscheiden, denn sie sind für eine Differenzierung der Gräber untauglich. Liefert eine derartige Begutachtung des Materials eine unscharfe Differenzierung der Gräber, ist allein aufgrund der genannten 'Zufälligkeit' eine chronologische Interpretation angezeigt. Zur Überprüfung wird das Ergebnis mit anderen Daten des Gräberfeldes und weiteren Gräberfeldern der beiden Kulturgruppen Tiszapolgàr und Bodrogkeresztúr verglichen.

Im Gegensatz dazu gehört die *funktionale* Bestimmung zu jedem einzelnen Gefäß. Das Gefäß sollte einem bestimmten Zweck dienen und wurde dementsprechend gestaltet.

---

[48] Auflistung aller Typen mit Gefäßnummern im Anhang Liste 3.

Lies z.B. 2Hr/2Krs-3/4Krs-5 (Typ Nr. 31): 2 runde Henkel und 2 abgerundet spitze Knubben (abwechselnd) über dem Umbruch; dazu versetzt (um 45°): 4 abgerundet spitze Knubben unter dem Umbruch.

Dabei ist eine gewisse irrelevante Variationsbreite in Einzelheiten eingeschlossen, aber ebenso werden funktionale Unterschiede bewußt hergestellt. Entsprechend ist es die Kombination der Typen der einzelnen Elemente an den Gefäßen selbst, die über die funktionale Gliederung Aufschluß gibt. Dies soll jedoch erst im nächsten Kapitel interessieren, wenn die Gefäße in ihrer Funktion als Teil des Totenrituals betrachtet werden.

Die Trennung der Perioden I und II

Die lokale Kontinuität zwischen den Tiszapolgár- und den Bodrogkeresztúr-Gräbern ist deswegen in Frage gestellt worden, weil die Trennung für eine chronologische Differenzierung ungewöhnlich klar ausgeprägt ist.

Allein an der Kartierung der bestimmenden Profilgrundtypen ist die Teilung des Gräberfeldes in zwei Gruppen deutlich zu erkennen (siehe Karte 3). Die Grundtypen A und H - gängige Formen der Tiszapolgár-Kultur - sind weitgehend auf den westlichen Teil des Gräberfeldes beschränkt, die Grundtypen B und K - typische Formen der Bodrogkeresztúr- Kultur - auf den östlichen Teil[49].

Die genannte Vertikalstratigraphie - Bodrogkeresztúr- über Tiszapolgár-Kultur - ergibt sich durch die beiden Gräberpaare 56/57 und 61/59[50]. Gr. 59 enthielt eine K-ähnliche Form, während sich im darunterliegenden Grab 61 die Grundtypen A und E fanden[51]. Grab 57 brachte Typen beider Kulturgruppen zutage, das darunterliegende Grab 56 zeigte dagegen ein reines Tiszapolgár-Inventar[52].

Damit ist im Gräberfeld selbst ein Befund gegeben, aus dem hervorgeht, daß die Gräber der Tiszapolgár-Kultur denen der Bodrogkeresztúr-Kultur vorausgegangen sind: *Periode I* und *Periode II*.

---

49 Die Grundtypen E und G sind ebenfalls auf den westlichen Teil beschränkt, aber nur in wenigen Gräbern vertreten (vgl. Verbreitung der Typen EIa, UEIa, UGIIa auf den Karten 5 und 9). Die Grundtypen C, D und F sind über das gesamte Gräberfeld verstreut, die meisten Einzeltypen jedoch wiederum auf den einen oder anderen Teil konzentriert (vgl. Karten 7, 8 und 20). Für den überwiegenden Teil der Handhabungstypen gilt das gleiche (siehe Karten 13 - 18, 30, 31 sowie 21 - 24).

50 Siehe Gräberfeldplan bei BK (Beilage 3).

51 Grab 59: S(K)IIIa - BK Taf. 68,8.
Grab 61: AI - BK Taf. 68,2;
AII - BK Taf. 68,6;
EIa - BK Taf. 68,1.

52 Grab 57: (B)I - BK Taf. 67,1;
Fragment eines K-ähnlichen Gefäßes - BK Taf. 121,6;
HIIIa - BK Taf. 67,6.
Grab 56: AI - BK Taf. 66,2;
AId - BK Taf. 66,3;
UAIa - BK Taf. 66,6;
HIIIb - BK Taf. 66,1;
HIIIl - BK Taf. 66,5.

Damit ist im Gräberfeld selbst ein Befund gegeben, aus dem hervorgeht, daß die Gräber der Tiszapolgár-Kultur denen der Bodrogkeresztúr-Kultur vorausgegangen sind: *Periode I* und *Periode II*.

An Hand der vier kennzeichnenden Keramik-Grundtypen können die allermeisten Gräber der einen oder anderen Periode zugeordnet werden. In einigen Fällen sind weitere Kennzeichen wie die übrigen Merkmale der Keramik oder z.B. die Skelettlage, die eine ganz ähnliche Unterteilung der Gräber wie die Keramikgrundtypen zeigt, zur Bestimmung notwendig.

Drei Gräber, in denen Keramikformen bzw. Anlehnungen an Formen beider Perioden miteinander kombiniert sind, werden als Zwischengräber eingestuft:

- Grab 6 mit einem Fußgefäß der Form UEI sowie einem dreigliedrigen Gefäß, das im Profil an den Grundtyp K erinnert und auch mit den typischen zugehörigen 2 Henkeln am Rand versehen ist[53]. Die vollkommen gestreckte Lage des Skeletts sowie die Lage am westlichen Rand des Gräberfeldes verbindet das Grab mehr mit Periode I.

- Das bereits genannte Grab 57, etwa in der Mitte des Gräberfeldes gelegen, gehört der Skelettlage nach eher zu Periode II.

- Das gilt auch für das ebenfalls in der Mitte des Gräberfeldes gelegene Grab 75, in dem sich eine Schüssel, die formal eine Zwischenform aus den Grundtypen A und B darstellt, sowie ein Fragment des Grundtyps H fand[54].

An der Einordnung der Gräber, die ausschließlich mit Periode-II-Typen versehen, aber im Bereich der Periode I plaziert waren, in die Periode II besteht aufgrund anderer Merkmale kein Zweifel[55]. Auch die beiden Gräber im östlichen Teil des Gräberfeldes mit Grundtypen der Periode I (Gr. 121, 137) sind infolge anderer Erscheinungen eindeutig der Periode II zuzurechnen[56].

Zuletzt gibt es einige Gräber ohne identifizierbare Profilgrundtypen, da sie entweder schlecht erhalten/gestört waren oder nur Sonderformen bzw. überhaupt keine Keramikbeigabe enthielten.

Alle Gräber, die eindeutig in der östlichen Hälfte des Gräberfeldes liegen, können entweder aufgrund anderer Periode-II-typischer Keramikmerkmale, der Skelettlage oder - wenn sich vom Grabinhalt nichts erhalten hat - einfach wegen ihrer Lage im Gräberfeld ohne weiteres in die Periode II eingeordnet werden[57].

Einige Gräber aus dem Bereich der Periode I bzw. der Mitte des Gräberfeldes sind ebenso mit Hilfe sonstiger Keramikmerkmale, anderer Beigaben sowie der Skelettlage in die Periode I einzureihen[58].

Eine Besonderheit stellt Gr. 84 dar, das zur Gruppe der Gräber jenseits des Kanals gehört. I. Bognár-Kutzián möchte es aufgrund der ungewöhnlichen Form des einzigen beigegebenen Gefäßes (BK Taf. 50,2), der - für diesen Bereich des Gräberfeldes -

---

[53] BK Taf. 12,3.2.

[54] BK Taf. 74,4.9.

[55] Gräber 37, 41, 44, 49, 59, 63. Vgl. z.B. Skelettlage auf den Tabellen 10c.d und Beigaben Tabellen 16 und 17.

[56] Siehe Hinweise in Anm. 55.

[57] Grab 96 und die Gräber östlich davon - siehe Karten 1 und 4.

[58] Gräber 9, 31, 79, 81, 82. - Eindeutig bei den Gräbern 9, 31 und 79 aufgrund der Beigaben, siehe Tabelle 14. Bei den Gräbern 81 und 82 bleibt nur die fast gestreckte Lage des Skeletts.

außergewöhnlich strengen Hockerlage sowie des einzigartigen anthropologischen Typs noch vor die Tiszapolgár-zeitlichen Gräber ganz an den Beginn des Gräberfeldes stellen (BK 518).

Diese Argumentation scheint mir jedoch nicht zwingend. Auffällig ist, wie I. Bognár-Kutzián selbst feststellt, daß das Grab durch seine Lage dem Gräberfeld regulär zugeordnet ist. Die strenge Hockerlage ist nur frappant, wenn man eine Zugehörigkeit zur Periode II für ausgeschlossen hält. An der Lage des Übergangsgrabes Nr. 6 am äußersten Westrand des Gräberfeldes zeigt sich jedoch, daß auch vergleichsweise späte Gräber durchaus an der von den Periode-II-Gräbern abgewandten Seite des Gräberfeldes angelegt worden sein können. Auch die außergewöhnliche Gefäßform sollte nicht überraschen; schließlich sind in Basatanya - besonders in den chronologisch eine mittlere Stellung einnehmenden Gräbern - eine ganze Reihe von Sonderformen beigegeben worden. Die Ähnlichkeit dieses Gefäßes mit Formen der Herpaly-Kultur, die I. Bognár-Kutzián bemerkt, ist keineswegs eindeutig[59].

So kann letztendlich auch der besondere anthropologische Typ[60] nicht den Ausschlag für eine Aussonderung dieses Grabes geben, das eher in die - vermutlich frühe - Periode II einzuordnen ist.

Übrig bleiben acht gestörte bzw. schlecht erhaltene Gräber, in denen kein charakteristisches Merkmal der einen oder anderen Periode mehr festgestellt werden konnte und die somit relativ-chronologisch nicht zu bestimmen sind[61].

Die Zuordnung der Gräber zu den Perioden I und II ist auf Karte 4 dargestellt. Soweit im folgenden die Perioden getrennt behandelt werden, wird von den Zwischengräbern sowie von den unbestimmbaren Gräbern abgesehen[62].

Feinchronologie innerhalb der Perioden I und II

Die *räumliche* Verteilung der Gefäßprofil- und Handhabungstypen, die zu Periode I gehören (Karten 5 - 18), zeigt ein Verbreitungsbild, das in die chronologische Richtung weist:

Die Schwerpunkte sind zwar deutlich zu erkennen - im von der Periode II abgewandten westlichsten Teil des Gräberfeldes sowie im an die Periode II angrenzenden Teil -, im einzelnen ist die Verteilung jedoch so diffus, daß keine klaren Grenzen zu ziehen sind. Nur wenige Typen passen nicht in dieses Bild[63].

---

59 Vgl. Bognár-Kutzián 1966.

60 Der auch mit der Situation am Übergang zwischen Periode I und II in Zusammenhang stehen kann - vgl. S. 54 - 56.

61 Gräber 19, 20, 22, 34, 43, 47, 70, 73.

62 Die Zuordnung der einzelnen Gräber mit Grabnummern ist auf den Tabellen 10a-d (Tabellen zu Kap. III: Bestattungssitte) ersichtlich, auf denen alle 156 Gräber verzeichnet sind.

63 Die Verbreitung der Typen, die auf die Periode I beschränkt sind, ist jeweils nur auf dem westlichen Gräberfeldausschnitt kartiert (vgl. Karte 1).

Bei der Zusammenstellung der Typen auf den Karten sowie der Wahl der Signaturen wird die Differenzierung der Keramik in ihrer Gesamtheit - d.h. in chronologischer wie in funktionaler Hinsicht - zugrunde gelegt. Die Typen sind auf den Karten weitgehend gemäß ihrer funktionalen bzw. formalen Verbundenheit zusammengefaßt (vgl. Kap. IIIa und für Periode I Tabellen 3 und 4)

Bei einigen Grundtypen bzw. funktional zusammengehörigen Typen ist eine Konzentration auf einen Teil des Periode-I-Bereiches zu beobachten[64].

Eine ähnliche Differenzierung zeigt sich auf der *Kombinationstabelle*, auf der dargestellt ist, welche *Gräber* dadurch miteinander verbunden sind, daß sie die gleichen Typen enthalten/nicht enthalten und umgekehrt, welche *Typen* dadurch miteinander verbunden sind, daß sie in den selben Gräbern vorkommen/nicht vorkommen. Damit sich überhaupt eine gewisse Anzahl von Typen-Kombinationen ergibt, sind Profil und Handhabung auf einer Tabelle zusammengefaßt[65]. Die Tabelle ist so angeordnet, daß deutlich zu erkennen ist, welche *Gruppen* von Gräbern bzw. Typen zusammengehören oder sich ausschließen. Getrennt davon sind diejenigen Typen aufgeführt, die in den meisten Gräbern vorkommen oder sich trotz geringer Anzahl nicht zuordnen lassen.

Deutlich erkennbar ist die Gliederung der Gräber in zwei Gruppen (mit wenigen Zwischengräbern: 11, 27, 39, 56), die sich wiederum in zwei Untergruppen mit letztendlich zwischen vier und neun kennzeichnenden Typen teilen lassen. Die so unterschiedliche Verteilung der Typen mit Beschränkung auf wenige Gräber bis hin zum Vorkommen in den meisten Gräbern, wobei keine zwei Typen das gleiche Bild zeigen, weist auf das angesprochene 'zufällige' Zustandekommen hin.

Ein weiteres Argument für die chronologische Interpretation ergibt sich aus der Verteilung der Typen innerhalb der bereits genannten Gattung "hIII", die auf Tabelle 1b (mit dem einzelnen Gefäß als geschlossenem Fund) gesondert dargestellt ist: In chronologischen Termini ausgedrückt wechseln die Typen des Gefäßprofils am schnellsten - jede Untergruppe hat ihren kennzeichnenden Typ. Die Entwicklung der Handhabungstypen gestaltet sich bereits weniger differenziert. Es wird nur noch eine Unterteilung in zwei Gruppen - Ia und Ib - deutlich. Die drei anderen Merkmale (Verzierungstechnik, Wandungstärke und Oberflächenbehandlung) zeigen dagegen keinerlei Konzentrationen. Ihre Gestaltung war offenbar nicht von der Zeitstellung, sondern in erster Linie von der Funktion der Gefäße abhängig (vgl. Tab. 7).

Ein Detail am Rande bestätigt sowohl die allgemeine Deutung als zeitliche Abfolge als auch die Unterteilung der Stufe Ib nochmals: In Grab 65 ist ein Gefäß enthalten, das eine Übergangsform zwischen zwei Typen - HIIIf und HIIIa - bildet[66].

Die chronologische Differenzierung der Typen ist mit Hilfe unterschiedlicher Signaturen dargestellt und auf den verschiedenen Karten zu verfolgen. Die Signaturen sind dem Ergebnis der Kombinationstabelle entsprechend gewählt (vgl. Karte 19 und Tabelle 1). Die frühen Typen sind jeweils mit runden Signaturen, die späten Typen mit balkenförmigen Signaturen gekennzeichnet. Die durchlaufenden Typen sind mit optisch in den Hintergrund tretenden Dreiecken dargestellt.

64 Siehe die Verbreitung der Profiltypen AIIa und AIIb auf Karte 7 und der zugehörigen Handhabungstypen auf Karte 14; die Verbreitung der Profiltypen CAIIa, CAIIb, CIIc und (C)IId auf Karte 8 sowie der zugehörigen Handhabungstypen auf Karte 15 - lauter Formen mit Konzentration im westlichen Bereich.

Dagegen die Profiltypen HIIIg - HIIIk (Karte 11) und die Form UHIII (Karte 12) mit zugehöriger Handhabung (Karte 18) im wesentlichen im östlichen Teil der Periode I vertreten.

65 Tabelle 1a. - Die Zusammengehörigkeit der Typen in einem Grab kann dadurch von unterschiedlicher Wertigkeit sein: entweder nur im Grab miteinander kombiniert oder sogar am selben Gefäß kombiniert. Da durch diese Unterscheidung aber keine weitere Differenzierung der Gräber zu erreichen ist, ist von einer besonderen Kennzeichnung auf der Tabelle abgesehen worden.

66 Gefäß 65,2 - BK Taf. 67,8. Auf der Abbildung ist die eine Seite mit geschwungenem Profil (-> HIIIf) zu erkennen, während die persönliche Betrachtung des Materials ergab, daß auf der anderen Seite der Hals deutlich abgesetzt ist (-> HIIIa). Dieses Gefäß ist auf der Kombinationstabelle (Tabelle 1a) besonders gekennzeichnet.

fäßen dar, das in Ib2 erstmals und nachfolgend in östlicher Richtung zunehmend auftritt. Eine gewisse formale Verwandtschaft mit charakteristischen Formen der Periode II zeigen einige Gefäße aus Ib2-Gräbern:

- Der für die Stufe Ib2 kennzeichnende Typ HIIIa steht von allen Typen des Grundtyps H mit seinem relativ hohen Hals dem Grundtyp K, der die Periode II beherrscht, am nächsten.

- Der hohe Hals ist außerdem den beiden Gefäßen des Typs SIIIa zu eigen, der in zwei Gräbern der Stufe Ib2 erscheint und zusätzlich mit zwei runden Henkeln am Rand versehen ist, wie sie in Periode II regelmäßig mit Grundtyp K verbunden sind[67].

In Periode II sind die Gruppenbildungen wesentlich weniger klar ausgeprägt, so daß man allenfalls eine Entwicklungstendenz festhalten kann[68]. Dies liegt zum einen sicher daran, daß der Erhaltungszustand einiger Gräber, besonders am östlichen Gräberfeldrand, zu wünschen übrig läßt[69], und zum anderen daran, daß in Periode II (besonders in den Männergräbern) nicht mehr so viele Gefäße mitgegeben worden sind. Dadurch ist die Materialbasis gegenüber Periode I stark reduziert. Ein weiterer Grund mag in der Machart der Keramik selbst liegen, die in Periode II merklich an Qualität und damit auch an 'Form' verloren hat.

Was die Verbreitung[70] betrifft, ist trotzdem (wie in Periode I) gleichzeitig eine Verlagerung in östlicher Richtung wie eine zum Rand hin zu beobachten. Auf der Kombinationstabelle sieht man jedoch , daß sich die Typen nicht in vergleichbarer Deutlichkeit ausschließen. Auch ist die Ablösung von Typen nicht so klar innerhalb einer Gattung zu verfolgen wie in Periode I. Dafür ist in Periode II eine durchgehende formale Entwicklung zu beobachten: Sowohl bei den Gefäßen des Grundtyps K ('Milchtöpfe') als auch bei denen des Grundtyps B (Schüsseln) nähert sich der Gefäßumbruch allmählich dem Boden. Bei der Handhabung werden die Typen mit versetzten Henkeln/Knubben (z.B. Typen Nr. 22, 46, 47) allmählich aufgegeben und durch ausschließlich 2 (Band-)Henkel am Rand (z.B. Typen Nr. 1, 4, 5, 42) ersetzt.

Durch den letztgenannten Punkt schließt sich die Entwicklung in der Periode II an das Ende der Periode I an. Auch die Verteilung der Typen, die (vorwiegend oder vereinzelt) bereits in Periode I vorkamen, bestätigt das Ergebnis insofern, als diese im östlichen Teil des Gräberfeldes weitgehend fehlen (siehe Karte 32). Darüberhinaus ist eine funktionale Entwicklung zu erkennen: Die für die Bodrogkeresztúr-Kultur typischen sogenannten 'Milchtöpfe' fehlen im östlichen Teil des Gräberfeldes mehrfach (siehe Karte 27). Dafür tritt in diesem Bereich eine ganz neue Gefäßform auf (Typ (C)IIa - siehe Karte 29).

Das Auftreten von Fußgefäßen und anderen Formen, die - in erster Linie funktional - an die Periode I angelehnt sind, scheint für die chronologische Gliederung der Periode

---

67 Grab 50: BK Taf. 57,5 - an diesem Gefäß sogar bandförmige Henkel, die sonst auf Periode II beschränkt sind.

Grab 69: BK Taf. 79,1 - an diesem Gefäß neben den beiden Henkeln auch Knubben.

68 Siehe Tabelle 2. Die Gruppenbezeichnungen sind deswegen in Klammern gesetzt: (a), (ab), (b), (bc) und (c).

69 Von den 20 östlichsten Gräbern sind 13 ernsthaft gestört - siehe Karte 2.

70 Die Verbreitung der auf die Periode II beschränkten Typen ist jeweils nur auf dem östlichen Gräberfeldausschnitt (vgl. Karte 1) dargestellt: Karten 25 - 31 (Ausnahme Karte 31, da Handhabungstyp 42 auch im westlich gelegenen Übergangsgrab 6 vertreten ist). Die Typen des Profilgrundtyps B sind aus Gründen der Übersichtlichkeit auf zwei Karten verteilt (25, 26). Für die Zusammenstellung der Typen auf den Karten und die Wahl der Signaturen gilt das gleiche wie für Periode I (zur funktionalen Zusammengehörigkeit vgl. Tabellen 5 und 6).

Karte 27). Dafür tritt in diesem Bereich eine ganz neue Gefäßform auf (Typ (C)IIa - siehe Karte 29).

Das Auftreten von Fußgefäßen und anderen Formen, die - in erster Linie funktional - an die Periode I angelehnt sind, scheint für die chronologische Gliederung der Periode II irrelevant zu sein, da es sich fast durchweg um eine Beigabe in Frauengräbern handelt. Auf dieses Phänomen wird im weiteren Verlauf der Untersuchung noch einzugehen sein[71].

Vergleicht man dieses Ergebnis nun mit weiteren Daten des Gräberfeldes, die für (fast) alle Gräber vorliegen und diese damit in Beziehung zueinander setzen, bestätigt sich die chronologische Interpretation der Keramikgruppen: Von der Zeit unabhängige Erscheinungen wie die Alters- und Geschlechtsverteilung der Bestatteten zeigen - so gut wie[72] - keine Parallelität zu den Gruppen, während sich bei Skelettlage und Orientierung - Formen also, die im Lauf der Zeit geändert werden können - ein ähnliches Bild ergibt[73]. Auch die Tatsache, daß das Bild eben nur ähnlich ist, genauso wie sich Skelettlage und Orientierung nur der Tendenz nach parallel verändern, weist auf ein chronologisch bedingtes Zustandekommen hin[74].

Um diese chronologische Interpretation abzusichern, sei hier noch kurz auf weitere Gräberfelder der Tiszapolgár- bzw. Bodrogkeresztúr-Kultur verwiesen.

Zunächst ist festzuhalten, daß ein solcher Vergleich nur bedingt durchführbar ist, da zwar die Keramik-Grundtypen überall zu finden sind, es jedoch zu den einzelnen Typen, die für die Stufen von Basatanya kennzeichnend sind, nur selten genaue Entsprechungen gibt. Trotzdem ist zu erkennen, daß keine Widersprüche zu den in Basatanya festgestellten Stufen auftreten, insofern als es nirgendwo Kombinationen von Typen (in einem Grab) gibt, die in Basatanya unterschiedliche Stufen charakterisieren. Eine Ausnahme bildet allenfalls Grab 4/55 aus dem Tiszapolgár-Gräberfeld von Tibava[75], in dem ein Gefäß (Abb. 7,22), das Ähnlichkeit mit dem Typ HIIIc (hier: Ia2) zeigt, mit einem Gefäß (Abb. 7,26) verbunden war, das an den Typ HIIIf (hier: Ib1) erinnert. Doch beide Gefäße aus Tibava entsprechen dem jeweiligen Typ nicht genau: Das HIIIc-ähnliche Gefäß ist etwas runder gestaltet (als in Basatanya), das HIIIf-ähnliche Gefäß zeigt umgekehrt noch nicht dieses gänzlich geschweifte Profil. Auch die beigegebene Schüssel (Abb. 7,27) steht zwischen den Typen AIc (hier: Ia2) und EIa (hier: Ib1), so daß das Grab 4/55 von Tibava einen Übergang zwischen den hier unterschiedenen Stufen Ia2 und Ib1 zu repräsentieren scheint und letztere damit für Basatanya - wo dieser Übergang nicht faßbar ist - wiederum bestätigt werden.

Auch daß die anderen bekannten Gräberfelder jeweils nur Ausschnitte aus den beiden Perioden von Basatanya zeigen, spricht für das erzielte Ergebnis, auch wenn natürlich nicht vergessen werden darf, daß kaum ein anderes Gräberfeld vollständig vorliegt. So fehlt z.B. im Gräberfeld von Tibava die späte Phase der Periode I (Ib2); in den Bodrogkeresztúr-Gräberfeldern von Magyarhomorog[76] und Tiszakeszi[77] ist nur die frühe

---

71 Siehe Kap. III (Keramikgefäße) und Kap. V (Ahnenkult).

72 Abgesehen vom weitgehenden Fehlen unter 40-jähriger Frauen in der Stufe Ib und der allgemein geringen Zahl an bestatteten Kindern - vgl. Kap. IVa.

73 Siehe Karten 34 und 35.

74 Wie sich im Vergleich dazu die anderen - zeitlich beschränkten - Erscheinungen des Gräberfeldes verhalten, ist in Kap. IVb zusammenfassend dargestellt.

75 Šiška 1964.

76 Patay 1975.

77 Patay 1957.

Phase der Periode II zu fassen, während umgekehrt das Gräberfeld von Tiszavalk-Kenderföld[78], in dem bereits Elemente der anschließenden Hunyadi-Halom-Gruppe, wie sie auch in einigen II(c)-Gräbern von Basatanya auftauchen[79], mit der jüngeren Periode II vergleichbar ist. Die Bodrogkeresztúr-Kultur scheint damit in Basatanya bis an das Ende ihrer Entwicklung vertreten zu sein.

78 Patay 1978a.

79 Vgl. Typ BIk und siehe Patay 1978a, 54f. sowie Bognár-Kutzián 1969, 31ff.

Kapitel III: Die Auswertung der Funde und Befunde

In diesem Kapitel sollen die Funde und Befunde des Gräberfeldes im Detail vorgestellt werden[80].

Unter Punkt a. 'Die einzelnen Elemente des Totenrituals' werden die Funde sowie die Zusammenhänge, in denen sie in den Gräbern erscheinen, einzeln aufgeführt.

Neben eine kurze Beschreibung der Formen tritt bei den Gegenständen - soweit möglich - eine Bestimmung ihrer *ursprünglichen* Funktion, d.h. der Funktion, für die sie hergestellt worden sind. Darüberhinaus wird an Hand ihres Erscheinens im Grab (Lage, Zustand) begutachtet, ob Gegenstände im Grab/Totenritual möglicherweise eine andere Funktion eingenommen haben als ursprünglich beabsichtigt oder ob sie sogar erst für das Totenritual geschaffen worden sind. Gegenstände der letztgenannten Art können reine 'Symbole' darstellen, die keinerlei praktische Funktion hatten - weder im Grab noch außerhalb - und bei denen die Materie sozusagen nur Träger einer Bedeutung war.

Außerdem werden die wichtigsten relevanten Unterschiede, was die Zeitstellung der Gräber, denen die einzelnen Fundobjekte beigegeben waren, sowie Alter und Geschlecht der bestatteten Personen betrifft, genannt.

Auf den zugehörigen Tabellen (8 - 13) ist aufgelistet, welche Formen in welchen Gräbern vorkommen. Dabei werden die beiden großen Zeitperioden (I und II) grundsätzlich getrennt behandelt. Ansonsten wird die Reihenfolge der Gräber auf den Tabellen von der Relevanz der Faktoren Zeitstellung, Alter und Geschlecht bestimmt. Auf diesen Tabellen sind die Funde und Befunde des Gräberfeldes überblicksmäßig erfaßt, während im folgenden Text vielfach nur auf die Punkte verwiesen wird, die im weiteren Verlauf der Untersuchung von Interesse sein werden. Letzteres gilt ebenfalls für die Kartierung (Karten 34 - 36).

Die ausführliche Beschreibung der Formen ist in den einzelnen Grabbeschreibungen sowie in der Auswertung bei I. Bognár-Kutzián nachzulesen[81]. Die Einteilung und die Reihenfolge bei der Vorstellung der Befunde und Gegenstände ist im folgenden gegenüber I. Bognár-Kutzián teilweise verändert: Hier dominiert die Stellung innerhalb des Totenrituals und die funktionale Zusammengehörigkeit. Explizit wird auf die Grabbeschreibungen bzw. die Auswertung I. Bognár-Kutziáns nur verwiesen, wenn aus dem Inhaltsverzeichnis nicht unmittelbar hervorgeht, wo die entsprechende Stelle zu finden ist.

Für jede Form wird - sofern vorhanden - exemplarisch mindestens eine Abbildung bei I. Bognár-Kutzián genannt. Zusätzlich wird auf die Grabskizzen bzw. photographischen Abbildungen hingewiesen, wenn besondere Befunde auf einer solchen zum Ausdruck kommen. Ist eine Grabnummer erwähnt, wird darauf verzichtet, jedesmal die entsprechenden Abbildungen zu nennen, da diese in der Publikation von I. Bognár-Kutzián mühelos aufzufinden sind.

---

80 Zur Anlage des Gräberfeldes siehe BK 19f. und die in der Publikation beigelegten Gräberfeldpläne.

81 Der Umgang mit der Publikation von I. Bognár-Kutzián wird teilweise dadurch erschwert, daß die Informationen, die in den Grabbeschreibungen gegeben werden, mit denen im Text nicht vollkommen übereinstimmen. Im folgenden wird prinzipiell von den Angaben in den Grabbeschreibungen ausgegangen und davon nur abgewichen, wenn im Text zusätzliche Informationen enthalten sind.

Um Wiederholungen zu vermeiden, werden bei der Beschreibung der Formen die Perioden I und II noch gemeinsam behandelt. Im Punkt b. 'Die zeitliche Entwicklung des Totenrituals' wird nachfolgend zusammenfassend ein kurzer Überblick gegeben, worin sich Periode I von Periode II (d.h. die Tiszapolgár- von der Bodrogkeresztúr-Phase) unterscheidet bzw. welche Veränderungen innerhalb der Perioden festzuhalten sind.

Unter Punkt c. 'Vergleich der Gräber' werden die relevanten Unterschiede aufgeführt, die zwischen den Gräbern - betrachtet man sie als Gesamtheit - bestehen. Als Ergebnis erhält man eine Reihe von Gräber*gruppen*. Die Tabellen zu diesem Abschnitt (14 - 17) , auf denen nurmehr die relevanten Merkmale dargestellt werden, sind dementsprechend geordnet. Zusätzlich werden einzelne Gräber ausführlicher dargestellt, sofern sie Befunde liefern, die besondere Aufschlüsse für die Interpretation geben.

a. DIE EINZELNEN ELEMENTE DES TOTENRITUALS

Bestattungssitte[82]

Grabgrube

Bei den Grabgruben handelt es sich durchweg um einfache Vertiefungen im Boden, deren Form im allgemeinen ein Rechteck mit abgerundeten Ecken bildete. In der Periode II waren einige Gruben trapezförmig angelegt; nur wenige Gruben wichen deutlich von diesen einfachen geometrischen Formen ab.

Die Größe der Grube war sowohl der Länge des Körpers wie der Lage des Skeletts angepaßt. Bei den beiden symbolischen Bestattungen (Gräber 11 und 29) und der einen Schädelbestattung (Grab 71) hatten die Gruben jeweils die Ausmaße von normalen Erwachsenengräbern.

Orientiert waren die Gruben im allgemeinen entlang der Achse West-Ost, größere Abweichungen davon betreffen in erster Linie Kindergräber[83]. Die Tiefe der Gruben unter der heutigen Oberfläche schwankte zwischen 20 cm und 120 cm. Wegen der allgemein etwas geringeren Tiefe in der Periode II, besonders in derem östlichen Teil, häufen sich dort die schlecht erhaltenen Gräber.

Es gibt keinerlei Anzeichen dafür, daß die Körper in einem Sarg oder ähnlichem ins Grab gelegt worden sind. In einem Grab (Grab 12) deutete die erhöhte Position der Beine auf irgendeine Unterlage aus organischem Material (BK 50). Überreste von Holzkohle in acht Gräbern interpretierte I. Bognár-Kutzián dahingehend, daß vor der Niederlegung des Leichnams in der Grube ein Feuer abgebrannt worden sei (BK 361f.).

---

[82] Die in der Literatur eingeführte Bezeichnung 'Bestattungssitte' (z.B. J. Lichardus 1976) entspricht dem Sachverhalt nicht genau, da von einer eigentlichen Sitte, d.h. einer traditionsgebundenen Form, nicht bei allen Dingen die Rede sein kann, soll aber hier beibehalten werden.

[83] Dies alles ist auf dem beigelegten Gräberfeldplan bei BK deutlich zu erkennen (Beilage 3).

Totenbettung

Die Position der Körper zeigt Variationen von der Rückenlage über verschieden ausgeprägte Seitenlagen bis annähernd zur Bauchlage[84].

Frauen und Mädchen lagen im Regelfall auf der linken Seite, Männer und Jungen auf der rechten Seite. In den Periode-I-Gräbern gibt es mit Sicherheit eine Ausnahme davon (Gr. 36 - siehe S. 60); fraglich ist dies für Periode II (siehe S. 51 Anm. 186).

Die Lage der Beine differiert zwischen vollkommen gestreckt und streng gehockt[85], die Lage der Arme stimmt damit weitgehend überein. In Periode I sind Strecker bis mittlere Hocker vertreten, in Periode II mittlere bis strenge Hocker (siehe Karte 34).

Was die Orientierung betrifft, lag der Kopf in den meisten Gräbern nach Westen zu. In Periode I gibt es davon wiederum nur eine Ausnahme (Grab 38), während in der Periode II die West-Ost-Orientierung zunehmend auftritt (siehe Karte 35)[86].

Abweichungen von der Bestattung eines unversehrten Körpers waren in folgender Weise zu beobachten:

Mutilation: Für zwei Bestattete (Gr. 26, 33) kann mit einiger Sicherheit angenommen werden, daß sich die ihnen fehlenden Knochen von Händen/Füßen nicht im Lauf der Zeit zersetzt haben, sondern nach ihrem Tod absichtlich abgenommen worden waren[87]. Bei zwei weiteren Gräbern ist dies ebenfalls möglich (Gr. 123, 149 - siehe BK 363ff.)

Zerstückelung ohne Entfernung: In drei Gräbern (Gr. 21, 53, 60) waren zwar alle Glieder im Grab vorhanden, aber Unter-/Oberarme nicht in ihrer anatomischen Ordnung belassen worden[88]. Die Gruben waren jeweils ungestört. In Grab 53 und 60 ist der abgetrennte Knochen neben dem mitgegebenen

---

84 Folgenden Formen werden unterschieden:

Rückenlage:	siehe z.B. BK 76, Abb. 33 - Gr. 28.
Rücken - rechts:	BK 114, Abb. 53 - Gr. 53.
Rechts:	BK 202, Abb. 116 - Gr. 122.
Rechts - Bauchlage:	BK 111, Abb. 52 - Gr. 52.
Rücken - links:	BK 62, Abb. 27 - Gr. 21.
Links:	BK 169, Abb. 89 - Gr. 94.
Links - Bauchlage:	BK 74, Abb. 32a.b - Gr. 27.

85

Strecker:	Siehe z.B. BK 76, Abb. 33 - Gr. 28.
Leicht gehockt:	BK 66, Abb. 26 - Gr. 18.
Leicht - mittel:	BK 163, Abb. 84 - Gr. 88.
Mittel:	BK 135, Abb. 65 - Gr. 66.
Mittel - streng:	BK 202, Abb. 116 - Gr. 122.
Streng:	BK 186, Abb. 103 - Gr. 109.
Sehr streng:	BK 169, Abb. 89 - Gr. 94.

86 Diese Daten sind auf den Tabellen 10a-d zusammengefaßt.

87 Siehe z.B. BK 82, Abb. 37 - Gr. 33.

88 Siehe z.B. BK 62, Abb. 27 - Gr. 21.

Schweineunterkiefer plaziert worden. In Grab 10 fand sich zwischen dem ersten und zweiten Halswirbel ein Gefäß[89].

Schädelbestattung: In Gr. 71 war nur der Schädel eines erwachsenen Mannes bestattet. In Gr. 57 fand sich neben einer erwachsenen Frau nur der Kopf eines Kindes, wobei jedoch nicht auszuschließen ist, daß der Rest des Skeletts vergangen ist.

Symbolische Bestattungen: In zwei normal großen Grabgruben fand sich kein Leichnam (Gr. 11, 29), während die Beigaben wie gewöhnlich in die Grube gestellt bzw. gelegt worden waren - der Armring in Gr. 29 z.B. an der Stelle, die er auch am Körper eingenommen hätte.

Deponierung eines zusätzlichen Knochens: In drei Gräbern wurde jeweils zusätzlich zum Bestatteten der Knochen eines anderen Menschen entdeckt (Oberschenkel in den Gräbern 103 und 117; Schulterblatt in Gr. 45). Wahrscheinlich stellten diese Knochen regelrechte Grabbeigaben dar. In Gr. 45 lag der Knochen direkt neben der Geweihaxt.

Mehrfachbestattungen: In sieben Gräbern waren zwei bzw. drei Tote bestattet worden[90]. Es handelt sich dabei jeweils um einen Erwachsenen mit Kind - abgesehen von Gr. 35: Mann mit zwei Kindern; Gr. 101: Mann, Frau und Kind; Gr. 143: Mann und Frau. Anzeichen für einen gewaltsamen Tod gab es bei keiner der Personen.

Beigaben/Ausstattung des Körpers

Keramikgefäße und Speisebeigabe

Formen/praktische Funktion:

Bei den Gefäßen wird aufgrund ausgeprägter formaler Unterschiede deutlich, daß sie für verschiedene Funktionen hergestellt worden sind. Die jeweilige Form gibt allerdings keinen Aufschluß darüber, worin diese Funktionen im einzelnen bestanden haben, d.h. für welchen konkreten Inhalt sie ursprünglich bestimmt waren. Grundsätzlich ist davon auszugehen, daß die Gefäße als Behälter für Lebensmittel und andere vergängliche Materialien dienten.

Im folgenden wird dargestellt, bei welchen Gefäßen aufgrund formaler Unterschiede eine *funktionale* Trennung anzunehmen ist.

---

[89] Siehe dazu BK 49 und Taf. 41,6. Derartige Manipulationen an toten Körpern deuten nach privater Mitteilung von Dr. med. H. Meisenheimer nicht unbedingt auf eine verzögerte oder zwei-phasige Bestattung (bis zur Verwesung der Weichteile), wie I. Bognár-Kutzián (BK 363ff.) vermutet.

[90] Gräber 13, 35, 57, 101, 107, 130, 143.

Die funktionale Gliederung der Keramik

Mit der Unterteilung der Gefäßprofile in ein- bis zweigliedrige gegenüber dreigliedrigen Formen und innerhalb dieser in Profilgrundtypen ist eine Gliederung gegeben, die von den Differenzierungen innerhalb der anderen Elemente im wesentlichen bestätigt wird.

Auf den Tabellen 3 - 6 ist dargestellt, wie die Profiltypen mit den Handhabungstypen kombiniert sind. Aus Gründen der Übersichtlichkeit wurden vier getrennte Tabellen erstellt - zum einen ist zwischen den Perioden I und II und zusätzlich jeweils zwischen den ein- bis zweigliedrigen und den dreigliedrigen Gefäßen unterschieden. Auf Tabelle 4 ist außerdem die Größe (Höhe) der Gefäße gekennzeichnet, da sie bei diesen Gefäßen offensichtlich bestimmenden Einfluß auf die Funktion hatte. Auf einer zusätzlichen Tabelle (7) ist aufgeführt, wie die Formen der anderen Elemente auf die Gruppen, die man an Hand der Kombination von Profil und Handhabung unterscheiden kann, verteilt sind.

Periode I: Ein- bis zweigliedrige Gefäße

Betrachtet man die Verbindung von Profil- und Handhabungstypen, so zeigt sich, daß neben dem Profilgrundtyp auch die Proportion (I oder II) ein wichtiges Gliederungskriterium bildet.

- Fast alle Gefäße, die deutlich breiter als hoch sind (Proportion I), - mit und ohne Fuß - sind durch ähnliche Handhabungstypen (3 oder 4 Knubben/Henkel in einer Reihe in Gefäßmitte) verbunden. Die Gefäße *mit* Fuß sind von denen *ohne* Fuß nur insofern unterschieden, als auf erstere im wesentlichen ein Handhabungstyp (Nr. 19: 4ks-4) beschränkt ist. Was die übrigen Elemente betrifft, sind zwischen AI-, UAI- und UEI-Gefäßen keine Unterschiede zu beobachten, während die 4 EI-Gefäße etwas aus diesem Rahmen fallen. Da der Unterschied zwischen den Formen A und E nicht chronologisch bedingt sein kann[91] und die Unterschiede zwischen allen vier Formen (AI, UAI, EI, UEI) eindeutig absichtlich gestaltet sind, ist eine funktional differierende Bestimmung bei der Herstellung wahrscheinlich: im folgenden als Typengruppen 'AI', 'EI', 'UAI' und 'UEI' bezeichnet. Die Gefäße des Typs UA(I)e sind nicht eindeutig zuzuordnen.

- Bei den Gefäßen der Proportion II laufen die gegebenen Differenzierungen von Handhabungsformen und Profilgrundtypen nicht vollkommen parallel.

Das hat erstens zur Folge, daß mehrere Gefäße nicht eingeordnet werden können und zweitens unterschiedliche Grundtypen (C, D, F) durch Handhabungstypen verbunden sind, während einige Gefäße des gleichen Grundtyps (C) auseinanderzuhalten sind. Punkt 2 wird durch die anderen Elemente bestätigt.

Die Typengruppe mit den verschiedenen Profilgrundtypen (C, D, F) und mit den in zwei Reihen gegeneinander versetzten Knubben fällt in etwa mit den Gefäßen zusammen, die I. Bognár-Kutzián 'Blumentöpfe' ('flowerpot-like vases') nennt, welche durch ihre relativ schlechte Machart aus dem üblichen Rahmen der Periode-I-Gefäße fallen[92]. Die UGII-Gefäße sind diesen nur in der Handhabung ähnlich, in den übrigen Elementen aber deutlich unterschieden.

---

91 Siehe Tabelle 1a (Kombinationstabelle).

92 Kommen auch in der Periode II vor, siehe folgende Seite.

Anders als bei Proportion I unterscheiden sich somit Gefäße der Proportion II in der Handhabung deutlicher als im Profil. Auch hier sind vier Typengruppen zu unterscheiden: 'AII', 'FII'(PI), 'CII' und 'UGII'.

Periode I: Dreigliedrige Gefäße

- Die Gefäße des Grundtyps H ohne Fuß sind aufgrund der Handhabungstypen in zwei Gruppen zu unterteilen. Parallel dazu verläuft eine Teilung gemäß der Größe und tendenziell auch eine bei den übrigen Merkmalen: ergibt die Typengruppen 'hIII' und 'HIII'.

- Die Gefäße mit Fuß unterscheiden sich davon - wie bei 'AI' gegenüber 'UAI' - nur durch eben diesen eindeutig, so daß eine funktional unterschiedliche Bestimmung nur als wahrscheinlich anzusehen ist: 'UHIII'.

Periode II: Ein- bis zweigliedrige Gefäße

- Die Handhabungstypen an den BI-Gefäßen sind zwar ihrer Form nach recht unterschiedlich, aber da sie erstens auf BI-Profile beschränkt sind und zweitens gleichmäßig auf die verschiedenen BI-Typen verteilt sind, ist an der Zusammengehörigkeit dieser Gefäße nicht zu zweifeln: 'BI'.

- Daß die Gefäße der Proportion II mit 2 x 4 versetzten Knubben wie in Periode I zusammengehören, zeigen die anderen Elemente. Einige Gefäße mit ungewöhnlicher Handhabung bzw. solche, bei denen die Handhabung nicht mehr zu rekonstruieren war, können so ebenfalls zugeordnet werden: 'FII'(PII).

- Einen Sonderfall bilden die sehr kleinen Gefäße des Profiltyps (C)IIa, denen plastische Aufsätze durchweg fehlen. Sie sind von den übrigen Gefäßen so verschieden, daß trotz ihres begrenzten und späten Auftretens in der Periode II[93] eine funktionale Besonderheit anzunehmen ist: '(C)IIa'.

Periode II: Dreigliedrige Gefäße

- Bei den dreigliedrigen Gefäßen sind nur Gefäße mit und ohne Fuß zu unterscheiden, wobei auch in der Handhabung der Unterschied deutlich ist: 'KIII', 'UKIII/USIII'[94].

Funktion im Grab:

Die Gefäße standen im allgemeinen (ursprünglich) aufrecht auf dem Boden der Grabgrube. Zu wenigen Gefäßen gehörten eigene Deckel[95], gelegentlich waren andere Gefäße mit der Mündung nach unten als Deckgefäße verwendet worden. Z.T. waren auch zwei oder mehrere Gefäße ineinandergestellt[96].

---

93 Siehe Tabelle 2 und Karte 29.

94 Zusammenstellung aller Typengruppen siehe Liste 4.

95 Siehe z.B. BK Taf. 84,1a.b - Gr. 87.

96 Siehe z.B. BK 66, Abb. 28 - Gr. 23.

Vom Inhalt der Gefäße hat sich meistens nichts erhalten; in einigen Gefäßen sind jedoch Tierknochen - in erster Linie Rippen und Extremitätenknochen von Schaf/Ziege, Schwein und Rind[97] - gefunden worden[98]. In wenigen Gefäßen lagen Gegenstände aus anorganischem Material (Geräte, Kieselsteine).

Vorrangig dürften die Gefäße also für die Speisebeigabe des Toten bestimmt gewesen sein. Als Inhalt denkbar sind auch andere vergängliche Materialien, die während des Rituals verwendet worden sind. Auch die ineinandergestellten Gefäße waren mit einem Inhalt versehen[99]. Ihre ursprüngliche Funktion als Behälter konnten diejenigen Gefäße nicht mehr ausüben, die in fragmentiertem Zustand - als Scherben - in die Gräber gekommen sind.

Vorkommen[100]:

Keramik, und damit wahrscheinlich Speisebeigabe, war in fast allen Gräbern enthalten und somit die einzige obligatorische Beigabenart des Gräberfeldes.

Die Regelmäßigkeiten in der Zusammensetzung der verschiedenen Gefäßformen, die sich funktional voneinander unterscheiden, lassen darauf schließen, daß man auch bei der Zusammenstellung der Gefäß*inhalte* eine gewisse Ordnung walten ließ. Dabei ist allerdings nur im Prinzip davon auszugehen, daß sich in den ursprünglich unterschiedenen Gefäßen auch verschiedene Inhalte befanden. Das zeigt sich in der Periode I daran, daß die Tierknochen, die als Überreste von Speisebeigabe zu betrachten sind, zwar überwiegend, aber nicht ausschließlich in Fußschüsseln (hauptsächlich 'UAI') zu finden waren.

Was die *chronologische* Entwicklung der Funktionen betrifft, ist anzunehmen, daß die Bestimmung, die die Formen 'AI' und 'hIII' in der Periode I innehatten, in der Periode II von den Formen 'BI' und 'KIII' übernommen wurde. In der Periode II kann man diese beiden Formen als Grundausstattung bezeichnen, denn sie fehlen nur selten mit Sicherheit, sind aber häufig die einzigen beigegebenen Gefäße. Unter den jüngsten Gräbern ist ein Abgehen von dieser Kombination zu beobachten (in den Gräbern 137, 141, 142, 148). Eine neue Gefäßform - '(C)IIa' -, vielleicht mit einem neuen Inhalt, und eine neue Gefäßzusammensetzung tauchen auf. Augenfällig ist das weitgehende Fehlen der Fußgefäße in der Periode II, das eine funktionale Ursache haben könnte, denn auch die Beigabe von Tierknochen, die Überreste von Speise darstellen, geht zurück.

Auch wenn man also die Gefäßformen nicht unbedingt mit einem bestimmten Inhalt gleichsetzen kann und auch die Verwendung von Gefäßen aus organischem Material nicht auszuschließen ist, lassen sich doch an der Gefäßzusammensetzung Unterschiede zwischen Gräbern beobachten.

In der Periode I unterscheiden sich die Kinder und Jugendlichen männlichen Geschlechts von den erwachsenen Männern durch geringe Zahl und Vielfalt der Gefäße. Zwischen Mädchen und Frauen gibt es keinen derartigen Unterschied. Allein das Fehlen der sogenannten 'Vorratsgefäße' ('HIII') verbindet die Kinder und Jugendlichen beiderlei Geschlechts. Die Geschlechter sind dadurch unterschieden, daß die Typengruppe 'FII' (entspricht in etwa den 'Blumentöpfen') auf das weibliche Geschlecht be-

---

97 Siehe unten S. 34.

98 Siehe z.B. BK 69, Abb. 29 - Gr. 24.

99 Zu sehen in Gr. 53 - BK 114, Abb. 53.

100 Siehe Tabellen 8a.b und 9a.b.

schränkt ist, möglicherweise sogar in allen Gräbern von Mädchen und Frauen ein solches Gefäß enthalten ist.

In der Periode II fallen die Unterschiede zwischen den Geschlechtern wesentlich deutlicher aus:

Die Männer sind in erster Linie mit Gefäßen der Grundausstattung versehen, die im Grab meist vor dem Oberkörper plaziert waren[101].

Die Frauen zeichnen sich durch eine größere Gefäßzahl und Formenvielfalt aus. Neben der Typengruppe 'FII' und zahlreichen Sonderformen resultiert die Vielfalt in Frauengräbern aus einem besonders bemerkenswerten Phänomen:

Frauen sind in größerer Anzahl Gefäße beigegeben, die - in funktionaler wie in formal-typologischer Hinsicht - an Formen der Periode I erinnern[102]. Zum einen sind dies Fußgefäße und 'Vorratsgefäße' (dreigliedrige Gefäße über 30 cm Höhe), bei denen die funktionale Bindung zu Formen der Periode I außer Frage steht. Zum anderen sind es eher formal-typologische Ähnlichkeiten wie Periode-I-ähnliche Profile (Grundtypen A und H[103]) bzw. relativ spitze Henkel und Knubben[104] oder Periode-I-orientierte Positionen der Henkel/Knubben an den Gefäßen[105], die auch funktional bedingt sein können. Es ist nicht in jedem Einzelfall zu entscheiden, welche Ähnlichkeit funktionaler und welche rein formaler Natur ist[106].

Offensichtlich ist jedoch, daß man in der Periode II in der Herstellung zwischen 'normaler' Keramik ('KIII', 'BI') und sozusagen 'altmodischen' Gefäßen unterschied, denen häufig anzusehen ist, daß man ihre Formung nicht mehr vollkommen beherrschte. Die Fuß- und Vorratsgefäße sind von sehr unterschiedlicher, teilweise geradezu 'mißratener' Gestalt und stehen damit in klarem Gegensatz zu den wohlgestalteten Formen der Periode I[107]. Die formalen Ähnlichkeiten mit der Tiszapolgár-Kultur - z.B. bei einigen Gefäßen aus Gr. 121 (Periode II(b))[108] - sind vielleicht damit zu erklären, daß diese Gefäße längere Zeit in Gebrauch waren, bevor sie ins Grab mitgegeben wurden, denn es ist kaum vorstellbar, daß man in Periode II ein Bewußtsein von dem formalen Unterschied hatte, der für die Kulturgruppen Tiszapolgár und Bodrogkeresztúr kennzeichnend ist[109].

Es stellt sich daher die Frage, ob diese Gefäße überhaupt für Nahrungsmittel und im Grab als Behälter für Speisebeigabe dienten. Was ihre Position im Grab betrifft, war nur in einem Teil der Gräber eine Trennung von der üblichen Periode-II-Keramik ge-

---

101 Siehe z.B. BK 177, Abb. 97 - Gr. 102.

102 Auf den Tabellen 9a.b gesondert aufgeführt.

103 Siehe z.B. BK Taf. 108,1.3.

104 Siehe z.B. BK Taf. 111,5 - Gr. 116.

105 Vgl. Abb.-Hinweis in Anm. 104. - An Gefäßen der Proportion I/II Henkel/Knubben in Gefäßmitte oder an Proportion III Henkel nicht am Rand wie für 'Milchtöpfe' typisch.

106 Auflistung im Anhang (Liste 5).

107 Diese Beobachtung machte auch Patay 1978a, 50 im Gräberfeld von Tiszavalk-Kenderföld. Vgl. auch Anm. 242 auf S. 74.

108 Vgl. Anm. 103. - Beide Gefäße mit Periode-II-typischen Bandhenkeln.

109 Die mehrfache Mitgabe solcher Gefäße in bereits fragmentiertem Zustand spricht dafür, daß auch sie - wie allgemein für die Gefäße anzunehmen - nicht erst für die Bestattung hergestellt worden sind. Siehe z.B. Gefäß 89,6 (Inv.Nr. 53.1.613) - ohne photographische Abbildung, aber auf der Grabskizze BK 164, Abb. 85 zu erkennen.

geben[110]. Nach einer klaren funktionalen Trennung im Grab - hier ausschließlich rituell verwendete Inhalte, dort gewöhnliche Speisebeigabe - sieht es somit nicht aus. Zumindest z.T. dürften in diesen 'altmodischen' Gefäßen ebenfalls Nahrungsmittel enthalten gewesen sein.

Tierknochen als Teile einer Speisebeigabe

Tierknochen und andere Teile von Tieren wie Zähne und Geweihsprossen fanden sich in den Gräbern in großer Anzahl und in den verschiedensten Lagen und Zusammenhängen[111].

Für die Funktion der Rippen- und Langknochen von Schaf/Ziege, Schwein und Rind als Teil einer Speisebeigabe spricht ihre z.T. noch erhaltene anatomische Anordnung im Grab sowie die erwähnte Deponierung in Gefäßen. Dabei ist weder auszuschließen, daß Fleisch auch ohne Knochen beigegeben wurde, noch umgekehrt, daß derartige Tierknochen, die in der Grube gefunden worden sind, ursprünglich in Gefäßen aus vergänglichem Material[112] in die Gräber gelangten.

In beiden Perioden dominieren, was die Tierarten betrifft, Knochen von Schaf/Ziege. In der Periode I selten, in der Periode II häufiger treten Knochen vom Schwein auf. Knochen vom Rind, die als Speisebeigabe zu identifizieren sind, gibt es in beiden Perioden nur in wenigen Gräbern.

In Männergräbern ist diese Beigabenart - soweit sie sich erhalten hat - am häufigsten vertreten.

Geräte und Gegenstände unbestimmter Funktion

Formen/praktische Funktion:

Die Gliederung der Geräte bereitet insofern Schwierigkeiten, als man zum einen nicht eindeutig bestimmen kann, was überhaupt alles als Gerät verwendet worden ist, und zum anderen nicht bis ins Detail zu beurteilen ist, welche Stücke für die gleiche bzw. für unterschiedliche Funktionen hergestellt worden sind[113].

Die Stücke, die mit Sicherheit als Geräte fungierten, sind formal folgendermaßen zu unterteilen (im wesentlichen ebenso bei BK 312ff.):

---

110 Siehe z.B. BK 186, Abb. 103 - Gr. 109. Nicht dagegen in Gr. 121 - BK 200, Abb. 115.

111 Siehe Tabellen 13a.b.

112 Anzunehmen für Gr. 53, in dem 30 cm über dem Grubenboden Knochen von Schaf/Ziege gefunden worden sind und deswegen wahrscheinlich ursprünglich in einem Holzgefäß mit Fuß deponiert waren. Siehe BK 114 mit Abb. 53.

113 Untersuchungen zu dieser Frage sind an den Stücken von Basatanya nicht vorgenommen worden.

- aus Silex/Obsidian

Pfeilspitzen: Es fanden sich einige vollretuschierte, dreieckige Pfeilspitzen aus Obsidian[114] und darüberhinaus einige Stücke, die ihrer Form nach als Pfeil- oder Speerspitzen verwendet worden sein könnten[115].

Klingen: Die weitaus am häufigsten anzutreffende Geräteform besteht aus präparierten Abschlägen, die zwischen drei und fünf Längsseiten aufweisen. Neben Material und Querschnitt variieren Länge (0,5 cm bis 18,1 cm) und weitere Bearbeitung bzw. Erhaltungszustand der abgeschlagenen Stücke, wobei allein Länge und 'Fragmentierung' eine regelmäßige Korrelation zeigen. Und zwar ist dies in der Weise gegeben, daß die langen Klingen bis auf eine Ausnahme unbeschädigt sind, Stücken mittlerer Länge oft die Spitze fehlt, während es sich bei den kurzen Stücken überwiegend um Mittelstückfragmente handelt, denen sowohl Spitze wie Ende fehlt. Hinzu kommen kurze Spitzen bzw. Endstücke (bulbus). Allein dieser relativ regelmäßige Zusammenhang zwischen Länge und Fragmentierung läßt darauf schließen, daß es sich nicht nur um unabsichtliche Beschädigungen handelt, die keinen Einfluß auf die Funktion der Stücke gehabt hätten.

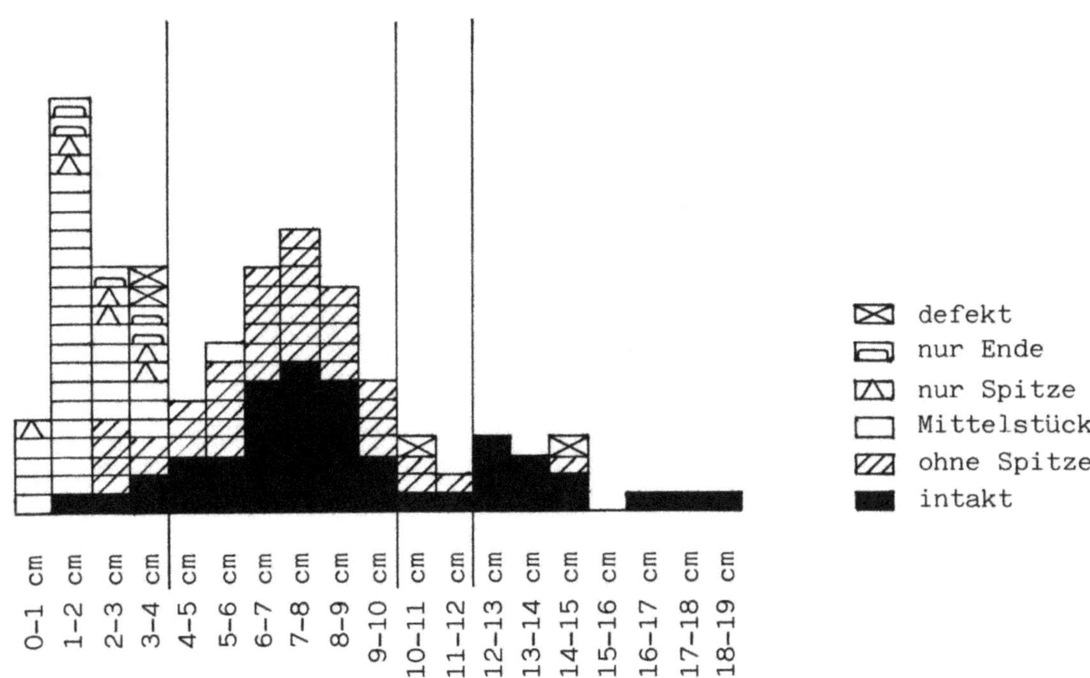

Abbildung 2: Unterteilung der Klingen

114 Siehe z.B. BK Taf. 72,1-4 - Gr. 37.

115 Siehe z.B. BK Taf. 102,1 - Gr. 117.

Um das Material überschaubar zu machen, ist es hier zusätzlich zum 'Grad der Fragmentierung' in vier Längen unterteilt worden, ohne daß damit unbedingt eine funktionale Differenzierung behauptet werden soll. Die Grenzen dürften in der Funktion genauso fließend gewesen sein, wie sie es in der Länge sind[116].

Die Form des Querschnitts (meist dreieckig oder trapezförmig) scheint wahllos auf die solchermaßen unterschiedenen Formen verteilt zu sein. Deutlich sichtbar retuschiert an den Längsseiten sind nur zwei lange Klingen, die sich deswegen jedoch in der Funktion nicht von den anderen langen Klingen unterschieden haben müssen[117].

Kratzer: Dabei handelt es sich um Klingen, die an einer oder beiden Breitseiten mit einer deutlichen Retusche versehen sind[118].

Zu den Geräten aus schlagbarem Material kommen noch wenige Stücke aus anderen Materialien hinzu:

---

116 Absichtliche Fragmentierung von geschlagenem Material ist im Neolithikum nicht unbekannt. - Vgl. z.B. Bruijn 1958/59.

Die unterschiedenen Klingen sind bei I. Bognár-Kutzián abgebildet (Beispiel):

bis 4 cm	■	Taf. 38,4 - Gr. 28
	▨	Taf. 32,12 - Gr. 30
	□	Taf. 59,6-8 - Gr. 52
	⍓	Taf. 38,1 - Gr. 28
	⧈	Taf. 69, 27.28 - Gr. 61
4-10 cm	■	Taf. 25,16-18 - Gr. 23
	▨	Taf. 77,1 - Gr. 67
	□	Taf. 114,4 - Gr. 153
10-12 cm	■	Taf. 98,9 - Gr. 107
	▨	Taf. 47,4 - Gr. 39
12-19 cm	■	Taf. 59,2 - Gr. 52
	▨	Taf. 80,1 - Gr. 71.

117 Siehe Uerpmann 1976, 78ff.

118 Siehe z.B. BK Taf. 69,15 - Gr. 60.

Aus geschliffenem Stein fanden sich drei Äxte[119], drei kleine Beile[120] und eine runde Keule aus Kalkstein ('macehead')[121].

Aus Kupfer gibt es zwei Klingen von 7,5 cm und 15 cm Länge[122] und mehrere Ahlen[123], die z.T. sehr schlecht erhalten waren.

Aus Knochen- und Geweihmaterial sind vier Äxte[124], mehrere Ahlen[125] und vier Harpunenspitzen[126] beigegeben worden.

Hinzu kommt ein Spinnwirtel aus Ton[127].

Über die praktische Funktion dieser Geräte ist mit der Benennung bereits fast alles gesagt: Pfeilspitzen sind denkbar als Waffen gegen Tier und Mensch. Die Harpunenspitzen sind Geräte für den Fischfang. Bei der Keule handelt es sich wahrscheinlich um eine reine Waffe, während die Äxte auch als Werkzeuge zum Hämmern in Frage kommen. Die Beile dürften als Werkzeuge für die Holzbearbeitung gedient haben[128]. Die längeren Messerklingen aus Silex und Kupfer eignen sich zum Schneiden und teilweise auch zum Stechen, d.h. für alle möglichen Funktionen: als Waffe gegen Mensch und Tier oder als Werkzeug zur Naturausbeutung bzw. zur Bearbeitung natürlicher Materialien. Für die kurzen Klingen und die Kratzer kommt nur noch die Verwendung als Werkzeug in Frage[129]. Kupfer- und Knochenahlen dienten als Werkzeuge zum Bohren, d.h. ebenfalls zur Bearbeitung natürlicher Materialien.

Funktion im Grab:

Viele Geräte fanden sich in Positionen am Körper, die ihrer praktischen Trageweise entsprochen haben können. Die bevorzugten Lagen befanden sich in Brust- und Bekkengegend.

---

119 BK Taf. 19,1; Taf. 72,7; Taf. 110,7.

120 BK Taf. 5,3; Taf. 19,2; Taf. 72,6.

121 BK Taf. 28,22.

122 BK Taf. 54,2 und Taf. 95,2.

123 Siehe z.B. BK Taf. 88,5 - Gr. 92.

124 Siehe z.B. BK Taf. 51,5 - Gr. 45.

125 Siehe z.B. BK Taf. 51,3 - Gr. 41.

126 Siehe z.B. Bk Taf. 38,8 - Gr. 28.

127 BK Taf. 98,5.

128 RGA^2 2/1, 154-158 ("Beil").

129 Theoretisch ist eine Verwendung als Sicheleinsätze, gerade bei den Mittelstückfragmenten, gut denkbar (vgl. z.B. Georgiev 1961, 61). Das Material von Basatanya ist aber daraufhin nicht untersucht bzw. falls dazu Untersuchungen vorliegen, sind diese nicht veröffentlicht.

In einigen Gräbern der Periode I war eine Häufung an solchen Stellen zu beobachten[130], so daß angenommen werden kann, daß sie in irgendeinem Behältnis aus organischem Material ins Grab gekommen sind. Außer den Formen, die als 'Großgeräte' bezeichnet werden können (lange Silexklinge, Axt, Beil, Keule) und den Harpunenspitzen kommen darin alle Geräte vor, die in den Gräbern der Periode I vertreten sind.

			Klingen 4-10cm				Klingen 0-4cm								
Grab	Knochenahle	Pfeil/Speerspitze?	intakt	ohne Spitze	Mittelstück	sonst defekt	intakt	ohne Spitze	Mittelstück	nur Spitze	nur Ende	Abschlag	Kratzer	Obsidiankern	Hauersplitter v.wildem Eber/Schwein
13B					1				1				1		
61	1			1					1	1	2		1		
79												4			
23			1	1					1		'				2
28							1	2	3	1					
12	3		1	4		1							1		2
60/1			1						1			3	2		1
60/2				1					5	2		3	4	1	1
68				2				1		1		1			1
67		1	1			1					1	1			

Abbildung 3: Gegenstände in Beutel ?

Somit wird die oben vorgenommene Unterscheidung zwischen Silexklingen mittlerer Länge (4-10 cm) und längeren Klingen durch die Lage im Grab bestätigt.

Bei anderen Grablagen am Körper/in Körpernähe ist dagegen anzunehmen, daß es sich um von der Kleidung unabhängige Deponierungen handelte.

Am auffälligsten ist darunter die Lage von Silexklingen am Schädel, die jedoch - was die genaue Position betrifft - kein einheitliches Bild liefert[131]. Da auch andere Beigaben, hauptsächlich Schweineunterkiefer (siehe nachfolgenden Abschnitt), direkt am/unter dem Schädel gefunden worden sind, ist jeweils von einer gesonderten Deponierung in Kopfnähe auszugehen, die für die Bestattungsgemeinschaft eine rituelle Bedeutung gehabt haben muß.

130 Siehe z.B. BK 76, Abb. 33 - Gr. 28.

131 Siehe z.B. BK 34, Abb. 12 - Gr. 1 und BK 114, Abb. 53 - Gr. 53.

Dies gilt ebenso für die Geräte, deren Schäfte den Toten möglicherweise in die Hand gelegt worden sind (Klingen, Äxte, Beile, Keule)[132].

Daß zwei Drittel der langen Klingen (ab 10 cm), aber nur wenige kürzere Exemplare in Schädelnähe deponiert waren, bestätigt ebenfalls wiederum die vorgenommene Differenzierung gemäß der Länge.

Im übrigen sind in vielen Gräbern Geräte auch vom Körper entfernt auf dem Grubenboden oder in der Grubenfüllung niedergelegt worden.

Aus keiner dieser Grablagen ist zu schließen, daß die Geräte nicht in genau dieser Funktion - als Geräteausstattung des Toten - ins Grab gelangt wären. Sie sind höchstens durch die Deponierung an besonderer Stelle von der Bestattungsgemeinschaft zusätzlich mit einem symbolischen Gehalt bedacht worden.

Nur in Grab 105 fanden sich zwei vollständige, aber absichtlich zerbrochene Klingen, die somit ihrer ursprünglichen Funktion beraubt waren[133].

Vorkommen[134]:

Geräte bilden nur bei erwachsenen Männern eine regelmäßige Beigabe. Bei den meisten Frauen und Kindern fanden sich dagegen keine derartigen Gegenstände.

Die Zusammensetzung der Geräteformen zeigt in der *Periode I* wenig Regelmäßigkeiten. 'Großgeräte' sind jeweils nur mit einem Exemplar pro Grab vertreten. Die meisten erwachsenen Männer sind mit mindestens einer Klinge über 4 cm Länge versehen, während die Ausstattung der Jüngeren - sofern überhaupt mit Geräten bedacht - in erster Linie aus Klingen (verschiedener Formen) besteht. Auffällig ist auch, daß Großgeräte entweder singulär beigegeben sind (Gr. 14 und 36 je mit einem Beil, Gr. 5 mit langer Silexklinge) bzw. mit nur einer kleineren Klinge zusätzlich (Gr. 45: Geweihaxt, Gr. 38 und 39: lange Silexklinge) oder aber mit einer ganzen Reihe anderer Formen zusammen (in den Gräbern 12, 23, 52, 60 und 67). Auch die Zusammenstellung der Geräteformen, die möglicherweise in einem Beutel deponiert waren, ist sehr unterschiedlich. Mehrfach waren die gleichen Formen im selben Grab auch unabhängig davon beigegeben worden. Über die *funktionale* Differenzierung der Klingen bis 10 cm Länge erhält man dadurch keinen weiteren Aufschluß.

132 Vgl. z.B. auf Abb 66 (BK 137) die Position der linken Hand mit der Lage der Axt (Gr. 67).

133 BK Taf. 95,1.3.

134 Siehe Tabellen 12a.b.

Die wenigen Mädchen- und Frauengräber mit Geräten enthielten nur die kleinsten Stücke aus Silex bzw. Obsidian. Das Alter der Bestatteten spielte dabei keine Rolle.

In der *Periode II* ist die Gesamtzahl der Geräte in Männergräbern deutlich geringer als in Periode I. Das resultiert daraus, daß von jeder Geräteform fast ausnahmslos nur je ein Exemplar beigegeben wurde und die Vielfalt der Formen in den einzelnen Gräbern deutlich reduziert war. Besonders die kleinen Silex-/Obsidian-Werkzeuge fehlen weitgehend wie auch Steinbeil, Geweihaxt und Harpunenspitze. Neu dazugekommen sind Geräte aus Kupfer (Klinge, Ahle). Wie in Periode I war in fast allen Gräbern eine Klinge von über 4 cm Länge enthalten, die häufig in Schädelnähe deponiert war. Regelmäßigkeiten von der Art, daß eine bestimmte Form (abgesehen von der Klinge) nur mit einer ganz bestimmten anderen Form vorkäme bzw. umgekehrt damit nie kombiniert wäre, gibt es nicht.

Dagegen hat bei den Frauen sowohl die Zahl der Geräte wie die Zahl der mit dieser Beigabenart versehenen Gräber deutlich zugenommen. Ihnen ist sogar eine Form vorbehalten, die in der Periode I noch ausschließlich in Männergräbern zu finden war (Knochenahle). Kombiniert war dieses Gerät mehrfach mit einer Silexklinge mittlerer Länge und anderen Gegenständen, die nicht mit Sicherheit als Geräte anzusprechen sind (Kieselsteine usw. - siehe folgenden Abschnitt). Festzuhalten ist, daß diese Geräte sowie sonstige räumlich zugeordnete Gegenstände und Materialien bei diesen Frauen im Gegensatz zu den Männern meist in deutlichem Abstand vom Körper und nie in Schädelnähe gelegen haben.

Von den Gegenständen und Materialien *unbestimmter Funktion* soll hier nur ein Teil ausführlicher vorgestellt werden[135]:

Silex-/Obsidianabschläge: Neben den präparierten Abschlägen fanden sich auch formlose Splitter und Stücke, auf deren Funktion als Werkzeuge nur deswegen geschlossen werden kann, weil sie sich in ihrem Erscheinen in den Gräbern (Lage, Anzahl) durch nichts von den anderen kleinen Silex-/Obsidian-Geräten unterscheiden[136].

Silex-/Obsidiankerne: Die Kerne[137], von denen jeweils bereits Stücke abgeschlagen waren, können entweder als (Rest von) Rohmaterial oder wie die formlosen Abschläge als Werkzeuge ins Grab gegeben worden sein. Ihre Lage im Grab unterscheidet sich nicht von der Position der Geräte. Bis auf eine Ausnahme treten sie nur in Männergräbern auf. Allein die Tatsache, daß im Frauengrab 59 zusätzlich zu einem Kern und einem Stück, das Kern oder Abschlag sein kann, ein

Kupferhalbfabrikat[138] ('ingot') gefunden wurde, spricht für die Beigabe als Rohmaterial.

---

135 Siehe Tabellen 12a.b.

136 Siehe z.B. BK Taf. 77,6 - Gr. 67.

137 Siehe z.B. BK Taf. 54,6 - Gr. 44.

Die erwähnten Gegenstände und Materialien, die in Frauengräbern der Periode II in Verbindung mit Silexklingen und Knochenahlen gefunden worden sind, setzen sich aus folgendem zusammen:

Kieselsteine: Da derartige Steine[139] sonst in den Grubenfüllungen nicht vorkamen und sie auch teilweise in Gefäßen deponiert waren, ist an ihrer absichtlichen Beigabe in die Gräber nicht zu zweifeln. Das wird auch daran deutlich, daß sie sich bis auf eine Ausnahme (Gr. 98) nur in Frauengräbern fanden (in beiden Perioden). Abnutzungsspuren an einigen Exemplaren und die Lage direkt neben eindeutigen Geräten in Frauengräbern der Periode II sprechen für ihre Verwendung als Werkzeuge zum Glätten und Polieren. Trifft dies zu, so wären doch die meisten Frauen der Periode I wenigstens mit einem Werkzeug ausgestattet worden.

Polierte Steinplatten: Theoretisch ist für die vorhandenen fünf Stücke eine Verwendung als Mahl- oder Reibsteine denkbar[140]. Die beiden eher formlosen Exemplare der Periode I lagen ohne Zusammenhang mit anderen Beigaben in der Grabgrube. In Periode II fanden sich neben zwei Stücken aus feinkörnigem Gestein Kieselsteine (Gr. 98, 109) und in einem Grab (105) auf dem Stein Farbe ('colouring matter'), so daß für diese eine Verwendung als Reibsteine für feine Materialien, wie eben Farbe, anzunehmen ist.

Die Fischgräten, die in Gr. 109 unter der polierten Steinplatte und in Gr. 87 auf Farbe und Klinge lagen, stellten möglicherweise ebenfalls Werkzeuge dar[141].

Unklar bleibt die Verwendung der unbearbeiteten Flußmuscheln, die sich mehrfach in der Nähe von Kieselsteinen - in Gr. 49 zusätzlich gemeinsam mit Knochenahle in Gefäß - fanden[142].

In diesen Zusammenhang gehören wie erwähnt in Periode II auch Stücke von Erdfarben (rot, braun, gelb und weiß), die offenbar als Rohmaterial in die Gräber gegeben worden sind.

Daß Rohmaterialien Teil dieses Ensembles sein können, spricht ebenso wie die Tatsache, daß sich derartige Gegenstände in den Frauengräbern immer in gewissem Abstand vom Körper - in Gr. 87 direkt aufeinander, in Gr. 49 gemeinsam in Gefäß - fanden, dafür, daß sie auch funktional zusammengehörten.

Unbestimmt in ihrer Funktion und ohne besonderen Zusammenhang zu anderen Beigaben sind folgende Gegenstände, über die alles Wissenswerte bei I. Bognár-Kutzián nachzulesen ist: Polierte und durchbohrte Kalksteinscheibe/Muschelschale (BK 344f.), gebrannte Tonstücke (BK 306), ausgehöhlte Knochen-/Geweihstücke (BK 308), Knochenlöffel (BK 307), Schneckenhäuser (BK 346) und Fragment einer Schildkrötenplatte (BK 382).

---

138 Siehe BK Taf. 63,13-15.

139 Siehe z.B. BK Taf. 80,13 - Gr. 76.

140 Siehe z.B. BK Taf. 101,4 - Gr. 109.

141 Siehe BK Taf. 88,4 und BK 161, Abb. 83.

142 BK 105, Abb. 49.

Tiere, Tierknochen und andere Teile von Tieren

Neben der Mitgabe der Tierknochen, die unter 'Speisebeigabe' aufgeführt worden sind, fanden sich in den Gräbern verschiedene andere Tiere/Tierteile, denen andere Funktionen zu eigen gewesen sein müssen[143].

Hund

In fünf Gräbern der Periode I sind neben der bestatteten Person Hundeskelette freigelegt worden, die vollständig waren und sich noch in ihrer anatomischen Ordnung befanden[144]. Diese Hunde sind offensichtlich getötet und als Beigabe mit in die Gräber gegeben worden. Zu Lebzeiten dürften sie als Jagd- und/oder Hirtenhunde gedient haben. Sie tauchen nur in Männergräbern (ab 18 Jahren) während einer kurzen Zeitspanne der Periode I (Ib2) auf.

Schweineunterkiefer

Formen:

Als Grabbeigabe treten häufig Unterkiefer von wilden Ebern sowie domestizierten Ebern bzw. Schweinen auf[145]. Alle Exemplare sind defekt; die Vorderteile sind absichtlich abgeschlagen worden, wahrscheinlich vor der Zerlegung der getöteten Tiere (BK 309). Teilweise waren auch davon nur Bruchstücke beigegeben.

Funktion:

Die Schweineunterkiefer lagen meist von allen anderen Tierknochen getrennt auf dem Boden der Grabgrube, oft direkt am Schädel des Toten[146]. Allein daraus wird ersichtlich, daß es sich kaum um eine Speisebeigabe handelte - ganz abgesehen davon, daß sich dies bei Unterkiefern prinzipiell nicht anbietet. Die Funktion im Grab bestand deswegen wahrscheinlich nur darin, Träger einer Bedeutung zu sein, d.h. ein Symbol darzustellen, das in irgendeinem Zusammenhang mit der Tierart des Schweines stand. Die Frage, ob die Stücke in dieser Form und Funktion bereits vor ihrer Verwendung als Grabbeigabe existent waren, ist nicht zu beantworten.

---

143 Siehe Tabellen 13a.b.

144 Siehe z.B. BK 114, Abb. 53 - Gr. 53.

145 In dieser Reihenfolge siehe BK Taf. 86,1.2.7.

146 Siehe z.B. BK 60, Abb 23a.b. - Gr. 12.

Vorkommen:

Schweineunterkiefer fanden sich in Periode I in fast allen Männergräbern sowie bei einigen Kindern und Jugendlichen männlichen Geschlechts, fehlen bei letzteren aber im Verlauf der Periode I zunehmend[147]. Dafür waren am Ende der Periode I (Ib2) Bruchstücke (zusammen mit Rippen/Extremitäten-Knochen vom Schwein, d.h. mit Speisebeigabe, in Gefäßen) im Grab eines 13-jährigen Mädchens (Gr. 4) beigegeben worden. Auch in den vier Gräbern der Periode II (drei Frauen, ein Mann), die Schweineunterkiefer enthielten, lagen in der Nähe andere Knochen vom Schwein.

'Spezielle Tierknochen-Kombination'
- bestehend aus Aurochs-Schulterblatt[148], Rinder-Metatarsus[149]/Rinder-Tibia[150] und Geweihstücken[151].

In zahlreichen Gräbern der Periode I sind derartige Stücke in wechselnden Kombinationen oder auch einzeln deponiert worden. Enthielt ein Grab mehrere Stücke davon, lagen sie fast immer an einer Stelle beisammen und von den übrigen Beigaben getrennt[152].

An allen verschiedenen Knochen-Typen, aber nicht an allen einzelnen Stücken konnten Bearbeitungs-/Abnutzungsspuren festgestellt werden[153]. Sie stellten also sicher keine Speisebeigabe dar[154], aber offenbar auch keine Werkzeuge wie die Knochenstücke mit eindeutiger Formgebung (Ahlen). Kein Zweifel besteht daran, daß die Funktion in einer Verbindung zu den betreffenden Tierarten (Ur, Rind, Hirsch-/Rehwild) stand und nicht von jedem ähnlich geformten Knochenstück hätte eingenommen werden können. Fraglich ist, ob die Stücke bereits vor dem Totenritual in irgendeiner Weise verwendet worden waren.

Diese Tierknochen-Kombination ist fast ausschließlich Männern der Periode I (ab 18 Jahren) beigegeben, diesen aber nicht regelmäßig.

---

147 Siehe Tabelle 14 zu Kap. IIIb.

148 Keine Abbildung bei BK.

149 Siehe z.B. BK Taf. 86,6 - Gr. 67.

150 Keine Abbildung bei BK.

151 Siehe z.B. BK Taf. 86,3-5 - Gr. 67.

152 Siehe z.B. BK 137, Abb. 66 (Gr. 67): Aurochs-Schulterblatt, Rinder-Metatarsus und Geweihstücke zwischen linkem Oberschenkel und nördlicher Grubenwand.

153 Rinder-Metatarsen bei I. Bognár-Kutzián unter 'polishers' (BK 309).

154 Außer vielleicht die unbearbeiteten Rinder-Metatarsen in den Gräbern 33 und 53, jeweils in Gefäß.

Tierzähne

Die mitgegebenen Tierzähne bestehen im wesentlichen aus Hauern[155] bzw. Hauersplittern von wilden Ebern bzw. domestizierten Ebern und Schweinen. Zwei der Hauersplitter waren durchbohrt[156]. Hinzu kommen Schneidezähne vom Schwein und zwei Rotwildzähne, davon einer durchbohrt als Teil einer Perlenkette (Gr. 54)[157].

Einer der durchbohrten Hauersplitter lag auf der Brust des erwachsenen Mannes aus Gr. 35, war also möglicherweise an einer Schnur um den Hals getragen worden. Viele der nicht-durchbohrten Hauersplitter und einer der Schneidezähne fanden sich direkt neben kleinen Silex-/Obsidian-Werkzeugen; einige davon neben den Stücken, die möglicherweise in Beuteln deponiert waren (vgl. Abb. 3 auf S. 38). In Gr. 29, dem symbolischen Grab ohne Gerätebeigabe, lag der Hauersplitter direkt bei der 'speziellen Tierknochenkombination'. In Periode II fanden sich in zwei Gräbern (98, 105) Hauersplitter bei/auf polierter Steinplatte/Kieselstein, einmal zusammen mit Farbe.

Da keinerlei Abnutzungsspuren festzustellen waren, dürfte den Hauern eine symbolische Bedeutung - einerseits in Verbindung mit der Tierart des Schweines, andererseits auch mit den Geräten - zugekommen sein. Ob sie in dieser Funktion bereits vor ihrer Mitgabe in die Gräber existierten, ist wiederum nicht zu beurteilen.

Hauer/-splitter und Schneidezähne vom Schwein sind nur Männern über 24 Jahren beigegeben - in Periode I häufig, aber keineswegs bei allen Männern, die dieses Alter erreicht haben.

Außerdem sind folgende Tierknochen zu nennen:

Ein Ziegenschädel in Gr. 4, der in der Nähe des Kopfes des bestatteten Mädchens lag und ebenfalls kaum als Speisebeigabe zu interpretieren ist.

In Gr. 12 wurde ein nicht näher bestimmtes Vogelskelett gefunden, das möglicherweise den Überrest einer Speisebeigabe darstellt.

In Gr. 28 lag direkt neben Silex-Werkzeugen die Ulna eines Hasen - also möglicherweise ebenfalls ein Gerät. Es fanden sich noch weitere Hasenknochen in diesem Grab, nähere Angaben dazu fehlen jedoch.

Tracht/Schmuck

Da nur wenige Stücke aufgrund der Lage relativ zum Skelett als Bestandteile der Kleidung zu identifizieren sind, soll im folgenden zwischen Tracht und Schmuck nicht ausdrücklich unterschieden werden.

---

155 Siehe z.B. BK Taf. 5,1 - Gr. 14.

156 Siehe z.B. BK Taf. 32,10 - Gr. 35.

157 BK Taf. 64,1.

Formen/praktische Funktion:

Perlen aus verschiedenen Materialien: Die Perlen aus Kalkstein bzw. in Einzelfällen Muschelschale haben eine scheiben- oder röhrenförmige Gestalt[158], letztere mit zylindrischem oder ovalem Querschnitt. Dazu kommen wenige Perlen aus Kupfer[159] und ein Exemplar aus Gold[160].

Die Arm- und Fingerringe aus Kupfer sind alle offen und spiralförmig, mit ein bis vier Windungen und bandförmigem[161] oder drahtförmigem[162] Querschnitt.

Eine ruderförmige Kupfer-Gewandnadel fand sich in Grab 129[163].

Funktion im Grab:

Die Kalkstein- und Kupferperlen gehörten vorrangig zu Bauch- und Halsketten[164], z.T. waren sie anscheinend auf die Kleidung aufgenäht gewesen. Einzelne Perlen am Kopf (Gräber 18, 21, 25) dürften Teil einer Kopfbedeckung/-schmucks gewesen sein[165]. Die Ringe fanden sich - bis auf ein zerbrochenes Stück, das auf der Brust lag (Gr. 21) - an Unterarmen und Fingern.

Diese Gegenstände bildeten somit Bestandteile der Kleidung der Toten bzw. des Totenschmucks - die Funktion im Grab unterscheidet sich nicht von der ursprünglichen praktischen Funktion. Abnutzungsspuren zeigen, daß sie tatsächlich vor der Bestattung verwendet worden sind und nicht exklusiv als Totenschmuck dienten.

In zwei Gräbern (27, 41) lagen die Perlen so verstreut, daß anzunehmen ist, daß die Ketten während der Bestattung zerrissen sind - ob absichtlich oder unabsichtlich ist nicht mehr festzustellen. Ihre ursprüngliche Funktion war damit zerstört.

Vorkommen[166]:

Schmuck war nur etwa einem Viertel aller Gräber beigegeben.

In Periode I ist die Beigabe von Schmuck weitgehend auf den frühen, westlichen Teil beschränkt. Die Formen sind den Geschlechtern nach unterschieden: Kupferarmringe fanden sich fast nur beim männlichen Geschlecht, Kupferfingerringe überwiegend und Perlenketten ausschließlich bei Mädchen und Frauen.

Auffällig ist, daß zwei Gräber von weiblichen Toten, denen im späten Teil der Periode I Schmuck mitgegeben ist, am westlichen Rand des Gräberfeldes liegen (Gr. 4 und

158 Siehe z.B. BK Taf. 33 - Gr. 24.

159 Siehe z.B. BK Taf. 32,1 - Gr. 24.

160 BK Taf. 116,2 - Gr. 142.

161 Siehe z.B. BK Taf. 7,5.6 - Gr. 4.

162 Siehe z.B. BK Taf. 25,6.7 - Gr. 23.

163 BK Taf. 110,4.

164 Siehe z.B. BK 69, Abb. 29 - Gr. 24.

165 Siehe z.B. BK 62, Abb. 27 - Gr. 21.

166 Siehe Tabelle 11 und Karte 36.

88)[167]. Auffällig ist ebenfalls, daß Kupfer-*Armringe* zu einer Zeit beim weiblichen Geschlecht auftauchen, in der Kupfer als Material für Schmuck sonst nicht mehr vorkommt (wieder Gr. 4; auch Gr. 87 - Periode II(a)). In Periode II ist die Schmuckbeigabe ansonsten auf Perlenschmuck (scheibenförmige Kalksteinperlen) und auf das weibliche Geschlecht beschränkt[168].

b. DIE ZEITLICHE ENTWICKLUNG DES TOTENRITUALS

Um einen Überblick über die *Entwicklung* des Totenrituals zu geben, sollen im folgenden nochmals kurz die Punkte zusammenfassend genannt werden, die während der Belegung des Gräberfeldes eine Änderung erfahren haben.

Periode I und Periode II unterscheiden sich in folgender Weise:

Bezüglich der Lage des Toten im Grab ist eine Entwicklung von der gestreckten zur streng gehockten Lage zu beobachten, wobei Strecker und leichte bzw. leicht-mittlere Hockerlage auf Periode I, strenge und sehr strenge Hocker dagegen auf Periode II beschränkt sind. Hinzu kommt, daß die Ost-West-Orientierung (Kopf im Osten) bis auf eine Ausnahme (Gr. 38) nur in Periode II vorkommt und zwar im Lauf der Zeit zunehmend[169].

Was Speisebeigabe und Gefäße betrifft, ist festzuhalten, daß in der Periode II vermehrt Schweineknochen als Beigabe auftreten und auch die vier mitgegebenen Schweineunterkieferfragmente dort immer mit anderen Knochen vom Schwein kombiniert sind (wie in Periode I nur in Gr. 4). An der Gefäßzusammensetzung ändert sich insofern etwas, als es kaum noch Fußgefäße gibt - in denen in Periode I oft die Tierknochen lagen -, dazu fast keine Vorratsgefäße (Höhe über 30 cm), Becher (C II) und hohe Schüsseln (A II) mehr, d.h. eine starke Einschränkung des Gefäßsortiments stattgefunden hat. Außerdem ist in Periode II eine viel stärkere Differenzierung der Geschlechter, was die Beigabe bestimmter Gattungen betrifft, zu beobachten: Die Geschirrsätze der Männer bestehen im wesentlichen aus Milchtöpfen (K III) und Schüsseln (B I), während große Vielfalt fast nur in Frauengräbern festzustellen ist. Am Ende der Periode II nimmt auch die Beigabe von Milchtöpfen stark ab[170], dafür tritt mit (C)IIa eine ganz neue Gefäßgattung auf.

Bei der Geräteausstattung ist zum einen ein Wechsel von Formen zu konstatieren: Steinkeule, Steinbeil, Geweihaxt und Harpunenspitze kommen ausschließlich, Silexklingen bis 4 cm Länge überwiegend in Periode I vor, wohingegen Kupferklingen und -ahlen sowie eindeutig zu identifizierende Pfeilspitzen (alle aus Obsidian) und bis auf eine Ausnahme (Gr. 60) auch Obsidiankerne ein Spezifikum der Periode II bilden. Darüberhinaus fehlt in den Männergräbern der Periode II die Vielzahl an Kleingeräten, die in Periode I zu beobachten war; dafür sind nun auch einige Frauen mit einer gewissen

---

167 Beide Stufe Ib2. Vgl. S. 50 Anm. 184.

168 Die Kupfernadel und die Goldperle (beides in Männergräbern) lagen jeweils soweit vom Körper entfernt, daß sie im Grab mit Sicherheit keine Bestandteile der Tracht bildeten.

169 Vgl. Tabellen 10a-d und Karten 34 und 35.

170 Vgl. Karte 3.

Anzahl von Geräten versehen, wobei die Knochenahle und die in den Gräbern mehrfach räumlich zugeordneten Muschelschalen nur noch bei Frauen vorkommen[171]. Desweiteren gilt es festzuhalten, daß in der ganzen Periode II nur ein Grab mit Sicherheit von der selben Geräteform mehr als ein Exemplar mitbekommen hat (Gr. 37 mit vier Pfeilspitzen).

Was die Mitgabe von Tierknochen betrifft, die offensichtlich nicht als Speisebeigabe gedacht waren, fehlen derartige Stücke in Periode II fast vollkommen. Die wenigen Schweineunterkiefer (alle von domestizierten Tieren) wurden bereits erwähnt; die sogenannte 'spezielle Tierknochenkombination' sowie Hunde gibt es in Periode II überhaupt nicht. Nur in zwei Gräbern waren Splitter von Eberhauern mitgegeben, welche damit die einzigen Hinweise auf Wildtiere in der Periode II bilden.

Auch bei den Trachtbestandteilen bzw. beim Schmuck ist in der Periode II eine Einschränkung der Formenvielfalt zu beobachten: Kupferfinger- und -armringe gibt es bis auf eine Ausnahme (Gr. 87) nicht mehr, die Perlenketten bestehen (wiederum bis auf eine Ausnahme - Gr. 85 - mit röhrenförmigen Perlen) nur noch aus scheibenförmigen Perlen und wurden nur noch um den Bauch, nicht mehr um den Hals getragen. Ebenso fehlen einzelne verstreute Perlen in Männergräbern. Dafür erscheinen in Periode II je eine Kupfernadel bzw. Goldperle, beidesmal in Männergrab. Die körperentfernte Lage dieser Gegenstände in den Gräbern läßt es allerdings als zweifelhaft erscheinen, daß sie als Tracht-/Schmuckstücke beigegeben worden sind. Damit enthielt kein Männergrab der Periode II mit Sicherheit ein Schmuckstück.

Innerhalb der Periode I machen sich folgende Veränderungen bemerkbar:

Skelette in mittlerer Hockerlage treten je einmal in Stufe Ia2 bzw. Ib1 (Gr. 77 und 78), mehrfach ab Stufe Ib2 auf. Ansonsten gibt es während Ia nur Strecker oder leichte/leicht-mittlere Hocker. Die Stufe Ia ist desweiteren durch das ausschließliche Vorkommen von Harpunenspitzen und Halsketten sowie das überwiegende Vorkommen von langen Silexklingen[172] (Ausnahme innerhalb Periode I: Gr. 52 - Ib2), geschliffenen Steingeräten und ganz allgemein der Schmuckbeigabe gekennzeichnet. Umgekehrt ist auf die Stufe Ib die Mitbestattung eines Hundes (4 mal in Ib2), die Mitgabe von Geweihäxten (nur Ib2) sowie bis auf eine Ausnahme (Gr. 23 - Ia1) die Beigabe von Unterkiefern von *wilden* Ebern, mehrerer Stücke der 'speziellen Tierknochenkombination' und von Muschelschalen in Männergräbern beschränkt.

In der Periode II beschränken sich die Veränderungen, was die einzelnen Elemente des Totenrituals betrifft, auf die bereits genannten Punkte Hockerlage, Orientierung und Gefäßbeigabe.

Welche chronologischen Unterschiede festzuhalten sind, betrachtet man jedes Grab in seiner Gesamtheit, wird aus dem folgenden Abschnitt ersichtlich.

---

171 Knochenahle in Periode I dreimal in Männergrab.

172 Erscheinen in Periode II wieder mehrfach.

c. VERGLEICH DER GRÄBER

Der vorrangige Unterschied, der zwischen den Gräbern zu beobachten ist, besteht in einer Differenz der Geschlechter. Das betrifft sowohl die Behandlung des Leichnams wie die Deponierung von Beigaben und gilt prinzipiell für beide Perioden, ist aber in Periode II weniger deutlich ausgeprägt als in Periode I. Das Alter spielt je nach Geschlecht der Bestatteten bzw. chronologischer Stellung ihrer Gräber auf ganz verschiedene Weisen eine Rolle[173].

Die Unterschiede, die in der Periode I zwischen den Geschlechtern erfaßt werden können, sind von unterschiedlicher Qualität.

Einesteils wurden sie bereits unter Punkt a. aufgeführt: die geschlechtsspezifische Seitenlage des Leichnams und die prinzipiellen Unterschiede bei verschiedenen Beigabenarten[174] - insbesondere bei den Geräten und den Tierteilen mit Symbolgehalt dadurch, daß in Mädchen- und Frauengräbern derartige Beigaben fast vollkommen fehlen.

Zusätzlich sind innerhalb beider Geschlechtsgruppen ganz verschiedene Differenzierungen zu beobachten, die zudem im Verlauf der Periode I unterschiedliche Entwicklungen durchmachen.

Periode I: Männliches Geschlecht - Unterschied zwischen jung und alt

Die Gräber der Personen männlichen Geschlechts unterscheiden sich nur in den Beigaben.

Was das Alter betrifft, war in Abschnitt IIIa zu sehen, daß sich bei allen Beigabenarten abgesehen vom Schmuck die Älteren prinzipiell durch eine größere Quantität und Vielfalt an Formen auszeichnen[175]. Innerhalb der beiden Gruppen spielt das Alter jedoch kaum eine Rolle[176], so daß in der Gesamtausstattung eine grundsätzliche Trennung der beiden Gräbergruppen (mit den Zwischengräbern 42 und 61) gegeben ist. Auch an der Nahtstelle, d.h. zwischen niedrigstenfalls 18 und höchstens 30 Jahren[177], kann das Alter nicht das ausschlaggebende Kriterium für die Art der Ausstattung gewesen sein. Sehr deutlich wird der Unterschied zwischen jung und alt in der Phase Ib, in der die Gruppe der Jüngeren nur spärlich mit Beigaben versehen worden ist.

---

173 Auf eine vorangestellte Erfassung von Ausstattungsgruppen (wie z.B. von Kossack 1959 oder J. Lichardus 1976 vorgeführt) kann hier verzichtet werden, da durch den Vergleich mit der vorliegenden Alters- und Geschlechtsbestimmung (die größtenteils korrekt sein dürfte - vgl. Anm. 177 und Anm. 186) die relevanten Unterschiede in der Ausstattung der Gräber weitgehend geklärt und leicht überschaubar sind. Siehe dazu die Tabellen 14 - 17.

174 Im folgenden wird zwischen Ausstattung des Körpers und getrennt deponierten Beigaben nicht mehr unterschieden, da die Trennung im einzelnen nicht zu beurteilen ist.

175 Keramik - siehe Tabelle 8, Geräte - siehe Tabelle 12a, Tierknochen - siehe Tabelle 13a.

176 Alle drei infans-I-Jungen arm ausgestattet.

177 25 - 30 Jahre (Alter des Mannes aus Gr. 30) ist in diesem Zusammenhang ein ungewöhnlich hohes Alter. Da die anderen jungen Männer, die der Gruppe der Jüngeren zuzurechnen sind, höchstens 22 Jahre alt waren, ist im Fall von Gr. 30 anzunehmen, daß die anthropologische Altersbestimmung nicht korrekt ist.

Berücksichtigt man ihre Zeitstellung (Ib2), gehören die Gräber der beiden Jugendlichen Nr. 42 und 61 eindeutig zur Gruppe der erwachsenen Männer.

Periode I: Unterschiede innerhalb der erwachsenen Männer

Unter den erwachsenen Männern fallen fünf Gräber auf, die in Quantität und Vielfalt der Beigabenarten Keramik/Speise, Geräte und Tierteile verschiedener Art herausragen[178]. Diese Besonderheit gilt nicht für die einzelnen Punkte, sondern zeigt sich nur, wenn man die Gräber als Gesamtheit betrachtet. Nur wenige Formen sind auf diese fünf Gräber beschränkt: Stein-Keule/-Axt, mögliche Pfeil-/Speerspitze und Obsidian-Kern. Geweih-Axt und Unterkiefer von wildem Eber waren auch Grab 45 beigegeben - einem Grab, das im übrigen eher dürftig ausgestattet war. Das bedeutet, daß die Ausnahmestellung der fünf beigabenreichen Gräber überwiegend quantitativer Natur gewesen ist. Ihrer chronologischen Stellung nach sind sie auf die Phasen Ia1 (Gr. 12, 23) und Ib2 (Gr. 52, 60, 67) verteilt. Auch ihr Alter zum Zeitpunkt des Todes war sehr verschieden (24 bis 60 Jahre).

Die restlichen Gräber der erwachsenen Männer lassen kaum noch eine klare Linie erkennen. Allein in der Gerätebeigabe ist insofern eine Differenzierung gegeben, als - neben Grab 45 - fünf weitere Gräber[179] jeweils nur mit einem größeren Gerät (Axt, Beil, lange Silexklinge) oder höchstens zusätzlich einer kleineren Klinge versehen sind. Diese fünf Gräber könnten unter den Gräbern der erwachsenen Männer der Periode I eine chronologische Zwischenstellung einnehmen[180].

Die übrigen Männer (einschließlich der beiden erwachsenen Männer aus den Mehrfachgräbern 13 und 35) waren nur mit kleineren Geräten ausgerüstet worden - die meisten von ihnen mit einer ganzen Reihe davon[181].

Innerhalb dieser ganzen Gruppe der erwachsenen Männer ist keine allgemeine Relevanz des Alters zu beobachten. Allein bei einzelnen mag sich die besondere Jugendlichkeit (Gr. 42) oder das hohe Alter (Gr. 5) auf die Ausstattung ausgewirkt haben.

Einzigartig steht das symbolische Grab 29 da, das vollkommen ohne Geräte, aber im übrigen mit allen Beigaben, die in der Periode I zu einem erwachsenen Mann gehörten, angelegt worden ist.

Periode I: Unterschiede innerhalb des weiblichen Geschlechts

In den Mädchen- und Frauengräbern zeigt sich im Verlauf der Periode I eine Veränderung, die die Ausstattung, die Lage der Körper im Grab und das Alter der Bestatteten betrifft. Eine größere Anzahl von Gefäßen, auch Tierknochen als Rest von Speisebeigabe, Schmuck sowie die kleinen Werkzeuge sind weitgehend auf die frühen Gräber (Ia-ab) beschränkt. Den späteren Gräbern (ab Ia2) waren - bis auf die Ausnahme-

---

178 Gräber 12, 23, 52, 60 und 67 - siehe Gruppe 1 auf Tabelle 14.

179 Gräber 5, 14, 36, 38 und 39 - siehe Gruppe 2 auf Tabelle 14.

180 Diese Gräber sind zwar auf die Phasen Ia1 bis Ib1 verteilt, aber alle anderen Gräber erwachsener Männer außer Gr. 35 (erwachsener Mann und zwei Mädchen) könnten davor oder danach angelegt worden sein. Vgl. Karte 37 mit Karte 19.

181 Nicht in den Gräbern 42 und 35, in Gr. 13 z.T. keine klare Zuordnung zu einem der beiden Bestatteten. Siehe Gruppe 3 auf Tabelle 14.

gräber 4 und 88 - fast ausschließlich Gefäße, meist geringerer Zahl beigegeben. Ungefähr parallel mit dem Rückgang der Ausstattung verläuft eine Veränderung bezüglich der Lage der Körper im Grab: Die beigabenreichen Mädchen und Frauen sind im allgemeinen mit leicht gehockten Beinen ganz auf der Seite ins Grab gelegt worden, während die ärmer ausgestatteten Frauen entweder mehr oder weniger gestreckt auf dem Rücken/leicht zur Seite gedreht oder aber mit deutlich gehockten Beinen ganz auf der Seite lagen[182].

Hinzu kommt, daß - wiederum abgesehen von den Gräbern 4 und 88 - nur in der Phase Ia Mädchen und Frauen unter 40 Jahren auf dem Gräberfeld bestattet worden sind[183].

Völlig aus dem Rahmen ihrer Zeit (Ib2) fallen die späten Gräber 4 und 88, die - sowohl was das jugendliche Alter der beiden Toten wie ihre Lage im Grab, ihre Ausstattung und die Lage der Gräber im Gräberfeld(!) betrifft - an die frühen Gräber der Periode I anknüpfen[184]. Zu erwähnen sind außerdem die Bruchstücke eines Schweineunterkiefers im Mädchengrab 4. Dies ist der erste und einzige Fall einer Schweineunterkiefer-Beigabe in einem Grab einer weiblichen Person in der Periode I. Auffällig in diesem Grab ist auch die Mitgabe eines - bis dahin ebenfalls männlichen Bestatteten vorbehaltenen - Kupferarmrings sowie die im Gräberfeld einzigartige Deponierung eines Ziegenschädels.

Abgesehen von diesen beiden Bestattungen sind somit in Periode I an Hand der Gräber keine Differenzierungen zwischen gleichzeitig bestatteten Mädchen/Frauen auszumachen.

Die wenigen Parallelen zwischen den Geschlechtern bestehen darin, daß zum einen unabhängig vom Geschlecht fast ausschließlich in frühen Gräbern (Ia) Schmuck beigegeben ist und daß zum anderen die ärmere Ausstattung bei den Kindern und Jugendlichen männlichen Geschlechts mit dem Ausstattungsrückgang beim weiblichen Geschlecht zeitlich ungefähr in eins fällt (ab Ib bzw. Ia2).

Periode II:

Für die Periode II sind einige Veränderungen zu konstatieren. Zunächst ist festzuhalten, daß fast ausschließlich Personen über 18 Jahre - egal welchen Geschlechts - bestattet worden sind[185]. In dieser Hinsicht dominiert somit das Alter gegenüber dem Geschlecht.

Was die Bestattung selbst betrifft, setzt sich, wenn man den archäologischen Befund zugrunde legt, die Unterscheidung der Geschlechter durch die Seitenlage fort[186]. Bei

---

182 Vgl. S. 27f. Anm. 83 bis 85.

183 Siehe dazu Kap. IVa.

184 An der Einordnung der Gräber 4 und 88 in die Stufe Ib2 ist wegen des Auftretens des Gefäßtyps HIIIa, der diese Stufe dominiert, nicht zu zweifeln (siehe Tabellen 1a.b).

Für Grab 4 muß sogar aufgrund seiner Lage - direkt neben dem Periode I/II-Übergangsgrab 6 am Westrand des Gräberfeldes, verbunden mit der gleichen Abweichung in der Orientierung von der West-Ost-Achse - eine ganz späte Stellung innerhalb der gesamten Periode I angenommen werden.

185 Siehe Kap. IVa.

186 In Periode II lagen zwar 6 anthropologisch als männlich bestimmte Personen auf der linken Seite und eine anthropologisch als weiblich bestimmte Person auf der rechten Seite, der archäologische Befund läßt jedoch vermuten, daß hier mehrere Fehlbestimmungen vorliegen.

den Beigaben dagegen ist der Geschlechtsunterschied nicht so deutlich ausgeprägt, denn es fanden sich nicht nur viele Frauengräber, sondern auch einige Männergräber, die ausschließlich Keramik beinhalteten. Die Gemeinsamkeit bezüglich der Geräte durch die Beigabe von Klingen mittlerer Länge, wenn auch in der Lage im Grab unterschieden, ist bereits in Kap. IIIa genannt worden. Ebenfalls wurde bereits das Phänomen erwähnt, daß in Frauengräbern prinzipiell mehr Keramik und darunter weit häufiger Periode-I-ähnliche Gefäße als bei den Männern gefunden worden sind.

Neben den Ähnlichkeiten in einzelnen Punkten ist aber doch eine allgemeine Erscheinung zu beobachten, durch die die Geschlechter wiederum voneinander unterschieden sind. Diese besteht darin, daß innerhalb der Frauengräber eine klare Differenzierung in der Ausstattung gegeben ist, während bei den Männern keine Unterschiede als relevant zu erkennen sind.

Bei den Frauen zeigt sich ein prinzipieller Zusammenhang zwischen der Beigabe von relativ viel Gefäßen (darunter mehrfach einige Periode-I-ähnliche Gefäße), Schmuck und Geräten (bzw. den damit verbundenen Gegenständen/Materialien, deren Funktion nicht eindeutig zu bestimmen ist). Eine klare Trennungslinie ist jedoch nicht zu ziehen, der Übergang zu den Gräbern, die nur Keramik enthalten, ist fließend. Das Alter der Bestatteten und die fein-chronologische Stellung der Gräber[187] spielen dabei keine Rolle.

In Männergräbern fand sich dagegen nicht nur weniger Keramik, sondern es ist auch keinerlei Zusammenhang zwischen der Gefäßbeigabe und der Mitgabe von anderen Dingen festzustellen. So enthielt das Grab mit den meisten Geräten (Gr. 37 - 7 Stück) nur 3 Gefäße, während in Gr. 146 die größte Zahl an Gefäßen (6 Stück) mit nur einer langen Klinge verbunden war. Das gleiche Bild ergibt sich, wenn man die Verbindung einzelner Geräteformen betrachtet. Eine der beiden Steinäxte ist mit 6 weiteren Geräten kombiniert (in Gr. 37), die andere dagegen in Gr. 129 nur mit einer Klinge. Ähnliches gilt auch für die Kupfergeräte und die Pfeilspitzen. Nichts von dem, was in der Einleitung als *relevante* Erscheinung bestimmt wurde, ist zu beobachten, so daß kein Anhaltspunkt für eine Unterteilung der Gräber gegeben ist.

Gr. 113 (anthrop.: Frau) ist, abgesehen von der rechtsseitigen Lage im Grab, auch aufgrund der Gefäßbeigabe (nur 1 Milchtopf vor dem Körper) sowie der Gerätebeigabe (kurze Klinge und Kratzer in Körpernähe) mit großer Wahrscheinlichkeit als Männergrab einzuordnen. Das Umgekehrte gilt für Gr. 106 (anthrop.: Mann - archäologisch mit 5 Gefäßen, darunter 2 PI-ähnlichen Exemplaren, und einer mittellangen Klinge in körperentfernter Lage zusätzlich zur linken Seitenlage ein Frauengrab). Bei 3 weiteren anthropolgisch als männlich bestimmten Personen in linker Seitenlage handelt es sich wahrscheinlich ebenfalls um Frauen, wie die Gefäßbeigabe anzeigt: Grab 7 enthielt 5 Gefäße, darunter ein Fußgefäß (Verbindung zur Periode I) sowie einen frauentypischen 'Blumentopf' (hier: Gattung FII); Gr. 137 enthielt 7 Gefäße, darunter eine Periode-I-ähnliche Form und in Gr. 140 gehörte zu den 3 Gefäßen ebenfalls ein 'Blumentopf'. Diese 5 Personen werden in dieser Arbeit durchweg dem archäologischen Befund entsprechend geführt.

Somit bleiben noch zwei Gräber (135, 84) übrig, bei denen die anthropologische Bestimmung nicht mit der Seitenlage übereinstimmt. Hier gibt auch der übrige archäologische Befund keinen weiteren Aufschluß, so daß es möglich ist, daß die Seitenlage in diesen Fällen nicht der üblichen Sitte entsprach. Andererseits gibt es - im Gegensatz zum Periode-I-Grab 36 (vgl. S. 60f.) - auch keinen eindeutigen Hinweis darauf, daß die Seitenlage nicht dem Geschlecht entsprechend gewählt worden ist, so daß für die Periode II sogar eine vollkommene Übereinstimmung von Geschlecht und Seitenlage denkbar ist.

187 Auch wenn die relativ-chronologische Untergliederung der Periode II nur der Tendenz nach zu bestimmen ist, kann doch ausgeschlossen werden, daß diese Differenzierung der Frauengräber chronologisch bedingt ist.

Es sind somit in Periode II - wie auch schon in Periode I - 'positiv' keine Gräber quer durch die Geschlechts- und Altersgruppen miteinander verbunden, sondern nur einige Frauen- und Männergräber 'negativ' dadurch, daß sie nur wenige Beigaben (Gefäße) enthielten. Die Männergräber mit einer Reihe von Beigaben sind dagegen von den reich ausgestatteten Frauengräbern deutlich zu unterscheiden.

Kapitel IV: Die Frage der rituellen Gestaltung

Um aus dem Verhältnis der Toten, wie es sich in den Gräbern darstellt, darauf schließen zu können, was die Beziehungen der Lebenden bestimmte, ist zunächst eine ganz andere Art von Verhältnis zu klären - dasjenige zwischen den Gräbern und dem realen Leben. Dazu gehört einerseits die Frage nach dem Verhältnis zwischen dem Gräberfeld als Ganzem und der Bevölkerungsgruppe, die es belegte, und auf der anderen Seite die Frage, was das einzelne Grab mit dem vergangenen Leben der Person, die darin bestattet ist, zu tun hat.

a. VERHÄLTNIS GRÄBERFELD - BEVÖLKERUNGSGRUPPE

Frage der Kontinuität und der Vollständigkeit der Bestattungen

Kontinuität

Zunächst ist die gesamte *Gruppe* - die Summe der einzelnen Bestattungsgemeinschaften - räumlich wie zeitlich nur dadurch gekennzeichnet, daß die Toten des Gräberfeldes zu ihr gehörten. Es stellt sich daher die Frage, ob es sich dabei um *eine* geschlossene Bevölkerungsgruppe handelte, so daß es während einer bestimmten Bestattung keine andere räumlich oder sonstwie getrennte Gruppe gegeben hätte, die einen eventuellen Toten aus ihrer Mitte ebenfalls auf dem Gräberfeld bestattet hätte. Auf die Entwicklung des Gräberfeldes im Lauf der Zeit bezogen ist dies gleichbedeutend mit der Frage, ob die einzelnen Bestattungsgemeinschaften direkt auseinander hervorgegangen sind.

Für die beiden Perioden, zwischen denen ein deutlicher Bruch offenkundig ist, gilt *einzeln* folgendes:

Die Anlage der Gräber in Reihen und das Fehlen von Überschneidungen zeigt, daß die Gräber obertägig gekennzeichnet waren und daß diese Kennzeichnung über die Dauer der Belegung sichtbar gewesen ist[188]. Die chronologische Abfolge stimmt mit den Reihen nicht genau überein, sondern stellt sich als Mischung aus einer linearen Verlagerung in östlicher Richtung sowie einer konzentrischen Verlagerung nach außen dar[189]. Räumlich voneinander getrennte Gräbergruppen, in denen die feinchronologische Entwicklung parallel zu verfolgen wäre, sind nicht auszumachen. Allein Alter und Geschlecht scheinen ein Kriterium dafür gewesen zu sein, welchen Platz man für ein Grab wählte. So sind viele Kindergräber zwischen den Reihen plaziert, und in der Periode I nehmen auch Frauengräber oft eine Randlage ein[190]. Die Lage der Gräber gibt also keine Hinweise darauf, daß das Gräberfeld von mehreren Gruppen gleichzeitig

---

188 Siehe Gräberfeldplan bei BK (Beilage 3).

189 Siehe für Periode I: Karte 19. Für Periode II: Karte 33.

190 Siehe Karten 39a.b.

belegt worden wäre, deren Gemeinsamkeit sich im Bestattungsplatz und einer allgemeinen 'kulturellen' Zusammengehörigkeit erschöpft hätte. Auch was Form und Ausstattung der einzelnen Gräber betrifft, sind keine zeitlich parallelen Gräbergruppen zu unterscheiden, in denen die Alters- und Geschlechtsgruppen in etwa durchschnittlich verteilt wären.

Es ist vielmehr davon auszugehen, daß sowohl die zur Tiszapolgár-Kultur wie die zur Bodrogkeresztúr-Kultur gehörige Gruppe von Basatanya 'räumlich' wie zeitlich eine geschlossene Einheit bildete: Zu einem bestimmten Zeitpunkt kannten sich alle Mitglieder der Bestattungsgemeinschaft - der Gruppe, die das Gräberfeld potentiell belegte - und standen in einem regelmäßigen persönlichen Kontakt miteinander, der möglicherweise soweit ging, daß bei einer Bestattung alle generell zum Gräberfeld gehörigen Personen tatsächlich anwesend waren. Die einzelnen 'aktuellen' Bestattungsgemeinschaften gingen in natürlichem zeitlichen Wechsel auseinander hervor, so daß - innerhalb der beiden Perioden - die jeweils in der jüngeren Phase Bestatteten tatsächlich zu denjenigen gehörten, die die Gräber der älteren Phasen angelegt hatten.

Für die Periode I wird die Geschlossenheit der Gruppe speziell durch die Lage und Ausstattung von Grab 4 deutlich. Am Ende der Periode wußte man noch, wie die Toten zu Beginn bestattet worden sind und stellte durch die Art der Bestattung eine direkte Beziehung zur Vergangenheit her[191].

Die Frage des lokalen Verhältnisses der beiden Kulturgruppen Tiszapolgár und Bodrogkeresztúr, d.h. der Kontinuität von Periode I zu Periode II in Basatanya selbst, bedarf einer ausführlicheren Erörterung:

Der Bruch zwischen den beiden Perioden ist, sowohl was die Keramikformen als auch was das Totenritual insgesamt betrifft, für ein einziges Gräberfeld ungewöhnlich klar ausgeprägt. Keineswegs außergewöhnlich deutlich ist jedoch die Ausbildung des Wechsels von der Tiszapolgár- zur Bodrogkeresztúr-Kultur in Basatanya. Vielmehr ist diesbezüglich festzuhalten, daß es kaum irgendwo Erscheinungen gibt, die man als Zwischenformen bezeichnen könnte - weder in rein formaler noch in ritueller Hinsicht. Die einzige Ausnahme innerhalb der Bodrogkeresztúr-Kultur stellt das Gräberfeld von Magyarhomorog dar, in dem einige Gefäße zutage kamen, die Merkmale beider Kulturgruppen in sich vereinen[192]. Auch aus Tiszavalk-Tetes[193], einem Gräberfeld, das zweifellos an der Nahtstelle der beiden Kulturen einzuordnen ist, sind keine keramischen Mischformen bekannt. Die Verbindung der Kulturen basiert hier im wesentlichen auf der *Kombination* jeweils charakteristischer Züge in ein und demselben Grab[194]. Genauso sind die Zwischengräber in Basatanya (Gr. 6, 57, 75) mehr durch

---

191 Siehe Tabelle 15 und Karte 19.

192 Schönstes Beispiel dafür ist ein Gefäß aus Grab 5: Die Form des Gefäßhalses erinnert an den Typ HIIIa aus Basatanya, der für die jüngste Stufe der Periode I (Ib2) kennzeichnend ist; ebenso gehören die 2 runden Henkel auf der Schulter zur Tiszapolgár-Kultur, während der tiefe Bauchumbruch des Gefäßes auf die Bodrogkeresztúr-Kultur hinweist. (Siehe Patay 1975, Taf. 9,2.)

193 Patay 1978b und 1979.

194 Stellvertretend sei hier Grab 1 vorgestellt:

- Das Grab enthielt 2 Obsidian-Pfeilspitzen, d.h. eine Form, die in Basatanya zur Periode II gehört, und zusätzlich eine Reihe anderer Kleingeräte, womit in der Menge eine Verbindung zur Periode I gegeben ist.

- Die Gefäßbeigabe bestand aus der Kombination Topf mit (sehr kleiner) Schüssel, wie es für Männergräber der Bodrogkeresztúr-Kultur typisch ist - im Gegensatz dazu die Lage der Gefäße im Fußbereich (-> Periode I). Der Form nach lassen sich die Gefäße - in diesem Grab - keiner der Kulturen zuordnen. (Insgesamt dominieren Formen der Tiszapolgár-Kultur bzw. daran angelehnte Formen.)

Kombinationen (von Sonderformen, die mit einzelnen Tiszapolgár- oder Bodrogkeresztúr-Merkmalen versehen sind) als durch Übergangsformen gekennzeichnet. Gefäß-Sonderformen, die in keine der beiden Kulturen einzuordnen sind, fanden sich in Tiszavalk-Tetes in großer Zahl. Der Kulturwechsel scheint also mit einer gewissen 'Verunsicherung' im Keramikbereich verbunden gewesen zu sein.

Wenn das Gräberfeld von Tiszavalk-Tetes nun auch eindeutig eine engere Verbundenheit der beiden Kulturgruppen offenbart, als dies in Basatanya der Fall ist, zeigt sich doch daran ebenso, daß ein Bruch in der keramischen Entwicklung offensichtlich zu dem Kulturwechsel Tiszapolgár - Bodrogkeresztúr dazugehörte. Insofern wirkt auch die Veränderung in Basatanya nur durch die direkte Gegenüberstellung so frappant. Abgesehen von Magyarhomorog gibt es kein Gräberfeld der Bodrogkeresztúr-Kultur, das in den keramischen Formen enger an die Tiszapolgár-Kultur anschließen würde als Basatanya selbst[195]. Die Behauptung, die Bodrogkeresztúr-Kultur erscheine in Basatanya erst in einem voll entwickelten Stadium (BK 523), ist daher in gewisser Weise irreführend, denn das unterstellte frühere Stadium ist, abgesehen von einigen Erscheinungen in Tiszavalk-Tetes, nirgendwo faßbar.

Ein weiteres Argument gegen eine Kontinuität der Bevölkerung in Basatanya bildete der Wechsel der anthropologischen Typen[196]. Dieser Wechsel stellt jedoch keine Besonderheit Basatanyas dar, sondern gilt allgemein für die beiden Kulturgruppen. Deren prinzipielle Verbindung, wie sie konkret durch Fundorte wie Tiszavalk-Tetes oder Székely belegt ist, ist aufgrund dessen jedoch nicht anzuzweifeln. So wie daher ein vollkommener Bevölkerungswechsel für das gesamte Gebiet, in dem sich die Verbreitung der beiden Kulturen deckt, ausgesprochen unwahrscheinlich ist, braucht dies auch für Basatanya nicht angenommen zu werden.

Betrachtet man zusätzlich die Verhältnisse in Basatanya im einzelnen, wird deutlich, daß eine längere Unterbrechung in der Tat nicht vorstellbar ist. Man muß sich nur einmal vor Augen führen, was von einem solchen Gräberfeld nach zwei oder drei Generationen ohne Belegung noch zu erkennen gewesen wäre. Auch obertägige Kennzeichnungen[197] könnten dies kaum - deutlich sichtbar - überdauert haben. Die Periode-II-Gräber, die im westlichen (tiszapolgár-zeitlichen) Bereich des Gräberfeldes liegen, sind jedoch bis auf zwei Ausnahmen (Gr. 57, 59) in deutlichem Abstand zwischen den Tiszapolgár-Gräbern plaziert.

Und auch die Art, wie die beiden Gräber 57 (Übergang Periode I/II) und 59 (II(a)) über den beiden Periode-I-Gräbern 56 (Iab) und 61 (Ib2) angelegt waren, ohne diese zu stören, - mit ihrer Gleichförmigkeit in der Überschneidung, insbesondere der gleichermaßen gegebenen Abweichung von der West-Ost-Achse - spricht dafür, daß die Lage nicht zufällig zustande gekommen ist[198].

Zuguterletzt ist das erwähnte Gr. 4 nicht nur mit der Frühzeit der Periode I, sondern durch einige ungewöhnliche Erscheinungen - Schweineunterkiefer in Frauengrab, kombiniert mit anderen Knochen vom Schwein; Kupferarmring in Frauengrab; Ziegenschä-

---

- Die einzige Übergangsform des Grabes ist durch die mittlere Hockerlage gegeben.

195 Und damit ist nicht die Beigabe von Fußgefäßen oder anderen Gefäßgattungen gemeint, die noch während der gesamten Bodrogkeresztúr-Kultur die Frauengräber auf besondere Weise mit der vorangegangenen Epoche verbinden - vgl. S. 74 Anm. 242 -, sondern die rein formale Ähnlichkeit, die innerhalb der Periode II früh anzusetzende Typen wie S(K)IIIa, SIIIc oder KIIId durch ihren relativ hohen Bauchumbruch und den relativ stark abgesetzten Hals mit den Formen der Tiszapolgár-Kultur zeigen.

196 Nemeskéri 1961.

197 Die ja, da keine Spuren mehr davon vorhanden sind, nicht sehr monumental gewesen sein können.

198 Siehe Gräberfeldplan bei BK (Beilage 3) und BK 351f.

del[199] - auch mit Frauengräbern der Periode II verbunden, so daß sich in Basatanya ein Bogen vom Beginn der Periode I über deren Ende bis hinein in die Periode II spannt[200].

Es scheint somit auch zwischen den beiden Perioden des Gräberfeldes eine personelle lokale Kontinuität bestanden zu haben: Die Gruppe, zu der die Bodrogkeresztúr-Gräber gehörten, muß in irgendeiner Weise aus der tiszapolgár-zeitlichen Gemeinschaft von Basatanya hervorgegangen sein.

Damit soll nicht gesagt sein, daß eine vollkommene Identität der Bevölkerungsgruppen mit normalem Generationenwechsel ohne ungewöhnliche Zu- oder Abwanderungen und ohne jede zeitliche Unterbrechung gegeben war. Eine denkbare Übergangszeit von vielleicht einer Generation Länge könnte durch die wenigen Bestattungen repräsentiert sein, die hier als Zwischengräber klassifiziert worden sind, während man daneben andere Bestattungsarten oder -plätze pflegte, wie es sie zuvor (für die fehlenden Frauen und Kinder - siehe folgenden Abschnitt) schon gegeben haben muß. Es soll jedoch im Rahmen dieser Arbeit nicht untersucht werden, worauf dieser so deutlich ins Auge springende Wechsel von der Tiszapolgár- zur Bodrogkeresztúr-Kultur im speziellen Fall bzw. in der gesamten ungarischen Kupferzeit zurückzuführen ist.

Verhältnis Zahl der Bestatteten - Zahl der Gestorbenen

Nachdem sich gezeigt hat, daß die Toten des Gräberfeldes - zumindest innerhalb der beiden Perioden - jeweils zu einer geschlossenen Gruppe gehörten, stellt sich die Frage, ob *alle* Personen der Gruppe, die während der Belegungszeit gestorben sind, auch auf dem Gräberfeld bestattet sind. Denn es ist für viele vorgeschichtliche Gräberfelder bekannt, daß auf ihnen Teile der Bevölkerung - besonders Kinder und Jugendliche - fehlen[201]. Vergleicht man die Sterbekurve von Basatanya damit, was für vorgeschichtliche Populationen als durchschnittlich anzusehen ist[202], wird deutlich, daß dies auch hier der Fall sein muß.

Besonders in der *Periode I* sind einige ungewöhnliche Erscheinungen zu beobachten (siehe Taf. 9a):

- Mit einem Verhältnis von insgesamt 21 : 15[203] besteht ein zahlenmäßiges Übergewicht der bestatteten erwachsenen Männer gegenüber den Frauen (ab adult I), das sich gleichmäßig auf die gesamte Periode I verteilt[204].

- Weit ungewöhnlicher ist jedoch die Tatsache, daß den 11 Frauen, die im maturen und senilen Alter verstorben sind, nur 3 adulte Frauen gegenüberstehen. Dieses Mißverhältnis ist ebenfalls durchgängig über die gesamte Periode I verteilt. Wie eine etwa

---

199 Die Ziege taucht in Periode II in Form der Gefäßdeckel in Ziegengestalt nochmals auf (vgl. S. 74).

200 Die Kombination Schweineunterkiefer mit anderen Knochen vom Schwein ist aus der übrigen Bodrogkeresztúr-Kultur nicht bekannt. - Dagegen liegt die Beigabe eines Schweineunterkiefers in einem Frauengrab mit Sicherheit auch in Gr. 51 von Tiszavalk-Kenderföld vor (Patay 1978a). Ebenso dürfte der Kupferarmring von Polgár-Bacsókért aus einem Frauengrab stammen (vgl. Patay 1978a, 45f.).

201 Siehe z.B. RGA^2 2/2.3, 349-353 ("Bevölkerung").

202 Vgl. dazu S. 67 Anm. 232.

203 Hier wie im folgenden die anthropologisch und/oder archäologisch eindeutig bestimmbaren Personen gezählt.

204 Siehe Karten 39a.b.

durchschnittliche Altersverteilung aussieht, zeigt die Sterbekurve der Periode II (Taf. 9b), in der auf 13,8 mature/senile Frauen 28,7[205] adulte Frauen entfallen. Der Grund für die in vorgeschichtlichen Populationen üblicherweise besonders hohe Sterblichkeit der Frauen im adulten Alter liegt in ihrer Gefährdung durch die Geburten.

- Auffällig im Vergleich zu einer durchschnittlichen Verteilung und zur Zahl der bestatteten maturen Frauen ist auch das vollkommene Fehlen früh-maturer Männer.

- Zuguterletzt ist der Anteil der Kinder und Jugendlichen mit 41% der Bestatteten gegenüber einem üblichen Wert von 45-60% zu niedrig. Insbesondere fällt das völlige Fehlen von Säuglingen unter einem Jahr und von weiblichen Jugendlichen auf.

Daß hier Eingriffe in die Gemeinschaft der Toten stattgefunden haben müssen - d.h. daß nicht alle gestorbenen Personen auf dem Gräberfeld bestattet worden sind -, wird aus dem Verhältnis der Altersgruppen deutlich: Die Lebensumstände in dieser Bevölkerungsgruppe können nicht ausnahmsweise derartig günstig gewesen sein, daß aus einer solch kleinen Gruppe so viele Personen das erwachsene Alter und insbesondere so viele Frauen das mature Alter erreicht haben. Ein Mehrfaches an Kindern und jugendlichen/adulten Frauen muß in Zusammenhang mit der Gruppe gelebt haben und gestorben sein. Sie sind aber offenbar an einem anderen Ort oder vielleicht in ganz anderer Weise bestattet worden[206].

In jedem Fall ist die Zahl der Fehlenden zu groß, um allein den rezenten Störungen des Gräberfeldes (Kanal/Grabungen[207]) angelastet werden zu können.

Geht man nun davon aus, daß in der Periode I etwa genauso viele adulte Frauen gestorben sind wie in der Periode II, sieht man sich plötzlich einem deutlichen Überschuß an erwachsenen *Frauen* gegenüber. Die Sterbekurve der erwachsenen Männer entspricht zwar ebenfalls nicht einer durchschnittlichen Verteilung, aber aus dem Verhältnis der einzelnen Altersstufen ist nicht zwingend abzuleiten, daß zur Gruppe gehörige Männer nicht bestattet worden wären. Für diesen Fall besteht auch die Möglichkeit, daß dauerhaft mehr Männer als Frauen die Gruppe verlassen haben bzw. umgekehrt mehr Frauen als Männer hinzugekommen sind. Letztendlich ist die Frage, ob alle Männer, die zur Gruppe gehörten, auf dem Gräberfeld bestattet worden sind oder nicht, an Hand der Befunde des Gräberfeldes *nicht* zu entscheiden.

Fest steht jedoch, daß große Teile der tiszapolgár-zeitlichen Gemeinschaft von Basatanya nicht auf dem Gräberfeld bestattet sind, so daß in dieser Hinsicht - was die personelle Zusammensetzung der Gruppe betrifft - eine Identität von Gräberfeld und realem Leben nicht gegeben ist.

---

205 Der gebrochene Wert ergibt sich dadurch, daß Personen, die nicht auf eine Altersstufe genau bestimmt werden konnten, auf mehrere Stufen verteilt werden.

206 Der Vorschlag I. Bognár-Kutziáns (BK 395ff.), daß es sich um einen Fall von Kindstötungen gehandelt haben könnte, stellt eine Kombination von Möglichkeiten dar: Der Eingriff erfolgte zunächst in die lebende Gemeinschaft durch Tötung neugeborener Mädchen und anschließend in die tote Gemeinschaft dadurch, daß die getöteten Mädchen nicht auf dem Gräberfeld bestattet worden sind. So könnte zwar das Ungleichgewicht zwischen den Geschlechtern zustande gekommen sein; die ungewöhnliche Altersverteilung des weiblichen Geschlechts mit dem extremen Überwiegen der älteren Jahrgänge läßt sich damit jedoch nicht erklären.

207 Vgl. Kap. I.

Periode II:

Anders als in Periode I gibt es für die Periode II keinen zwingenden Grund anzunehmen, daß nicht alle im erwachsenen Alter Verstorbenen auch bestattet worden sind (siehe Taf. 9b). Der Anteil der Kinder und Jugendlichen ist mit etwa 12% noch wesentlich geringer als in der Periode I, so daß mit Sicherheit viele, die im infantilen oder juvenilen Alter verstarben, nicht auf dem Gräberfeld bestattet sind.

Fazit:

Es ist somit anzunehmen, daß innerhalb der beiden Perioden diejenigen, die bestattet sind, auch zu denen gehörten, die die jeweils früheren Gräber angelegt haben. Auch unter den Personen, deren Gräber zur Bodrogkeresztúr-Kultur gehören, dürfte es welche gegeben haben, die direkte Vorfahren noch im Stil der Tiszapolgár-Kultur zu Grabe getragen haben, wenn vielleicht auch kein unmittelbarer zeitlicher Anschluß bestanden hat. Viele Personen aber, die zumindest dem Kreis der jeweiligen Bestattungsgemeinschaften zuzurechnen sind, sind ihrerseits nicht auf dem Gräberfeld bestattet.

b. VERHÄLTNIS GRAB - PERSON

Frage des persönlichen Bezuges zwischen Bestattung und realem Leben des einzelnen

Das Gräberfeld liefert also - allein, was die Zusammensetzung der Personen betrifft - nur einen Ausschnitt aus der realen Welt der zugehörigen Gruppe.

Daß das einzelne Grab nicht mit der darin bestatteten Person identisch ist, versteht sich von selbst: Es ist das Ergebnis davon, wie die Bestattungsgemeinschaft mit dem toten Körper umgegangen ist[208]. Dabei gibt es keinerlei Notwendigkeiten, das "Wie" hängt ausschließlich vom Willen der Bestattungsgemeinschaft ab.

Jedes einzelne Grab von Basatanya dürfte in seiner Gesamtheit ein rituelles Arrangement darstellen. Die vielen Regelmäßigkeiten im Zusammenhang mit der Ausstattung der Körper mit Schmuck deuten daraufhin, daß nicht nur die Grabgrube oder die Deponierung vom Körper unabhängiger Beigaben das Werk der Gemeinschaft waren, sondern tatsächlich alle Gegenstände, die ins Grab gelangten, während des Rituals durch ihre Hände gegangen sind. Der Tote wurde nicht einfach mit den Schmuckstücken und den Geräten begraben, die er zufälligerweise zum Zeitpunkt seines Todes bei sich trug, sondern eigens für die Bestattung hergerichtet.

Erscheinungen wie Speisebeigabe, Deponierung von Rohmaterialien oder auch die mit Beigaben versehenen symbolischen Gräber weisen daraufhin, daß bei der Anlage der Gräber Vorstellungen von einem zukünftigen - *jenseitigen* - Dasein zum Tragen gekommen sind. Daß man sich dieses durchaus plastisch vorstellte, wird an der Beigabe der Werkzeuge deutlich. Dem Körper selbst wurde eine Zukunft zugedacht und dafür wurde bei seiner Bestattung Vorsorge getroffen. Umgekehrt zeigen die Abnutzungs-

208 Siehe dazu die Überlegungen in Kap. I.

spuren an vielen Gegenständen, daß die Bestattungen in gewisser Weise auch eine Fortsetzung des diesseitigen Lebens darstellen.

An einem Zusammenhang mit der persönlichen Vergangenheit - individuellen wie gruppenspezifischen Besonderheiten - des Toten ist bei keiner der Erscheinungen zu zweifeln, die sich im letzten Kapitel als nicht nur chronologisch relevant erwiesen haben. Dabei ist nur zu bedenken, daß die 'Vergangenheit' einer Person über ihren Tod hinaus bis zum Zeitpunkt der endgültigen Bestattung angedauert haben kann, so daß Ereignisse während des Sterbens oder noch danach einen Niederschlag im Grab gefunden haben können. Aber es war keine Darstellung des diesseitigen Lebens beabsichtigt. Dieses erscheint weder repräsentativ noch unmittelbar, sondern alles, was davon ins Grab gelangte, ist durch die Hände und Köpfe der Bestattungsgemeinschaft gegangen.

Deshalb ist im einzelnen zu überlegen, in welchem 'formalen' Verhältnis die Details der Bestattungen zur realen Vergangenheit der Personen stehen - in welchem Ausmaß die Bestattungsgemeinschaft gestaltend beteiligt war.

Zur Grabgrube/Totenbettung

Bei allen Dingen, die erst während der Bestattung eine Form bekommen haben, versteht es sich von selbst, daß sie für vergangene Eigenheiten des Toten nur ein *Ausdruck* sein können.

Dazu gehört alles, was mit der Grabgrube und der Lage des Körpers im Grab zu tun hat. Daß diese Dinge überhaupt eine Form bekommen haben, ergibt sich notwendig aus der Erd-Körper-Bestattung und betrifft somit alle Gräber, abgesehen von denen ohne Leichnam, gleichermaßen. Deswegen muß nicht mit jedem Detail - wie Form der Grube, Seitenlage, Orientierung-, obwohl es von der Bestattungsgemeinschaft gestaltet worden ist, eine Bedeutung verbunden gewesen sein. Sind jedoch relevante Unterschiede zwischen zeitlich parallelen Gräbergruppen zu beobachten, muß sich die Bestattungsgemeinschaft zu der gewählten Form - z.B. der linken oder rechten Seitenlage des Körpers - etwas gedacht haben. Mag sich der Inhalt auch im wesentlichen auf das zukünftige, jenseitige Dasein der bestatteten Personen bezogen haben, läßt sich doch daran ohne Frage das Bewußtsein von einer in der Realität basierenden Differenz zwischen den solchermaßen unterschiedenen Personengruppen erkennen. Auf diese Weise ist einer realen Differenz ein formaler ritueller Ausdruck zugeordnet.

Dies gilt nur dann nicht, wenn bei der Formgebung ausschließlich eine Grab*sitte* exekutiert wurde, d.h. wenn an der rituellen Unterscheidung nurmehr aus Tradition festgehalten wurde, ohne daß man sich der Bedeutung noch bewußt war.

Im Gräberfeld selbst gibt es zwei diesbezügliche Erscheinungen, bei denen deutlich wird, daß die Bestattungsgemeinschaft die Form bewußt gestaltet hat.

Das ist zum ersten die geschlechtsspezifische *Seitenlage*. In Periode I sprechen zwei Punkte dagegen, daß es sich dabei um die gedankenlose Ausführung einer Grabsitte handelte:

- Zum einen gibt es Körper, die ohne Andeutung einer Drehung ins Grab gelegt worden sind.

- Und zum anderen lag in Gr. 36 ein anthropologisch als männlich bestimmter Toter auf der im übrigen Frauen vorbehaltenen Seite. Die Mitgabe eines Beils bestätigt die Geschlechtsbestimmung[209], während das Fehlen des Schweineunterkiefers zeigt, daß die Grablage nicht aus Versehen zustande kam.

Solche Hinweise fehlen für Periode II, für die nur festgestellt werden kann, daß man die geschlechtsspezifische Seitenlage - möglicherweise ohne Ausnahme - beibehielt[210].

In bezug auf das zunehmende Auftreten der Ost-West-*Orientierung* im Lauf der Periode II[211] ist dagegen anzumerken, daß diese Veränderung mit keiner anderen Erscheinung des Gräberfeldes korreliert, so daß es sich hierbei vielleicht nur um das allmähliche Aufgeben einer traditionellen Sitte handelt, mit der man in Basatanya selbst nie einen Inhalt verbunden haben muß. Denn es gibt keine einzige Parallele, die bestätigen würde, daß die Bestattungsgemeinschaft bewußt zwischen Kopf im Westen und Kopf im Osten gewählt hätte, weswegen aus der Orientierung des Grabes keine Rückschlüsse auf das Verhältnis der lebenden Personen zu ziehen sind[212].

Der zweite angesprochene Punkt, dessen Gestaltung die Bestattungsgemeinschaft offenbar mit Bedacht vorgenommen hat, betrifft den Grad der Seitenlage bzw. *Hockerstellung* bei den Toten weiblichen Geschlechts der Periode I. An den beiden späten Gräbern 4 und 88, in denen die Toten wie zu Beginn der Periode I ins Grab gelegt worden sind, wird deutlich, daß der zwischenzeitliche Wechsel bezüglich der Lage im Grab bewußt vorgenommen worden ist[213]. Unterstrichen wird dadurch auch, daß es sich bei der vorübergehenden Beschränkung auf die ('reguläre') Bestattung über 40-jähriger Frauen um eine *rituelle* Entscheidung handelte.

Was die Hockerstellung insgesamt betrifft, spricht der zwar kontinuierlich, aber nicht geradlinig verlaufende Wandel von der Strecker- zur strengen Hockerlage über die gesamte Belegungsdauer des Gräberfeldes hin dafür, daß die Bestattungsgemeinschaft keinen feststehenden Inhalt mit den Formen verband.

Dagegen sind die in Kap. IIIa aufgeführten *Besonderheiten des Totenrituals* mit Sicherheit bewußt durchgeführt worden. Möglicherweise besteht durchweg ein Zusammenhang mit den Todesumständen. Wahrscheinlich ist dies bei den sogenannten symbolischen Gräbern und den Mehrfachbestattungen. Bei letzteren mag man am ehesten an ein zufälliges Zusammentreffen von Todesfällen denken, denn es fehlen jegliche Anzeichen von Gewaltanwendung oder sonstige Besonderheiten, abgesehen davon, daß bis auf eine Ausnahme (Gr. 143) immer mindestens ein Kind zu den Bestatteten gehörte.

Zur Ausstattung/Beigaben

Bei den gegenständlichen Dingen ist zu klären, ob und in welcher Weise der Tote zu seinen Lebzeiten damit in Berührung gekommen ist. Welche Dinge stellten ausschließlich Grabbeigaben dar, zu denen er bis dahin keinerlei Verhältnis hatte, und welche

---

209 Vgl. Tabelle 12a.

210 Siehe Tabellen 16 und 17 sowie S. 51 Anm. 186.

211 Siehe Karte 35.

212 Zu Patays 'ethnischer Interpretation' der unterschiedlichen Orientierung (1970 und 1978a) vgl. Einleitung Anm. 15.

213 Vgl. Kap. IVb.

haben sich bereits in seinem persönlichen Besitz oder zumindest in seinem Gebrauch befunden?

Bei Beigaben, die erst während des Totenrituals geschaffen worden sind, wäre die Antwort eindeutig. Die Bestattungsgemeinschaft hätte während des Rituals ein gegenständliches Symbol geschaffen, das für das jenseitige Dasein bestimmt war und gleichzeitig auf irgendeine Eigenheit in der Vergangenheit des jeweiligen Toten Bezug nahm. Der Inhalt hätte ohne Frage mit der Art des Gegenstandes zu tun und wäre dadurch weniger abstrakt als die 'räumlichen' Zeichen in den Bestattungen, wie z.B. die Seitenlage.

Denkbar ist dies bei den Beigabenarten *Schweineunterkiefer, 'spezielle Tierknochenkombination'* sowie *Hauer* von Wild-/Hausschwein. Da in diesen Fällen die Frage nach dem Zeitpunkt ihrer Gestaltung jedoch nicht zu entscheiden ist, bleibt nur festzuhalten, daß hierbei die Bestattungsgemeinschaft Beigaben mit Symbolcharakter deponierte, deren Bedeutung sowohl mit dem zukünftigen wie mit dem vergangenen Dasein der Bestatteten in irgendeiner Verbindung gestanden haben muß.

Was die *Speisebeigabe* einschließlich ihrer Behälter betrifft, ist eine vorrituelle Bindung an einzelne, die alle anderen Personen von Besitz oder Gebrauch ausschloß, nicht zu erwarten. Vielmehr dürfte die Bestattungsgemeinschaft das Gefäßensemble samt Inhalten während des Totenrituals zusammengestellt haben, wobei sich angesichts der beträchtlichen Unterschiede, die dabei zustande gekommen sind, die Frage stellt, nach welchen Kriterien sie das tat. Mit der unmittelbaren Funktion - Speisebeigabe - scheint es nichts zu tun gehabt zu haben, denn so kann sich allenfalls eine Parallelität mit dem Alter, aber kaum eine mit dem Geschlecht (wie in Periode II) oder mit der Schmuck- bzw. Gerätebeigabe ergeben. Die unterschiedliche Einschätzung der Bedürfnisse der einzelnen Bestatteten nach Nahrungsmittel war also nicht der Grund dafür, daß die Bestattungsgemeinschaft die Toten so verschieden mit dieser Beigabenart versah. In der Periode I mag es sich um nichts mehr als eine ungefähre Analogie zur übrigen Ausstattung gehandelt haben, der entsprechend nichts weiter zu entnehmen ist als das Bewußtsein der Bestattungsgemeinschaft über die Differenzierungen, die mit unterschiedlicher Keramikbeigabe (in Zahl und Vielfalt) korrelieren. In der Periode II zeigt die Gefäßbeigabe eine absichtliche rituelle Verknüpfung vieler Frauen und nur weniger Männer an die vergangene Epoche - an die Periode I. Innerhalb der Gruppe der Frauen geschah dies ebenfalls bewußt - in mehr oder minder starkem Ausmaß. Diese Verbindung kann für die Bestatteten rein passiver Natur gewesen sein, kann aber auch bereits zu Lebzeiten in einem besonderen Umgang mit solchen Periode-I-ähnlichen Gefäßen und den zugehörigen Inhalten, die ja nicht ausschließlich Nahrungsmittel gewesen sein müssen, bestanden haben.

Geräte und Schmuck sind diejenigen Beigabenarten, die sich am ehesten im Sinne eines persönlichen Verhältnisses vor dem Tod - sei es Besitz, sei es Gebrauch - interpretieren lassen. Es ist jedoch nicht möglich ein Besitzverhältnis positiv nachzuweisen. Dagegen gibt es manche Indizien, die darüber Aufschluß geben, ob die Bestatteten die Dinge, die ihnen mitgegeben worden sind, selbst in Verwendung gehabt haben können oder nicht. Abnutzungsspuren zeigen, daß tatsächlich bereits viele der Stücke benutzt worden sind, ohne daß es deswegen unbedingt der Bestattete in eigener Person gewesen sein muß.

Im folgenden soll versucht werden, mit Hilfe der Altersverteilung auf den Gebrauch der *Geräte* durch die von deren Mitgabe betroffenen Personen Rückschlüsse zu ziehen, insoweit eine gewisse Körperbeherrschung für einen solchen Gebrauch vorausgesetzt werden kann. Umgekehrt soll gezeigt werden, in welchen Fällen einzelne erst während des Rituals ausgewählte Stücke beigegeben worden sind.

- Die Gruppe der nicht-erwachsenen männlichen Personen der Periode I liefert ein so einheitliches, von ihrem speziellen Alter (zwischen 0 und 30 Jahren) unabhängiges Bild, daß es kaum ihrem realen vergangenen Umgang mit Geräten entsprochen haben dürfte[214]. Zudem war die einzig beigegebene Klinge mehrfach am Kopf deponiert. Es ist daher anzunehmen, daß die Geräte für jeden einzelnen dieser Kinder und jugendlichen/jungen Männer, sofern sie überhaupt mit solchen versehen waren, eine Beigabe darstellen, die von der Bestattungsgemeinschaft eigens für das Grab ausgewählt worden ist. Was den eigenständigen Gebrauch von Geräten betrifft, verwies die Gemeinschaft damit auf das zukünftige Dasein der Bestatteten, muß aber gleichzeitig auf ein Kennzeichen Bezug genommen haben, daß ihnen bereits in der Vergangenheit zu eigen war.

- Für die Gruppe der erwachsenen Männer der Periode I ist die Frage nach der rituellen Gestaltung im einzelnen nicht zu beantworten. Das völlige Fehlen von Geräten im symbolischen Grab 29, welches im übrigen mit allen männertypischen Beigaben seiner Zeit versehen war, spricht in diesem Fall für ein unmittelbares Zusammenfallen von Diesseits und Jenseits. Eine Ausstattung mit Geräten für das jenseitige Dasein dürfte deswegen nicht notwendig gewesen sein, weil der Mann alles, was er brauchte, zum Zeitpunkt seines Todes bei sich trug.

Wie an der reichhaltigen Ausstattung bewegungseingeschränkter Männer ersichtlich (z.B. Gräber 67 und 68), dürfte ein solch unmittelbares Verhältnis aber nicht die Regel gewesen sein; auch die Deponierung einer Klinge am Kopf stellt eindeutig eine bewußte Mitgestaltung durch die Bestattungsgemeinschaft dar[215]. Besteht die Gerätebeigabe nur aus einer einzigen langen Klinge am Kopf wie in Grab 5, deutet das daraufhin, daß die Beigabe - wie bei den Jüngeren - auf eine bewußte Auswahl zurückgeht[216]. Mit der Klinge bzw. dem Messer ist vielleicht ausschließlich das 'Allzweckgerät' beigegeben worden[217].

Es bleibt als Möglichkeit zu nennen, daß die in Kap. III genannte Ausstattung einiger Gräber ausschließlich mit einem größeren Gerät (Klinge, Beil) bzw. höchstens mit zusätzlich einer kleineren Klinge, zu denen auch Gr. 5 gehört, auf eine zeitlich begrenzte rituelle Besonderheit zurückgehen könnte, nur einzelne ausgewählte Stücke beizugeben.

Die Gerätebeigabe in der ganzen Gruppe der erwachsenen Männer scheint eine Mischung aus unmittelbarem Vergangenheitsbezug und ritueller Auswahl darzustellen. Persönlicher Besitz an Geräten, der auch in genau dieser Eigenschaft ins Grab gegeben wurde, ist nicht auszuschließen. Besonders die kleineren Werkzeuge sind so vielfältig und ungeordnet beigegeben, daß sich die Bestattungsgemeinschaft kaum zu jedem einzelnen Stück etwas gedacht hat. Sie war aber zumindest mitgestaltend beteiligt.

- Zu den wenigen und durchweg kleinen Werkzeugen in den Mädchen- und Frauengräbern der Periode I läßt sich nur soviel sagen, daß die völlige Unabhängigkeit vom Alter entschieden für eine rituelle Auswahl spricht, ohne daß zu erkennen wäre, auf was die Bestattungsgemeinschaft damit Bezug genommen hat.

- In den Männergräbern der Periode II könnte die körpernahe Lage vieler Geräte ihrer alltäglichen Trageweise entsprochen haben. Die gegenüber den Männergräbern der Periode I relativ einheitliche Zusammensetzung scheint jedoch eher rituell gestaltet zu

---

214 Siehe Tabelle 14. Es wurde bereits in Kap. IIIb darauf hingewiesen, daß die 30 Jahre deutlich zu hoch ausfallen und eher mit höchstens 22 Jahren zu rechnen ist (vgl. S. 48 Anm. 177).

215 Vgl. Sherratt 1976, 568. Der symbolische Gehalt zeigt sich aber nicht an der ausschließlichen Mitgabe in Männergräbern, sondern an der Lage im Grab.

216 Ohne daß man wüßte, aus welchem Bestand ausgewählt wurde.

217 Siehe Kap. IIIa, S. 39 mit Tabelle 12a und Kap. IIIb, S. 49 mit Tabelle 14.

sein. Denn zum einen war häufig eine Klinge am Kopf plaziert worden, mehrfach als einziges Gerät, und zum anderen fand sich jeweils nur eine Pfeilspitze pro Grab (bis auf eine Ausnahme - Gr. 37). Es ergibt sich daher für die Geräteausstattung der Männer in der Periode II eine Frage, die mangels Parallelen nicht zu beantworten ist: Wählte die Bestattungsgemeinschaft jedes *einzelne* Stück mit Bedacht aus oder legte sie nur mal dieses, mal jenes ins Grab?

- Trifft die Einschätzung von Kap. IIIa (S. 41) bezüglich der funktionellen Zusammengehörigkeit der 'Gerätschaften' (Werkzeuge, Gegenstände unbekannter Funktion, Rohmaterial) in den Frauengräbern der Periode II zu, muß diesbezüglich eine rituelle Auswahl stattgefunden haben. Theoretisch ist denkbar, daß sich wichtige Teile nicht erhalten haben und so die Uneinheitlichkeit in der Zusammensetzung zu erklären wäre. Zur Frage des eigenen Gebrauchs zu Lebzeiten ist nicht mehr zu sagen, als daß es keinen Hinweis dagegen gibt. An der unterschiedlichen Lage im Grab wird deutlich, daß den Frauen von der Bestattungsgemeinschaft gegenüber den Werkzeugen ein anderes Verhältnis zugedacht wurde als den Männern.

Inwieweit die Bestatteten die ihnen beigegeben *Schmuck*stücke selbst getragen oder besessen haben, ist nur ansatzweise zu beurteilen. Das Vorkommen in den symbolischen Gräbern deutet an, daß derartige Schmuckgegenstände (Armring, Perlenkette) nicht unbedingt zur alltäglichen Tracht gehörten. Die Ausstattung des Mädchens in Grab 25 mit einer Perlenkette zeigt, daß die Mitgabe ins Grab nicht mit dem vorherigen Tragen von Schmuck in eins fallen mußte, denn dafür scheint das Kind zu jung gestorben zu sein (1 - 1,5 Jahre). Das schließt nun nicht aus, daß es vor seinem Tod bereits im Besitz der Kette gewesen ist. Das Wiederauftauchen von Schmuck in den Gräbern der beiden einzigen in jüngerem Alter Bestatteten weiblichen Geschlechts der Phase Ib[218], während davor oder vielleicht auch gleichzeitig[219] die älteren Frauen weitgehend ohne Schmuck ins Grab gelegt worden sind, spricht andererseits dagegen, daß das Tragen oder spätestens das Mitbekommen von Schmuck - zumindest in dieser Zeit (Ib) - eine Frage des persönlichen Besitzes war.

Fazit:

Sind die Gegenstände zum überwiegenden Teil dem alltäglichen Inventar entnommen, so hat die Mehrheit der als relevant erkennbaren Unterschiede im Arrangement von Körper und Beigaben ihre Form mit Sicherheit erst während des Totenrituals gefunden. Keinerlei Anzeichen gibt es für die in der Einleitung angesprochene Möglichkeit der Selbstdarstellung von Teilgruppen, die sich in verschiedenen Gräbergruppen äußern müßte, welche sowohl in der chronologischen Stellung als auch bezüglich Alter und Geschlecht heterogen zusammengesetzt wären. Alle rituell gestalteten Unterscheidungen dürften damit - jeweils von der Bestattungsgemeinschaft als geschlossener Gruppe - im Hinblick auf das 'zukünftige Dasein' der Verstorbenen gestaltet worden sein. Nur in einer relativ geringen Anzahl von Fällen ist dagegen davon auszugehen, daß ein reales Verhältnis Person - Gegenstand (Besitz/Gebrauch) unmittelbar ins Grab übernommen wurde.

---

218 Grab 4: 13 Jahre und Grab 88: 25 - 30 Jahre.

219 Gr. 4 gehört mit großer Wahrscheinlichkeit ganz ans Ende der Periode I - vgl. S. 50 Anm. 184 -, während Gr. 88 innerhalb Ib nicht näher einzuordnen ist.

Kapitel V: Alltag, Jenseitsvorstellungen und Kult in der kupferzeitlichen Gemeinschaft von Basatanya und das Verhältnis ihrer Mitglieder zueinander

An Hand der verschiedensten Funde und Befunde des Gräberfeldes ist deutlich geworden, daß in der Gemeinschaft von Basatanya die Vorstellung von einem Weiterleben nach dem Tod gegenwärtig war. Dieses zukünftige Dasein war es, worauf der Tote während des Rituals vorbereitet wurde und wofür er mit Beigaben versehen worden ist.

Das Jenseits hatte aber keine dingliche Realität. Es existierte nur im Bewußtsein der Gemeinschaft, war aber auch damit ein Teil ihrer Wirklichkeit, denn es gehörte zu dem Bild, daß sich die Gemeinschaft von der Welt um sie herum machte. Auch wenn die Welt der Toten nicht sichtbar oder nicht greifbar war, so war sie doch allgegenwärtig. Die Trennung von Jenseits und Diesseits in der Vorstellung war nicht unbedingt eine räumliche, sondern vor allem eine existentielle - das *Wesen* der Personen war verschieden.

Das Totenritual war für die Gemeinschaft eine Form, sich mit dieser vorgestellten Welt, in der die Toten lebten, auseinanderzusetzen - aus Vorstellungen wurden tätige Konsequenzen gezogen. Die Symbole, die sie gestaltete, sollten nicht nur im Diesseits, sondern auch im Jenseits verstanden werden. Es müssen jedoch nicht alle Handlungen, die eigens in Hinblick auf die jenseitige Welt vorgenommen wurden, an Bestattungen gebunden gewesen sein. Das Totenritual wäre in einem solchen Fall nur Teil eines *Kultes*, d.h. nur Teil der inszenierten Begegnung und Identifikation mit der anderen Welt, gewesen[220].

Die allgemeine Grundlage der Jenseitsvorstellungen war das praktische , *alltägliche Leben* der Gemeinschaft - die Einrichtung in der Natur sowie der funktionale Umgang mit ihr zur Sicherung des Lebensunterhaltes. Diesen Teil der Wirklichkeit in den Gräbern darzustellen, war nicht die Absicht der Bestattungsgemeinschaft. Deswegen erscheinen davon in der Form der Materialien und Gegenstände, mit denen die Toten für das Jenseits ausgerüstet worden sind, nur zufällige Ausschnitte. Ganze Bereiche des täglichen Lebens - wie z.B. die Siedlungsweise - kommen in den Gräbern überhaupt nicht vor, so daß darüber allenfalls spekuliert werden kann. Andere Bereiche - wie z.B. die Art der Nahrungsmittel - gelangten zunächst in Form der Speisebeigabe keineswegs in einer repräsentativen Zusammenstellung in die Gräber und erfuhren zudem über die Jahrtausende hinweg durch ihre unterschiedliche Vergänglichkeit eine weitere Selektion.

Das diesseitige *Verhältnis der Personen* erscheint nun darüber in den Gräbern, wie sich die Gemeinschaft die Zukunft der einzelnen Bestatteten vorstellte und sie entsprechend vorbereitete. Welche Beziehungen es waren, die auf diese Weise Eingang ins Totenritual gefunden haben, hängt vom allgemeinen Verhältnis zwischen den Jenseitsvorstellungen und ihren diesseitigen Grundlagen ab. Je konkreter, je ähnlicher man sich das Dasein im Jenseits dem diesseitigen Leben vorstellte, um so mehr wurde die Gestaltung der Gräber davon bestimmt, was die einzelnen Personen - und damit auch ihr Verhältnis zueinander - zu Lebzeiten auszeichnete. Daß sich relevante Unterschiede zwischen gleichzeitigen Gräbern immer in irgendeiner Form auch auf die Vergangenheit des Bestatteten bezogen haben müssen, wurde bereits festgestellt. Damit waren sie entweder

220 Vgl. z.B. Prytz Johansen 1971, 55ff.; Eliade 1984.

der *Ausdruck* eines diesseitigen Verhältnisses oder sie verdankten sich - sofern sie von der Bestattungsgemeinschaft ohne Veränderung in die Gräber übernommen worden sind - einer *Parallelität* von Diesseits und Jenseits.

a. ALLTAG

Der alltägliche Rahmen, in dem die einzelnen Personen agierten und zueinander in Beziehung standen, wird nicht zuletzt von der Größe der Bevölkerungsgruppe, d.h. von der Zahl der Personen, die im Durchschnitt gleichzeitig in der Gemeinschaft lebten, abgesteckt.

Bevölkerungsgröße

Unter gewissen Voraussetzungen ist es möglich, an Hand der Daten eines Gräberfeldes eine Schätzung der durchschnittlichen Mitgliederzahl der zugehörigen Gruppe vorzunehmen[221]. Es handelt sich dabei um ein rein rechnerisches Verfahren, das im wesentlichen auf den anthropologischen Daten eines Gräberfeldes aufbaut und mit der Interpretation der archäologischen Befunde nicht zu vergleichen ist. Da die notwendigen Voraussetzungen in Basatanya zum Teil nur ansatzweise erfüllt sind, muß das Ergebnis als Schätzwert angesehen werden, der nur verläßlich ist, falls die Gruppe eine durchschnittliche Zusammensetzung hatte.

Unabdingbar für eine sinnvolle Rechnung ist es, daß die zum Gräberfeld gehörige Gemeinschaft tatsächlich eine kontinuierliche, fest umrissene Gruppe bildete und nicht mehr oder weniger zufällig voneinander unabhängige Einzelgruppen auch einmal in Basatanya einen Toten bestatteten. Innerhalb der beiden Perioden besteht kein Zweifel an einer solchen Kontinuität[222].

Die Voraussetzung, daß das Gräberfeld vollständig erhalten und ausgegraben ist, ist weitgehend erfüllt[223].

Die durchschnittliche Bevölkerungsgröße läßt sich nunmehr errechnen, indem man die 'Summe der von allen Verstorbenen durchlebten Jahre' durch die 'Belegungsdauer des Gräberfeldes' dividiert[224]. Die 'Summe der durchlebten Jahre' kann ihrerseits mit dem Produkt aus der 'Zahl der Verstorbenen' und der 'durchschnittlichen Lebenserwartung der Neugeborenen' gleichgesetzt werden.

---

221 Siehe z.B. Acsádi/Nemeskéri 1970, RGA^2 2/2.3, 331-361 ("Bevölkerung"), Gebühr 1975, Kunter 1977, Bach 1978.

222 Vgl. Kap. IVa.

223 Siehe Kap. I.

224 Siehe Acsádi/Nemeskéri 1970, 65f.

Was die 'Zahl der Verstorbenen' betrifft, ist bereits festgestellt worden, daß in Basatanya die Zahl der Bestatteten nicht mit ihr identisch gewesen sein kann[225]. Die Fehlenden müssen entsprechend einer Sterbekurve ergänzt werden, die für vorgeschichtliche Populationen als durchschnittlich anzusehen ist[226]. Dadurch entsteht die erste Ungenauigkeit in der Rechnung.

Zum zweiten stellt der Begriff 'durchschnittliche Lebenserwartung der Neugeborenen' zwar in hohem Maße eine Abstraktion vom tatsächlichen Verlauf der Lebenserwartung in einer vorgeschichtlichen Population dar[227], soll hier aber - da die Genauigkeit der gesamten Berechnung ohnehin stark eingeschränkt ist - verwendet werden.

Eine letzte Einschränkung erfolgt dadurch, daß die Belegungsdauer des Gräberfeldes nur grob geschätzt werden kann[228].

Die Gesamtzahl der Gestorbenen

Periode I: Ergänzt man die Sterbekurve der erwachsenen Frauen der Periode I entsprechend der Verteilung in der Periode II, die als durchschnittlich anzusehen ist[229], ergibt sich eine Zahl von 35 verstorbenen Frauen, denen 21 bestattete Männer (ab adult I) gegenüberstehen. Für die hier beabsichtigte Durchschnittsrechnung soll auch deren Zahl zu einem ausgeglichenen Geschlechtsverhältnis ergänzt werden, so daß für die Periode I mit 70 Erwachsenen zu rechnen ist. Der Anteil der Kinder und Jugendlichen, soweit sie bestattet sind, sinkt damit auf 26%. Geht man von einem Anteil von 50% aus (Durchschnitt 45-60%), sind nochmals 45 nicht-adulte Personen zu ergänzen, wodurch die Gesamtzahl der Verstorbenen auf 140 steigt[230].

Periode II: In Kap. IVa hat sich gezeigt, daß es keinen zwingenden Grund gibt, nicht von der Bestattung aller im erwachsenen Alter Verstorbenen auszugehen. Der Anteil der Kinder und Jugendlichen ist mit 12% noch geringer als in Periode I. Um ein Verhältnis von 50% zu 50% zu erreichen, sind zu den 13,5 unter 20-jährigen noch 66 hinzuzufügen, um auf die Zahl der 79,5 Erwachsenen zu kommen. Das ergäbe eine Zahl von 159 Verstorbenen. Berücksichtigt man zusätzlich, daß Gräber von vielleicht 8 Erwachsenen den Störungen (Kanal/Grabungen) zum Opfer gefallen bzw. aus der Gruppe der relativ-chronologisch nicht zu bestimmenden Gräber hinzuzurechnen sind und ergänzt man dementsprechend auch 8 Nicht-Erwachsene, ergibt sich für die Periode II eine Gesamtzahl von 175 Verstorbenen.

---

225 Siehe Kap. IVa.

226 Vgl. Anm. 232.

227 Siehe z.B. Kunter 1977, 43ff.

228 Vgl. Kap. I Anm. 18.

229 Siehe Taf. 9b.

230 Dieser Wert von 140 Personen ist das Maximum, wenn man davon ausgeht, daß alle matur und senil verstorbenen Frauen bestattet sind, was durchaus möglich scheint (vgl. S. 75f.) Da ein ausgewogenes Geschlechtsverhältnis nicht zwingend ist, wäre als Minimum ein Wert von 35 + 21 = 56 Erwachsenen plus entsprechend 56 Nicht-Erwachsenen = insgesamt 112 Personen gegeben.

Die durchschnittliche Lebenserwartung Neugeborener[231]

Zur Berechnung dieses Wertes teilt man die Summe der insgesamt durchlebten Jahre durch die Zahl der Toten. Um sich von den Unsicherheiten, die sich für den tiszapolgár-zeitlichen Teil des Gräberfeldes auch bei den Erwachsenen ergeben haben, zu befreien , ist es sinnvoll, sich auf die Periode II zu beschränken und davon auszugehen, daß sich die Lebenserwartung in Periode I nicht wesentlich von Periode II unterscheidet.

Die 74 zu ergänzenden Kinder bzw. Jugendlichen und die 8 Erwachsenen werden entsprechend einer durchschnittlichen Sterbekurve auf die einzelnen Altersstufen verteilt (siehe Taf. 10)[232]:

inf.I	inf.II	juv.	ad.I	ad.II	mat.I	mat.II	sen
5,5	3	4,5	23,4	22,9	16,4	12,9	3,9
+33	+32	+9	+3	+3	+2		
38,5	35	13,5	26,4	25,9	18,4	12,9	3,9

231 Bei Acsádi/Nemeskéri 1970, 199ff. mit Tabellen 111 - 113 werden die anthropologischen Daten von Basatanya ausführlich dargestellt und diskutiert. Dazu ist folgendes zu bemerken:

- Die angesprochene ungewöhnliche Sterblichkeit von 15-16-Jährigen geht aus den Angaben I. Bognár-Kutziáns nicht hervor, so daß sich die Frage stellt, ob Acsádi/Nemeskéri andere Zahlen zu Verfügung hatten. In der vorliegenden Untersuchung werden nur die Daten aus der Publikation von I. Bognár-Kutzián berücksichtigt.

- Bei ihren Überlegungen zum Fehlen der Kinder fällt Acsádi/Nemeskéri (wie bereits BK, vgl. S. 57, Anm. 206) nicht auf, daß in Periode I auch erwachsene Frauen fehlen müssen.

- Die Berechnungen auf den Sterbetafeln gehen nur von den vorhandenen Bestatteten aus - weder das selbst festgestellte Fehlen der Kinder noch das der Frauen wird dabei berücksichtigt -, so daß die Werte, die sich für die Lebenserwartung ergeben, deutlich zu hoch ausfallen.

232 Zur durchschnittlichen Sterbekurve vorgeschichtlicher Populationen vgl. Acsádi/Nemeskéri 1970; RGA^2 2/2.3, 331-361 ("Bevölkerung"); Kunter 1977, 43ff.; Bach 1978, 20ff.

Die Sterbekurve, die sich für die Erwachsenen der Periode II durch die bestatteten Personen ergibt, entspricht zwar - insbesondere bei den Männern - nicht vollkommen den Relationen, die bei vorgeschichtlichen Populationen als durchschnittlich gelten, kann aber noch als realistisch angesehen werden. Die Verteilung der 8 Erwachsenen wurde deswegen der vorliegenden Kurve entsprechend vorgenommen.

Daraus ergibt sich für die Gesamtzahl der durchlebten Jahre (Durchschnitt):

	Jahre		Tote		Jahre insges.
inf. I	3	x	38,5	=	114
inf. II	10	x	35	=	355
juvenil	16,5	x	13,5	=	231
adult I	25	x	26,4	=	683
adult II	35	x	25,9	=	871,5
matur I	45	x	18,4	=	837
matur II	55	x	12,9	=	665,5
senil	62,5	x	3,9	=	318,75
			Summe	=	4039,50

Die durchschnittliche Lebenserwartung der Neugeborenen in Periode II beträgt somit 4039,50 : 175, d.h. ca. 23 Jahre.

Nochmals zur Belegungsdauer des Gräberfeldes

In der Einleitung (Anm. 18) wurde bereits darauf hingewiesen, daß der Kenntnisstand zur absolut-chronologischen Einordnung des Gräberfeldes für begründete Aussagen über die Belegungsdauer nicht ausreicht. Bei der näheren Betrachtung des Gräberfeldes selbst wurde aber inzwischen deutlich, daß weder die Dauer der einzelnen Perioden noch die des gesamten Gräberfeldes allzu groß gewesen sein kann. Die Länge der Periode I dürfte nicht viel mehr als die maximale Dauer eines Menschenlebens (ca. 70 Jahre) betragen haben[233].

Für die Berechnung der durchschnittlichen Bevölkerungsgröße soll hier deswegen eine als Minimum anzusehende Gesamtbelegungsdauer von ca. 200 Jahren zugrunde gelegt werden[234]. Die beiden Perioden werden dabei mit je 100 Jahren als Einheit belassen, da weitere Unterteilungen - trotz der erfolgten relativ-chronologischen Stufengliederungen - in Anbetracht der geringen Gräberzahlen nicht als sinnvoll zu erachten sind. Ebenso soll hier auf eine Minimal-Maximal-Rechnung verzichtet werden, da dies ohne weiteres ergänzt werden kann, sich aber an der Unsicherheit bez. der Einschätzung der Belegungsdauer und der darauf basierenden Bevölkerungszahl dadurch nichts ändern würde.

Die durchschnittliche Bevölkerungsgröße (P) für die Zeitspanne (t) von 100 Jahren je Periode bei einer geschätzten Zahl von 140 bzw. 175 gestorbenen Personen (D) und ei-

233 Siehe Kap. IVa, S. 54.

234 Dies liegt etwas unter dem von I. Bognár-Kutzián (BK 352) geschätzten Wert von 220 - 250 Jahren.

ner durchschnittlichen Lebenserwartung Neugeborener (e_0°) von 23 Jahren beläuft sich somit auf:

$$P = \frac{D \times e_0^\circ}{t}$$

$$P = \frac{140 \times 23}{100} = 32{,}20 \text{ (Periode I)}$$

$$P = \frac{175 \times 23}{100} = 40{,}25 \text{ (Periode II)}$$

Die Bevölkerung von Basatanya bestand also jeweils nur aus einer kleiner Gruppe von etwa 30 - 40 Personen[235].

Die durchschnittliche Verteilung auf die verschiedenen Altersstufen läßt sich ebenfalls berechnen. Für Periode II gilt folgendes:

Man addiert die Jahre, die insgesamt in *einer* Altersstufe gelebt worden sind - z.B. bei der Altersstufe infans II durchschnittlich 4 Jahre für 35,5 Tote plus die gesamten 8 Jahre jeweils für die restlichen 101 Personen, die das 15. Lebensjahr überlebt haben - und teilt die Summe wiederum durch die Belegungsdauer[236].

---

235 Dieses Ergebnis ist folgendermaßen zu beurteilen:

Was die Lebenserwartung betrifft, ist eine Abweichung, die sich in die eine oder andere Richtung entscheidend auswirken würde, nicht zu erwarten.

In der Berechnung ist der von Acsádi/Nemeskéri 1970, 65f. genannte zu addierende Korrekturfaktor k (als 10% der Belegungsdauer, nicht des Gesamtwertes, wie RGA[2] 2/2.3, 349 fälschlicherweise angegeben wird) unberücksichtigt gelassen, so daß die beiden Werte möglicherweise etwas zu niedrig ausfallen.

Diese Tendenz könnte sich auch dadurch ergeben, daß bei der Hochrechnung der Gesamtzahl der gestorbenen Personen davon ausgegangen werden mußte, daß wenigstens ein Teil der Bevölkerung vollständig auf dem Gräberfeld bestattet worden ist. Andererseits sind für die Periode I männliche Erwachsene ergänzt worden, die nicht notwendig fehlen müssen - vgl. Anm. 230.

Umgekehrt ist bei der Belegungsdauer nur eine Verlängerung denkbar, so daß sich dadurch wieder eine Korrektur der Bevölkerungszahl zu einem geringeren Wert hin ergeben würde.

Sofern also nicht aus unbekannten Gründen nur ein völlig unrepräsentativer Teil der Bevölkerung auf dem Gräberfeld bestattet worden ist, mögen sich die verschiedenen in die Berechnung eingegangenen Unsicherheiten in etwa ausgleichen.

236 Vgl. Gebühr 1975, 438 Anm. 12.

Es ergibt sich:

infans I:	durchschnittlich	9,34 Personen
infans II:	"	9,50 Personen
juvenil:	"	4,71 Personen
adult I:	"	7,43 Personen
adult II:	"	4,81 Personen
matur I:	"	2,60 Personen
matur II:	"	1,03 Personen
senil:	"	0,09 Personen

Treffen die gemachten Voraussetzungen zu, wären es in der Periode I jeweils entsprechend etwa 20% weniger.

Siedlung und Wirtschaft

Konkrete Informationen über die Einrichtung in der Natur - die Siedlungweise - lassen sich dem Gräberfeld nicht entnehmen. In Anbetracht der geringen Bevölkerungsgröße und des Fehlens einer alters- und geschlechtsunabhängigen Gliederung des Gräberfeldes, ist jedoch davon auszugehen, daß die Gemeinschaft auf engem Raum zusammengelebt hat. Das bedeutet keineswegs, daß kleinräumige Ortswechsel der ganzen Gruppe im Umkreis des Gräberfeldes auszuschließen sind[237].

Mehr läßt sich über den funktionalen Umgang mit der Natur - Art und Beschaffung/Herstellung der Lebensmittel und sonstiger Gebrauchsgüter - aussagen.

Über diesen Teil des Lebens geben im wesentlichen die in den Gräbern, insbesondere während der Periode I, so zahlreich beigegebenen Tierknochen Auskunft. Unabhängig von ihrer speziellen Funktion im Grab wird daran deutlich, daß während der gesamten Dauer der Belegung in der Gemeinschaft Vieh gezüchtet wurde - und zwar Schweine, Rinder, Schafe und Ziegen. Zusätzlich wurden in der Periode I Wildschweine, Ur, Reh-/Hirsch- und Kleinwild gejagt und auch Fischfang betrieben. Für die Periode II kann die Jagd auf Tiere aufgrund der Beigabe von Pfeilspitzen nur noch vermutet werden, da Knochen von Wildtieren vollkommen fehlen. Die Tiere dienten nicht nur als Nahrungsmittel, sondern auch als Rohstofflieferanten für die Herstellung von Geräten (Knochenahlen, Geweihäxte) sowie vermutlich auch von anderen Gebrauchsgütern. Ob Hunde in der Gemeinschaft selbst gezüchtet worden sind, ist wegen der sehr kurzen Zeitspanne, in der sie in den Gräbern auftauchen (Ib2), nicht zu entscheiden. Eine

[237] Eine zum Gräberfeld gehörige Siedlung konnte nicht entdeckt werden (BK 18), wie überhaupt Siedlungsfunde im Bereich der Kulturen Tiszapolgár (siehe Bognár-Kutzián 1972, 164ff.) und Bodrogkeresztúr (siehe Patay 1974, 31) ausgesprochen spärlich sind.

ihrer wesentlichsten Funktionen dürfte in der Mithilfe bei Jagd und/oder Viehzucht bestanden haben.

Viehzucht und in der Periode I auch Jagd sind somit unmittelbar durch das vorkommende Material belegt, während das reale quantitative Verhältnis von Jagd und Viehzucht bzw. der Anteil der verschiedenen Tierarten an der praktischen Nutzanwendung der Tiere an Hand der Gräber naturgemäß nicht zu beurteilen ist. Daß das, was sich in den Gräbern erhalten hat, nicht als repräsentativ anzusehen ist, zeigt sich bereits an widersprüchlichen Erscheinungen innerhalb des Totenrituals selbst: Obwohl z.B. in der Periode I die Jagd eindeutig belegt ist, gibt es (abgesehen von vielleicht einem Fall mit Hasenknochen - Gr. 28) keine Wildtierknochen als Überreste von Speisebeigabe. Teile von Wildtieren haben in den Gräbern eine rein symbolische Bedeutung oder bilden Material für Geräte.

Darüber, ob und in welchem Ausmaß in der Gemeinschaft Ackerbau betrieben wurde, lassen die Befunde von Basatanya selbst keine Aussage zu. Keiner der Funde des Gräberfeldes muß ausschließlich in diesem Zusammenhang verwendet worden sein[238].

Was die Rohmaterialien für den Schmuck und für die Geräte betrifft, war mit Sicherheit nicht alles am Ort oder in der näheren Umgebung greifbar, so daß es Kontakte mit anderen Gruppen oder auch einzelnen Personen zum Zwecke des Austausches gegeben haben muß[239].

Keinerlei Hinweis gibt es auf eine besondere Bedeutung des Rohstoffs Kupfer. In Männergräbern ist in keinem Fall eine relevanz der Mitgabe von Kupfergegenständen abzulesen, weder bei den Schmuckstücken der Periode I, die in fast allen frühen Gräbern beigegeben sind, noch bei den Kupfergeräten der Periode II, deren Erscheinen mit keiner anderen besonderheit der Gräber zusammenfällt.

Bei den Frauengräbern ist die Mitgabe mit der weitgehenden Beschränkung auf Periode Ia ebenfalls in erster Linie eine chronologische Frage. Allein in Gr. 4 (Ib2) und Gr. 87 (II(a)) gehören die Kupferringe zu Ausstattungen, die diese beiden Gräber - neben anderen - von gleichzeitigen ärmer ausgestatteten Gräbern unterscheiden, ohne daß sich die Kupfergegenstände dabei jedoch gegenüber anderen Beigaben herausheben würden.

---

238 Aufgrund der allgemeinen zeitlichen und kulturellen Stellung der Tiszapolgár- bzw. Bodrogkeresztúr-Kultur ist selbstverständlich davon auszugehen, daß in diesen Gemeinschaften Ackerbau nicht unbekannt war und auch betrieben wurde. Entsprechend der geringen Zahl an Siedlungsfunden gibt es für beide Kulturen jedoch kaum positive Hinweise darauf (siehe Bognár-Kutzián 1972, 165 und Patay 1974, 32f.). Bei einigen Mahlsteinen, wie sie z.B. im Bodrogkeresztúr-Gräberfeld von Tiszavalk-Kenderföld gefunden worden sind, ist immerhin eine Verwendung zum Mahlen von Getreidekörnern denkbar (Patay 1978a, 44).

239 Über die Herkunft der in Basatanya verwendeten Rohstoffe können keine exakten Aussagen gemacht werden, da entweder die entsprechenden Untersuchungen nicht veröffentlicht sind (Silex/Obsidian) oder keinen endgültigen Aufschluß geben (Kupfer).

Zu den im Äneolithikum wahrscheinlich benutzten Silexvorkommen in Südosteuropa siehe Patay 1976, Sherratt 1976, Kaczanowska/Lech 1977, J. Lichardus 1980, M. Lichardus 1980. - Zur allgemeinen Problematik der Identifizierung des Herkunftsgebietes von Silex siehe Uerpmann 1976.

Zum Obsidian siehe Willms 1983.

Zum Kupfer siehe Appendix in BK 559 - 564: E. Sangmeister, The copper of the cemetery - results of spectroanalytical investigations.

b. JENSEITSVORSTELLUNGEN UND KULT

Das Jenseits war die Welt, in der die *Toten* lebten. Unabhängig vom alltäglichen diesseitigen Leben mit seinen verschiedenen Arten, die Natur auszubeuten, gab es einen 'Raum', in dem andere Wesen agierten - in dem Personen, die eine andere Daseinsform (erreicht) hatten, die *Subjekte* waren. Durch das Totenritual trat die Gemeinschaft der Lebenden mit den Wesen, die diese andere Welt bevölkerten, in Kontakt.

Tierkult

In der jenseitigen Welt führten nun offenbar nicht nur die Verstorbenen ein neues Dasein, sondern es gab dort noch andere Wesen, die kraft eines eigenen Willens ihr Handeln selbst bestimmen und zu denen die Toten gleichsam ein *Verhältnis von Subjekt zu Subjekt* eingehen konnten: die Tiere.

Zumindest in der Vorstellungswelt während der Periode I spielten die Tiere bzw. bestimmte Tierarten eine entscheidende Rolle. Dies wird an allen in den Gräbern beigegebenen Tierteilen/Tieren deutlich, deren Funktion weder darin bestand, Speisebeigabe noch ausschließlich Werkzeug zu sein - als da sind Schweineunterkiefer, -hauer, 'spezielle Tierknochenkombination', Ziegenschädel und Hund. Auf der Seite der Tiere traten im Jenseits damit wildes und domestiziertes Schwein, Ur und Rind, Hirsch- und Rehwild, Ziege sowie der Hund als willensbegabte Wesen in Erscheinung. In einem sozusagen gleichwertigen, nicht-funktionalen Verhältnis standen ihnen - auf jener Ebene des Daseins - fast ausschließlich die Toten männlichen Geschlechts, insbesondere die erwachsenen Männer, gegenüber.

Soweit das Vorkommen des Schweineunterkiefers darüber Aufschluß gibt, reichte es (in der Periode I) nicht aus, dem männlichen Geschlecht anzugehören, um im Jenseits in ein solches subjektbezogenes Verhältnis zur Tierart des Schweines treten zu können. Denn zum einen fehlt diese Beigabe bei einigen männlichen Kindern und Jugendlichen der Periode I, wobei allerdings nicht vollkommen auszuschließen ist, daß man sich ein derartiges Verhältnis dachte, ohne es durch die Beigabe eines Schweineunterkiefers zu kennzeichnen. Das Fehlen der Beigabe im Grab eines erwachsenen Mannes (Gr. 36), der zudem auf der linken Seite lag, zeigt jedoch, daß man diesen Mann absichtlich davon ausgenommen hat. Das jenseitige nicht-funktionale Verhältnis zur Tierart Schwein fiel somit offenbar nicht jedem Verstorbenen männlichen Geschlechts ohne weiteres zu. Das zeigt sich auch daran, daß Hauer von Eber/Schwein nur bei erwachsenen Männern vorkommen. Der Mann aus Gr. 36 dürfte bereits zu Lebzeiten etwas Un-Männliches oder Weibliches an sich gehabt oder getan haben, daß man ihn ohne Schweineunterkiefer ins Grab legte. Die räumliche Zuordnung der Hauer in den Männergräbern zu Dingen, die sie in ihrer diesseitigen Vergangenheit benutzt haben - zu den Geräten -, deutet die Möglichkeit an, daß dieses ideelle Verhältnis zur Tierart des Schweines auch vor dem Tode der Männer schon Bestand hatte.

Letzteres ist gegenüber den Tierarten Ur, Rind und Reh-/Hirschwild ebenfalls anzunehmen. Darauf lassen Abnutzungsspuren an Stücken der 'speziellen Tierknochenkombination' sowie deren ausschließliche Deponierung in Gräbern erwachsener Männer schließen. Es besteht zwar die Möglichkeit, daß die Benutzungsspuren erst während des Rituals für den Bestatteten zustande gekommen sind; ebenso ist jedoch denkbar, daß diese Stücke bereits unabhängig vom Totenritual eine kultische Verwendung gefunden hatten.

Am deutlichsten wird die Ausrichtung auf das Tier als selbständiges Subjekt bei den getöteten und mitbestatteten Hunden, die weniger als Beigabe denn als Begleiter in den Tod anzusehen sind. Beim Hund dürfte ein ähnliches Verhältnis jedoch bereits zu seiner praktischen Verwendung im Diesseits gehört haben. Vielleicht sollte er im Jenseits die Rolle eines Mittlers zwischen den Menschen und den Tieren spielen.

Im Tierkult wird somit aus einem *Objekt* des täglichen Lebens, aus einem Mittel zur Sicherung der Subsistenz, ein eigenes, selbsthandelndes *Subjekt*, das man nicht benutzt, sondern mit dem man in ein gleichgewichtiges Verhältnis tritt. Der Grund für dieses ambivalente Verhältnis zum Tier kann nur darin gelegen haben, daß die Benutzung der Natur, von der die Tierwelt einen Teil bildete, gleichzeitig eine Abhängigkeit bedeutete. Je unvollkommener ihre Beherrschung, je größer die Abhängigkeit von Umständen, auf die man selbst keinen Einfluß hat, umso naheliegender ist die Vorstellung, daß diejenigen Teile der Natur, mit denen *man* umgeht, z.B. indem man sie jagt, *ihrerseits* selbst auch ganz bewußt mit einem umgehen und sich z.B. jagen lassen oder nicht. Dementsprechend sind es auch häufig Knochen und Teile von wilden Tieren, die eine symbolische Funktion in den Gräbern einnehmen, während andererseits Hinweise auf ein subjektbezogenes Verhältnis zu den Tierarten, die nur gezüchtet wurden - Schaf und Ziege -, fast völlig fehlen.

Mit dem Ende der Periode I - mit Grab 4 - bahnt sich, sowohl was die Rolle der Tiere wie die des männlichen Geschlechts betrifft, eine deutliche Änderung in den Jenseitsvorstellungen an, die in der Periode II ihren Fortgang nimmt.

Mit dem Schweineunterkieferfragment im Mädchengrab 4 (13 Jahre) taucht das erste Mal ein Hinweis auf ein ideelles Verhältnis einer weiblichen Person zur Tierart des Schweines auf. Gleichzeitig beginnt in diesem Grab aber auch schon das Ende derartiger nicht-funktionaler Beziehungen zu dieser speziellen Tierart und zur Tierwelt überhaupt, denn es handelt sich um zwei Unterkieferfragmente, die voneinander getrennt in zwei Gefäßen und zusammen mit anderen Knochen vom Schwein (Rippen/Extremitäten) ins Grab gelegt worden sind. Trotz dieser Kombination mit Knochen, an deren Funktion als Teile von Speisebeigabe nicht zu zweifeln ist, ist davon auszugehen, daß der Unterkiefer seine symbolische Bedeutung nicht vollständig verloren hatte.

Das Abgehen von der Vorstellung, daß die Welt der Tiere dem Menschen - zumindest im Jenseits - als ebenbürtiges Subjekt gegenübertritt, wurde von einem kurzen 'Zwischenspiel' der Tierart der Ziege in dieser nicht-funktionalen Rolle begleitet. Das zeigt sich an der Deponierung eines Ziegenschädels in Gr. 4 sowie an Gefäßen mit Deckeln in zoomorpher Gestalt, die wahrscheinlich Ziegen darstellen[240], in zwei früh einzustufenden Frauengräbern der Periode II (beide II(a)).

Das Ende oder zumindest die deutliche Veränderung der ideellen Beziehung zur Tierwelt ging also mit zwei Phänomenen einher: Auf Seite der Menschen spielten plötzlich die Frauen eine Rolle, während unter den Tieren vorübergehend die Ziege 'zu Ehren' kam.

---

[240] Gr. 87: siehe BK 162 und Taf. 84,1a.b; Taf. 89,1a.b.
Gr. 89: siehe BK 165 und Taf. 89,2a.b.

Ahnenkult

An Grab 4 wie auch an Grab 88 zeigt sich außerdem erstmals, wer die jenseitige Welt in der Vorstellung der Gemeinschaft während der Periode II dominierte und zu wem nunmehr vorrangig ideelle Beziehungen gepflegt wurden: zu den eigenen Vorfahren - den Ahnen.

Auf das Ungewöhnliche an den Gräbern 4 und 88 ist schon mehrfach verwiesen worden[241]. Nicht nur das Alter und die Grablage der beiden Bestatteten sowie deren Ausstattung, sondern auch die Lage ihrer Gräber innerhalb des Gräberfeldes ist angesichts ihrer zeitlichen Stellung (Periode Ib2) bemerkenswert. Das bewußte absichtliche Verbinden dieser beiden Toten mit der Anfangszeit des Gräberfeldes ist unübersehbar; für das Dasein im Jenseits wurde ihnen ein Platz neben den Vorfahren zugewiesen.

An *einer* Erscheinung des Gräberfeldes ist zu erkennen, daß diese Verbindung zu den Ahnen während der gesamten Dauer der Periode II sowohl im Totenritual als auch unabhängig davon gepflegt wurde: die offensichtlich nicht zufällige Mitgabe von Gefäßen, die denen der Periode I, der Tiszapolgár-Kultur, ähneln. Daß die Mitgabe derartiger Gefäße nicht zufällig erfolgte, zeigt sich an ihrer Häufung in Frauengräbern. Das bewußte Unterscheiden von gegenwärtigen und 'altmodischen' Gefäßen in Herstellung und Gebrauch sowie die uneinheitliche Formung letzterer, die weder der Tiszapolgár- noch der Bodrogkeresztúr-Kultur eindeutig zuzuordnen sind, kann nur einen Grund gehabt haben: man pflegte eine ideelle Beziehung zur Vergangenheit, man trieb unter Verwendung dieser Gefäße irgendeine Art von Ahnenkult[242].

Die Herstellung von Gefäßen, bei denen es möglicherweise um mehr als die reine Behälterfunktion ging, deutete sich bereits an den beiden Gefäßen mit Deckeln in Ziegengestalt an - zwei Gefäßen, die bezeichnenderweise ebenfalls zu diesen etwas 'mißratenen' tiszapolgár-ähnlichen Formen gehören. Der Verweis auf die Ziege in Gestalt von Gefäßen läßt darauf schließen, daß es dabei gar nicht mehr so sehr um die

---

241 Vgl. S. 50 Anm. 184.

242 Siehe Liste 5. - Die These von der kultischen Verwendung dieser Gefäße wird von der Bemerkung I. Bognár-Kutziáns (BK 254) unterstützt, daß die Position eines Fußgefäßes im Männergrab 125 mit der Mündung in etwa in Höhe der ursprünglichen Graboberfläche (siehe auch BK 205) daraufhin deutet, daß es für Opfergaben nach der Bestattung verwendet worden ist.

Diese Periode-I-ähnlichen Gefäße sind bis in die Stufe II(c) vertreten, im östlichen Teil des Gräberfeldes allerdings nur noch vereinzelt (Karte 32). Dieser Bereich ist jedoch wegen des schlechten Erhaltungszustandes - gerade was die Keramik betrifft - nur eingeschränkt zu beurteilen (siehe Karte 2). Immerhin befindet sich auch unter den vielen Gefäßen (9 Stück) des II(c)-Frauengrabes 109 kein Periode-I-ähnliches Gefäß, dafür zwei kleine Gefäße mit völlig ungewöhnlicher Form (BK Taf. 105,2.7) auf der polierten Steinplatte und daneben ein Kieselstein (BK 186 Abb. 103). Die kultische Funktion von Gefäßen dürfte also erhalten geblieben sein, während man die 'formale Bindung' an die vergangenen Zeiten nach und nach verlor.

Die unterschiedliche Gefäßausstattung von Frauen- und Männergräbern ist im übrigen eine bekannte Erscheinung der Bodrogkeresztúr-Kultur, auf die P. Patay mehrfach hingewiesen hat (1964/65, 20f.; 1978a, 36; 1979, 51). Auch in anderen Gräberfeldern sind es neben den bereits in der Tiszapolgár-Kultur frauenspezifischen Blumentöpfen (hier Gattung FII) hauptsächlich die Hohlfußgefäße, die in den Frauengräbern zusätzlich (zur Grundausstattung Milchtopf und Schüssel) beigegeben sind. Ebenso ist überall die fehlende Normierung solcher Gefäße zu beobachten (vgl. z.B. Patay 1978a, Taf. I,5.13; Taf. V,4). Diese Art von Ahnenkult dürfte also in der gesamten Bodrogkeresztúr-Kultur ausgeübt worden sein.

Beziehung zur Tierwelt selbst als vielmehr um die Verbindung zum Tierkult der Ahnen ging. Mit den wenigen Schweineunterkiefer(-fragmenten) und Eberhauern gab es in Periode II nurmehr eine 'Erinnerung' an den Tierkult vergangener Tage[243].

Einen Ahnen*kult* ausführen setzt nicht nur die Vorstellung voraus, daß die Verstorbenen in irgendeinerweise weiterexistieren, sondern auch, daß ihr Tun für die Gemeinschaft der Lebenden noch von Wichtigkeit ist. In der un(be)greifbaren anderen Welt übernahmen sie nun den Part, den die Tiere bzw. einige Tierarten bis dahin innehatten. Die Abhängigkeit von der äußeren Natur, auf deren 'Willen' man Einfluß nehmen wollte, bildete weiterhin ein Ausgangspunkt für Kulthandlungen, fand aber im Ahnenkult einen weniger unmittelbaren Ausdruck als zuvor im Tierkult.

Daß an dieser Verbindung zu den Ahnen die Frauen den Hauptanteil hatten, mag seine Grundlage darin gehabt haben, daß die Abstammung in der weiblichen Linie - matrilinear - gerechnet wurde. Dies muß jedoch Spekulation bleiben.

Was die praktische Nutzanwendung der Tiere, den Anstoß zum Tierkult, betrifft, ist eine Veränderung in der Periode II ebenfalls nur zu vermuten: Wahrscheinlich hatte die Jagd an Bedeutung verloren; ob allerdings auch die Viehzucht eine Einschränkung erfuhr oder ganz im Gegenteil einfacher, selbstverständlicher geworden ist, bleibt offen. Das Gegenstück dazu wäre fraglos eine Zunahme des Ackerbaus, vielleicht verbunden - um die Spekulation fortzuführen - mit einer Veränderung der Stellung der Frauen im alltäglichen praktischen Leben der Gemeinschaft.

Bestattung/Nicht-Bestattung

Mit einer anderen Dimension des vorgestellten Jenseits scheint eine weitere Erscheinung des Totenrituals, die sich aus den Befunden des Gräberfeldes erschließen läßt, zu tun gehabt zu haben: Die Unterscheidung zwischen Toten in der Weise, daß man einen Teil von ihnen auf dem Gräberfeld bestattete, während man die übrigen auf eine andere Art oder/und an einem anderen Ort ins Jenseits gehen ließ. Die Frage, was mit letzteren tatsächlich geschah, muß genauso offen bleiben wie die Frage nach den konkreten Vorstellungen, die mit dieser anderen Form des Totenrituals verbunden waren.

Die vielen Mehrfachbestattungen mit Kindern mögen andeuten, daß es weniger mit dem Dasein im Jenseits selbst als mit dem Weg dorthin zu tun hatte. Vielleicht wurde für Kinder der 'übliche' Weg ins Jenseits - sofern es so etwas überhaupt gab - bevorzugt an der Seite von Erwachsenen gewählt.

Im Verlauf der Periode I (rigoros ab Ia2) wurde auf diese Weise zwischen Mädchen und Frauen, die vor dem Erreichen des 40. Lebensjahres gestorben sind, und älteren Frauen unterschieden. Es ist naheliegend, diese 'Altersgrenze' mit dem für die Gemeinschaft manifesten Ende der Gebärfähigkeit der Frauen zu verbinden, so daß während einer gewissen Zeit nur Frauen, die keine Kinder mehr bekommen konnten, 'regulär' auf dem Gräberfeld bestattet worden sind - diese auch weitgehend ohne den bis dato frauentypischen Schmuck. Die Manipulationen an den Leichen der beiden in der Frühphase (Ia) noch bestatteten adulten Frauen (Gr. 21, 33) mögen Abwandlungen dieser anderen Art des Totenrituals gewesen sein. Der Grund dafür ist nicht zu erkennen - an den gesamten in diesem Zusammenhang im Gräberfeld vorgefundenen Diffe-

243 Ähnliche zoomorphe Deckelformen sind auch aus Frauengräbern des Tiszapolgár-Bodrogkeresztúr-Übergangsgräberfeldes von Tiszavalk-Tetes bekannt (Patay 1978b, Abb. 3,4 und Abb. 37,6).

renzierungen läßt sich jedoch ablesen, daß die Fruchtbarkeit der Frau in den Jenseitsvorstellungen der Gemeinschaft eine Rolle spielte.

c. VERHÄLTNIS DER PERSONEN

Soviel zum diesseitigen und jenseitigen Rahmen, in dem die Personen agierten und zueinander in Beziehung standen. Alle nicht zufälligen Unterschiede zwischen gleichzeitigen Gräbern zeugen davon, wie das Leben in dieser kleinen Gruppe organisiert war. Es ist jedoch nicht zu erwarten, im Gräberfeld ein vollständiges Zeugnis dieser Beziehungen vorzufinden, da ein großer Teil der Gruppenmitglieder vollkommen fehlt, und zum anderen das Dasein, das man dem einzelnen im *Jenseits* zudachte, für die Art seiner Bestattung ausschlaggebend war.

Wie bereits mehrfach festgestellt wurde, sind keine relevanten Unterschiede zwischen zeitlich parallelen Gräbergruppen zu beobachten, die unabhängig von Alter oder Geschlecht wären. Ob dies der Realität entsprach, soll nach der Interpretation der in Kapitel IIIb aufgeführten Differenzierungen beurteilt werden.

Periode I: Verhältnis der Geschlechter

Die Unterschiede zwischen den Gräbern der beiden Geschlechter bestehen im wesentlichen aus zwei Punkten:

Den Gräbern der Frauen und Mädchen fehlen (fast) jegliche Hinweise sowohl auf eine ideelle Beziehung zur Tierwelt als auch auf die eigenen Tätigkeiten zu Lebzeiten in Form von Geräten. Der Grund für das eine wie das andere dürfte letztendlich der gleiche sein: eine 'Arbeitsteilung', d.h. eine unterschiedliche Tätigkeit der Geschlechter, insbesondere kein oder nur geringer Anteil der Frauen an Jagd und Viehzucht. Der praktische Umgang der Männer mit den Tieren ging mit der subjektbezogenen ideellen Bindung zur Tierwelt einher, ihre (produktive) Tätigkeit bestimmte auch ihr Dasein im Jenseits. Da das, was den tätigen Alltag der Frauen ausmachte, im Totenritual nicht vorkommt, unterschied sich ihre tägliche Arbeit offenbar nicht nur von den Aktivitäten der Männer, sondern nahm auch einen anderen Stellenwert im Bewußtsein der Gemeinschaft ein. Folglich könnte die tatsächliche 'Arbeitsteilung' weniger rigoros gewesen sein, als das Totenritual 'suggeriert'.

Das Bewußtsein der Gemeinschaft vom Unterschied zwischen den Geschlechtern zeigt sich im übrigen sowohl an der unterschiedlichen Seitenlage im Grab wie an den geschlechtsspezifischen Schmucktypen, mit denen der Differenz bereits im diesseitigen Leben ein formaler Ausdruck gegeben worden ist.

Auf Besonderheiten der Frauen oder eventuelle Unterschiede innerhalb des weiblichen Geschlechts wird im Totenritual positiv so gut wie nicht Bezug genommen. Allein ihre Fähigkeit, Kinder in die Welt zu setzen, wurde in der Alternative Bestattung/Nicht-Bestattung zum Thema.

Die Eigenheiten der Männer dagegen sind nicht nur positiv vertreten, es werden auch Unterschiede innerhalb des männlichen Geschlechts deutlich.

Periode I: Aufnahme der jugendlichen Männer in die Welt der Erwachsenen

Innerhalb des männlichen Geschlechts ist eine Teilung der Gräber an Hand der Beigaben in eine Gruppe von Kindern und Jugendlichen auf der einen Seite gegenüber einer Gruppe von erwachsenen Männern auf der anderen Seite zu beobachten. Der Unterschied in der Gerätebeigabe ist in Kap. IVb als ein unterschiedliches Verhältnis zu dieser Beigabenart interpretiert worden: Was den eigenständigen Gebrauch betrifft, für die Jüngeren als Symbol ihrer Zukunft, während die Mitgabe bei den Älteren auch ein Ausdruck oder eine Folge ihrer Vergangenheit war. Dieser rituelle Unterschied hat somit etwas mit dem unterschiedlichen Anteil an der produktiven Tätigkeit zu tun, der aufgrund der körperlichen Entwicklung anzunehmen ist. Es handelt sich dabei jedoch nur um den Ausdruck der *prinzipiellen* Differenz, denn genausowenig wie eine unterschiedslose Betätigung von infans-II-Jungen und 18-jährigen Jugendlichen vorstellbar ist, sind deutliche Unterschiede innerhalb der 20- bis 25-Jährigen zu erwarten. Bei dieser rituellen Gruppen'zuteilung' ging es also gar nicht vorrangig um genau diese praktische Differenz: die Form stimmt mit dem Inhalt nicht überein. Zu den körperlichen Unterschieden, die ja fließend sind, ist eine bewußt gesetzte formale Trennung hinzugekommen, die dann nicht mehr die Teilung von Wenig-/Nicht-Arbeitenden gegenüber Voll-Arbeitenden ist, sondern von 'Nicht-Erwachsenen' zu 'Erwachsenen'. Jeder einzelne jugendliche Mann mußte diese Trennungslinie überschreiten.

Das bedeutet, daß eine offizielle Aufnahme der Jugendlichen in die Reihen der erwachsenen Männer stattgefunden hat ('Initiation'), bei der die individuelle Entwicklung eine wichtige Rolle spielte, wie die breite Streuung des Übergangsalters zeigt.

Der formale Charakter der Trennung zwischen jung und alt zeigt sich am deutlichsten daran, daß die Differenz in der ideellen Beziehung zur Tierwelt ein wesentlicher Bestandteil dieser Unterscheidung war. Das Fehlen von Hauern und der 'speziellen Tierknochenkombination' bei den Jüngeren könnte sich zwei unterschiedlichen Folgen des Erwachsen-Werdens in diesem Zusammenhang verdanken: Nicht nur, daß die nichtfunktionale Bindung an die Tierwelt in der Vorstellung in ein neues Stadium eintrat oder überhaupt erst geknüpft wurde, auch in ihrer tätigen Konsequenz - dem Tierkult - könnten die erwachsenen Männer als diejenigen, die die Kulthandlungen ausführten, eine Sonderrolle innegehabt haben.

Wer jedoch tatsächlich alles an Kulthandlungen teilhatte, ist an Hand der Gräber nicht eindeutig festzustellen, denn diejenigen Beigaben, die die Existenz eines Kultes belegen, zeigen mit Sicherheit nur die passive, die bloß vorgestellte Betroffenheit des Bestatteten, während Werkzeuge im Alltagsleben wie im Kult Verwendung gefunden haben können.

Periode I: Führungsposition eines Mannes

Auch wenn die 19 Bestattungen von erwachsenen Männern in der Periode I (einschließlich des symbolischen Grabes 29) diese Gruppe höchstwahrscheinlich nicht vollständig repräsentieren, ist doch *eine* wichtige Differenzierung in den Gräbern zu beobachten.

In Kap. IIIb ist eine Gruppe von fünf - in ihrer chronologischen Stellung nicht einheitlichen - Gräbern festgestellt worden, die sich durch einen 'Reichtum' in drei Beigabenarten auszeichnen.

- Die relativ große Zahl an Gefäßen zeigt, daß sich die Bestattungsgemeinschaft einer Besonderheit dieser fünf Männer bewußt war und diese kennzeichnen wollte.

- Bei den Gegenständen, deren Mitgabe auf das vergangene alltägliche Leben verweist - den Geräten -, sind zwei weitere Punkte zu unterscheiden:

Stücke, die in erster Linie zur Bearbeitung der Natur/-produkte in Frage kommen, sind diesen Männern zwar in vergleichsweise großer Anzahl beigegeben, ohne daß darunter jedoch besondere Formen, die es in den übrigen Männergräbern nicht gegeben hätte, anzutreffen gewesen wären. Für eine 'Arbeitsteilung' im produktiven Bereich gibt es somit keine Anzeichen.

Auf *qualitative* Weise zeichnen sich diese Gräber jedoch durch Geräteformen aus, die hauptsächlich als Waffen (gegen Menschen) gedient haben dürften - Keule und Axt sind mit einer Ausnahme (Gr. 45) nur diesen fünf Gräbern beigegeben. Um eine ausschließliche Betätigung auf diesem Felde (kriegerischer Auseinandersetzungen) kann es sich auch hier nicht gehandelt haben, denn dazu sind zuwenig Bestattete von solchen Beigaben betroffen.

Vielmehr ist anzunehmen, daß die Besonderheit der Fünf in einer *führenden* Stellung im täglichen Umgang mit Waffen und Werkzeugen lag.

- Darüberhinaus zeigt die außergewöhnliche Deponierung von Unterkiefern *wilder* Eber in vier dieser Gräber (nicht in Gr. 12, aber auch in Gr. 45), daß gerade diese Männer in einem besonderen Verhältnis zur Tierwelt standen. Die wilden Eber mögen als diejenigen angesehen worden sein, die dieselbe Stellung unter ihresgleichen eingenommen haben wie jene Männer in der menschlichen Gemeinschaft. Die Führungsposition dürfte sich damit auf das gesamte Leben der kleinen Gemeinschaft, einschließlich deren kultischer Betätigungen, erstreckt haben.

Vergleicht man das Sterbealter der fünf Männer mit der chronologischen Stellung ihrer Gräber, zeichnet sich sogar die Möglichkeit ab, daß sie nacheinander ihre Erwachsenen-Zeit durchlebt haben. Die Führungsposition könnte also regelrecht mit einem 'Amt' verbunden gewesen sein, das immer nur einer der etwa sieben gleichzeitig lebenden erwachsenen Männer der Gemeinschaft innehatte und für das er bestimmt wurde, vielleicht mit Axt/Keule als Kennzeichen. Ein überdurchschnittliches Alter war dafür keine Voraussetzung, denn zwei der Männer sind in ganz jungen Jahren gestorben (24 - 29 Jahre)[244].

Fraglich bleibt die Stellung des Mannes aus Gr. 45, der ebenfalls mit Axt und Unterkiefer von wildem Eber, im übrigen aber eher bescheiden ausgestattet war. Die ungewöhnliche Beigabe eines Menschenknochens deutet die Möglichkeit an, daß er im kultischen Bereich eine besondere Funktion bekleidete.

---

244 Einer dieser jungen Männer war zum Zeitpunkt seines Todes nicht mehr in Besitz seiner vollen körperlichen Leistungskraft (Gr. 23 mit geheiltem Oberschenkelbruch, wodurch die Gehfähigkeit des Mannes vermindert war).

Daraus sind aber keine besonderen Schlüsse zu ziehen, denn es ist allgemein keine Sonderbehandlung von kranken oder verletzten Personen zu beobachten. Im Fall des Mannes aus Gr. 23 handelte es sich vermutlich einfach um eine Verletzung jüngeren Datums, wodurch die führende Position oder das daraus resultierende Ansehen nicht wesentlich beeinträchtigt worden sind.

Fraglich bleibt auch, ob die fünf (oder mit Gr. 45 sechs) Männer zeitlich nahtlos aufeinanderfolgten und tatsächlich die gesamte Periode I ausfüllten, da die Gräber nur der ersten (Ia1) und der letzten (Ib2) relativ-chronologischen Stufe angehören. Für eine Beurteilung sind jedoch sowohl die Erkenntnisse über die relative wie über die absolute Chronologie zu ungenau. Theoretisch ist denkbar, daß man in der Zwischenphase (Ia2 - Ib1) vom üblichen Totenritual abwich. Dazu würde die Vermutung passen, die in Kap. IVb über fünf andere Gräber geäußert wurde - nämlich, daß die ausschließliche Mitgabe eines größeren Gerätes eine rituelle Selektion darstellt, die sie von den (meisten) vorangegangenen wie nachfolgenden Männergräbern unterscheidet. Die führende Position könnte einer dieser Männer innegehabt haben, ohne daß sie besonders gekennzeichnet worden ist oder eine Kennzeichnung noch zu erkennen wäre. Genausogut ist möglich, daß nicht alle führenden Männer auf dem Gräberfeld bestattet worden sind - und zwar aus Gründen, die wohl eher mit den Todesumständen[245] als mit den Jenseitsvorstellungen zu tun hätten.

Periode II: Verändertes Geschlechtsverhältnis und Dominanz des Kultes

In der Periode II ist zu beobachten, daß sich die Änderungen in den Jenseitsvorstellungen auch darauf ausgewirkt haben, welche Beziehungen zwischen Personen Eingang ins Totenritual gefunden haben. Das veränderte Verhältnis von Diesseits und Jenseits, die sich nicht mehr in derselben Unmittelbarkeit ergänzten, wie es der Tierkult für die Periode I zeigte, hatte zur Folge, daß die Dinge, die das alltägliche praktische Leben der Personen bestimmten, nicht mehr so vielfältig in den Gräbern erscheinen.

Das gilt zumindest bei den Männern, deren Gerätebeigabe im Vergleich zur Periode I eine Vereinheitlichung aufweist, die auf eine rituelle Selektion durch die Bestattungsgemeinschaft zurückzuführen ist. Ihre produktive Tätigkeit hatte innerhalb der Jenseitsvorstellungen offenbar an Bedeutung verloren. Hinweise darauf in Gestalt von Geräten tauchen zwar weiterhin in fast allen Männergräbern auf; für eine bewußte Auswahl der *einzelnen* Stücke - wie in Kap. IVb erwogen - scheint das 'Thema' jedoch zu unwichtig geworden zu sein. Aktiver Umgang mit Waffen und Werkzeugen war zwar immer noch das, was die Männer kennzeichnete, aber eventuelle Differenzierungen in diesem Bereich spielten im Totenritual keine oder kaum noch eine Rolle. Immerhin ist nicht auszuschließen, daß Äxte wie möglicherweise in Periode I als Kennzeichen einer führenden Position dienten, auch wenn Parallelen, die dies bestätigen würden, in den Gräbern fehlen[246].

Die Bestattungen der Frauen wurden offenbar davon bestimmt, daß sie das Bindeglied zu den Ahnen bildeten. Die Art der Gefäßbeigabe in vielen Frauengräbern mit den vielen an die Periode I erinnernden Stücken läßt darauf schließen, daß im Zusammenhang mit dem Tod einer Frau Kulthandlungen in größerem Ausmaß vorgenommen wurden. Der Grund für die Unterschiede in der Ausstattung, u.a. mit Gefäßen, zwischen den Frauen ist dementsprechend im Bereich des Kultes zu suchen. Dies gilt besonders angesichts der Gegebenheiten in den Männergräbern mit ihrer relativen Homogenität bei den Dingen des alltäglichen Lebens.

---

245 Man denke an Tod in größerer Entfernung.

246 Äxte in den Gräbern 37 und 129. - Vgl. Kap. IIIb und Tabelle 16.

Bestätigt wird diese Vermutung im Detail dadurch, daß in drei der reicher ausgestatteten Frauengräber[247] durch die Beigabe von Schweineunterkiefern eine Verbindung zum Tierkult der Ahnen hergestellt worden ist[248].

Ebenso dürfte die Beigabe der Gerätschaften, die funktional zusammengehören, d.h. auf eine ganz spezielle Tätigkeit hinweisen, und die den Ausstattungsreichtum dieser Gräber zu einem Teil ausmachen, in diesen Zusammenhang gehören. Ihre körperentfernte Lage im Grab allein macht deutlich, daß sie zu einer anderen Funktion dienten als die Geräte des alltäglichen Gebrauchs der Männer.

Es gibt jedoch keinen Grund, daran zu zweifeln, daß die betreffenden Frauen die ihnen beigegebenen Geräte selbst benutzt haben. Es besteht, wie gesagt (S. 63), lediglich die Möglichkeit, daß sich Teile dieses Ensembles aus Werkzeugen, Gegenständen unbestimmter Funktion und Rohmaterialien nicht erhalten haben. Die Frage ist daher nur, ob diejenigen Frauen, die auch ursprünglich *nicht* mit dieser Beigabenart versehen waren, selbst nie diese spezielle(n) Tätigkeit(en) verrichtet haben oder aus anderen Gründen ohne Hinweis darauf bestattet worden sind. Die Gräber liefern nicht mehr als ein formales Indiz zur Beantwortung dieser Frage: Da offensichtlich eine überdurchschnittliche Ausstattung mit anderen Beigaben nicht Voraussetzung dafür war, diese Gerätschaften ins Grab gelegt zu bekommen, ist der Grund eher ausschließlich in Zusammenhang mit ihnen selbst als bei einer sonstigen Besonderheit der betreffenden Frauen zu suchen. Dies spricht dafür, daß nur diejenigen Frauen, die tatsächlich damit ausgerüstet wurden, auch vor ihrem Tode damit umgegangen sind, so daß einige Frauen im Bereich des Kultes eine Ausnahmestellung eingenommen hätten[249].

Die neue Rolle der Frau in den Jenseitsvorstellungen scheint sich somit auch auf ihren Anteil an den Kul*thandlungen* ausgewirkt zu haben, ohne daß es nunmehr ausschließlich ihre Domäne gewesen wäre. Denn so wie die Männer von den ideellen Beziehungen zu den Ahnen anscheinend nicht völlig ausgeschlossen waren[250], waren sie es wahrscheinlich auch von den kultischen Tätigkeiten nicht vollkommen[251].

Auf das alltägliche praktische Leben der Frauen würde jedoch damit im Totenritual genausowenig Bezug genommen wie in Periode I. Die Deutlichkeit der 'Arbeitsteilung' zwischen den Geschlechtern, die damit angezeigt wird, dürfte von den realen Gegebenheiten noch mehr abweichen. Die größere Ausgeglichenheit des Geschlechtsverhältnisses zeigt sich auch an einer rein rituellen Unterscheidung, die jedoch auf einen praktischen Hintergrund verweist: Die Dominanz des Alters - und das heißt in diesem Fall des Erwachsenwerdens - gegenüber dem Geschlecht bei der Alternative Bestattung/Nicht-Bestattung. So gewinnt letztendlich die geäußerte Vermutung, daß die Änderung in den Jenseitsvorstellungen auch etwas mit einer veränderten Stellung der Frau im alltäglichen Leben zu tun hatte, an Wahrscheinlichkeit[252].

---

247 Siehe Tabelle 17.

248 Auch die beiden Kupferarmringe - männertypischer Schmuck der Periode I - in Gr. 87 stellen möglicherweise eine absichtlich gestaltete Verbindung zu den Ahnen dar.

249 Es ist allerdings an Hand der Gräber nicht im Einzelfall zu entscheiden, für welche Frauen dies zutraf.

250 Zu sehen an Schweineunterkiefer, Hauer und Periode-I-ähnlichen Gefäßen - siehe Tabelle 16. Vgl. auch Anm. 242.

251 Zu sehen an Farbe neben Hauer, Kieselstein - siehe Tabelle 16.

252 Die Frage nach den Ursachen für die Veränderung der Jenseitsvorstellungen in Basatanya am Ende der Periode I ist im Grunde genommen nur im Zusammenhang mit dem großräumigen Wechsel von der Tiszapolgár- zur Bodrogkeresztúr-Kultur, auf den hier nicht näher eingegangen werden soll, zu beantworten.

d. SCHLUSS

Mit diesem Punkt stößt man an die Grenzen einer solchen - isolierten - Gräberfeldanalyse. Um die Kenntnisse zu erweitern und auch um die gewonnenen Ergebnisse endgültig werten zu können, wäre ohne Zweifel ein intensiverer Vergleich mit anderen Gräberfeldern und weiteren Fundplätzen der beiden Kulturgruppen Tiszapolgár und Bodrogkeresztúr sowie benachbarter Kulturen von Nutzen. Durch die wenigen Verweise auf andere Gräberfelder, die in dieser Arbeit gegeben worden sind, hat sich bereits angedeutet, daß die Ergebnisse von Basatanya nur zum Teil Parallelen finden.

Am Gräberfeld von Basatanya selbst hat sich gezeigt - gerade durch die Gegenüberstellung der beiden Perioden -, wie sehr die Erkenntnismöglichkeiten über die 'sozialen Beziehungen' von dem gedanklichen Prinzip, in diesem Fall also von den Jenseitsvorstellungen, abhängen, die das Totenritual bestimmten. Daraus daß die Differenzierungen, die für Periode I innerhalb des männlichen Geschlechts festgestellt werden konnten (Aufnahme in die Welt der Erwachsenen, Führungsposition), in den Gräbern der Periode II nicht greifbar sind, ist sicher nicht zu schließen, daß es derartiges nicht mehr gegeben hat. Umgekehrt ist es aber positiv genausowenig nachzuweisen, so daß dies Fragen sind, über die das Gräberfeld keinen Aufschluß gibt und die damit für die bodrogkeresztúr-zeitliche Gemeinschaft offen bleiben müssen[253].

Was jedoch in beiden Perioden sehr deutlich zum Ausdruck kommt, ist die dominierende Rolle von Geschlecht und Alter für die Behandlung der Toten.

Allein die geringe Bevölkerungsgröße, die als wahrscheinlich angesehen werden kann, spricht dagegen, daß es in der Gemeinschaft von Basatanya *Differenzierungen* gegeben hat, die den Eigenschaften Geschlecht und Alter übergeordnet gewesen wären. Als grundsätzliche Alternative wäre eine Gliederung der Gemeinschaft in Familien oder familienähnliche Gruppen denkbar, die die soziale Position einer Person vorrangig bestimmt hätte. Damit soll nicht gesagt sein, daß der verwandtschaftliche Zusammenhang keine Rolle spielte. Dieser dürfte im Gegenteil das soziale Gefüge der Gemeinschaft zu einem wesentlichen Teil ausgemacht haben, es ist nur keine *Unterscheidung* zwischen solchen Gruppen zu erkennen. So fehlt auch jegliche Spur von einer Sonderbehandlung einzelner Kinder, die man als Indiz für die Vorrangstellung einer einzelnen Familie auffassen könnte[254]. Das Totenritual liefert selbst sogar positiv ein Anzeichen dafür,

---

Es soll hier nur angemerkt werden, daß in Tiszavalk-Kenderföld z.B. die gleichen Phänomene bez. der Verbindung mit der Tiszapolgár-Kultur zu beobachten sind, sich diese aber auf die Geschlechter anders verteilen. So sind dort die wenigen Schweineunterkiefer auf Männergräber beschränkt und darüberhinaus in Männergräbern mehrfach eine größere Anzahl von Gefäßen, darunter Fußgefäße, beigegeben. Andererseits gibt es in Tiszavalk-Kenderföld kaum Geräte in Frauengräbern. Die ideelle Bindung an die Vergangenheit war auch hier gegeben, aber der Anteil der Geschlechter an der Ausübung des Kultes scheint ein anderer gewesen zu sein. (Zum Vorkommen von Schweineunterkiefern in der Bodrogkeresztúr-Kultur vgl. Patay 1978a, 48f.)

253 In Tiszavalk-Kenderföld sind dagegen z.B. einige reich ausgestattete Männergräber vorhanden, die sich von den übrigen Männern relativ deutlich abheben (Patay 1978a, 56ff.).

254 Auch darin zeigt sich ein Unterschied zu Tiszavalk-Kenderföld (Patay 1978a, 57f.). Siehe dazu auch J. Lichardus 1983.

daß die Gemeinschaft nicht durch eine Gliederung in verschiedene Familien beherrscht wurde. Dieses besteht in der Tatsache, daß in der Änderung der Jenseitsvorstellungen zwischen Periode I und Periode II die Stellung der Geschlechter von entscheidender Bedeutung war. Wenn das Bewußtsein der Bestattungsgemeinschaft - insbesondere bei einem *Wandel* ihrer Jenseitsvorstellungen - davon so eindrücklich geprägt wurde, darf man annehmen, daß dies auch in der Realität bestimmend war.

An der Art, wie die Grabausstattungen und insgesamt die Behandlung der Toten mit Alter und Geschlecht verbunden sind, wird im übrigen nochmals deutlich, wie wenig angemessen die in der Einleitung angesprochenen Begriffe 'arm' und 'reich' für die Unterscheidungen wären, die aus den Gräbern für die Personen erschlossen werden können.

Das Totenritual des Gräberfeldes von Tiszapolgár-Basatanya scheint somit das Element, das *innerhalb* der Gemeinschaft die soziale Organisation bestimmte, zu erkennen zu geben: Persönliche Eigenschaften wie Geschlecht und Alter, verbunden z.B. mit körperlichen Fähigkeiten, bestimmten die Stellung des einzelnen in der Gemeinschaft.

LITERATURVERZEICHNIS

Acsádi/Nemeskéri 1970 — G. Acsádi und J. Nemeskéri, History of Human Life Span and Mortality (1970).

Bach 1978 — A. Bach, Neolithische Populationen im Mittelelbe-Saale-Gebiet. Zur Anthropologie des Neolithikums unter besonderer Berücksichtigung der Bandkeramiker (1978).

Binford 1971 — L.R. Binford, Mortuary practices: their study and their potential, in: 'Approaches to the Social Dimensions of Mortuary Practices' (Hrg.: J.A. Brown), Memoirs of the Society for American Archaeology 25 (American Antiquity 36) 1971, 6-29.

BK — I. Bognár-Kutzián, The Copper Age Cemetery of Tiszapolgár-Basatanya (1963).

Bognár-Kutzián 1966 — I. Bognár-Kutzián, Das Neolithikum in Ungarn, Arch. Austriaca 40, 1966, 249-280.

Bognár-Kutzián 1969 — I. Bognár-Kutzián, Probleme der mittleren Kupferzeit im Karpatenbecken, Stud. Zvesti AUSAV 17, 1969, 31-60.

Bognár-Kutzián 1972 — I. Bognár-Kutzián, The Early Copper Age Tiszapolgár Culture in the Carpathian Basin (1972).

Bruijn 1958/59 — A. Bruijn, Technik und Gebrauch der bandkeramischen Feuersteingeräte, Paleohistoria 6/7, 1958/59, 213-224.

Chapman 1977 — R.W. Chapman, Burial Practices: an Area of Mutual Interest, in: Archaeology and Anthropology: Areas of Mutual Interests (Hrg.: M. Spriggs), 1977, 19-33 (BAR Supplementary Series 19).

Christlein 1973 — R. Christlein, Besitzabstufungen zur Merowingerzeit im Spiegel reicher Grabfunde aus West- und Süddeutschland, Jahrb. RGZM 20, 1973, 147-180.

Eggers 1959 — H.J. Eggers, Einführung in die Vorgeschichte (1959).

Eliade 1984 — M. Eliade, Das Heilige und das Profane. Vom Wesen des Religiösen (1984).

Fiedel 1979 — S.J. Fiedel, Intra- and Intercultural Variability in Mesolithic and Neolithic Mortuary Practices in the Near East, (unpubl.) Phil. D. Pennsylvania (1979).

Gebühr 1975 — M. Gebühr, Versuch einer statistischen Auswertung von Grabfunden der römischen Kaiserzeit am Beispiel der Gräberfelder von Hamfelde und Kemnitz. Vergleich von anthropologischer Bestimmung und archäologischem Befund, Zeitschrift für Ostforschung 24, 1975, 433-456.

Georgiev 1961 — G.I. Georgiev, Kulturgruppen der Jungstein- und der Kupferzeit in der Ebene von Thrazien (Südbulgarien), in: L'Europe á la fin de l'âge de la pierre, Symposium Prag 1959, 45-100.

Georgiev 1976 — G.I. Georgiev, Das Spätneolithikum in Bulgarien im Licht der neuesten archäologischen Untersuchungen, in: Symposium Varna 1976, 68-78.

Hachmann 1956 — R. Hachmann, Zur Gesellschaftsordnung der Germanen in der Zeit um Christi Geburt, Arch. Geogr. 5, 1956, 7-24.

Hill/Evans 1972 — J.N. Hill u. R.K. Evans, A Model for Classification and Typology, in: D.L. Clarke (Hrg.), Models in Archaeology (1972), 231-273.

Hodson 1977 — F.R. Hodson, Qualifying Hallstatt: Some Initial Results, American Antiquity 42, 1977, 394-412.

Ivanov 1986 — I.S. Ivanov, Der kupferzeitliche Friedhof in Varna, in: Das erste Gold der Menschheit (Katalog zur Ausstellung), Freiburg 1986, 30-42.

Ivanov 1988 — I.S. Ivanov, Die Ausgrabungen des Gräberfeldes von Varna (1972-1986), in: Macht, Herrschaft und Gold. Das Gräberfeld von Varna (Bulgarien) und die Anfänge einer neuen europäischen Zivilisation (Katalog zur Ausstellung), Saarbrücken 1988, 49-66.

Kaczanowska/Lech 1977 — M. Kaczanowska/J. Lech, The Flint Industry of Danubian Communities North oh the Carpathians, Acta Arch. Carpathica 17, 1977, 5-28.

Kalicz 1958 — N. Kalicz, Rézkori stratigráfia Székely Község határában (Copper Age Stratigraphy in the Outskirts of the Village Székely), Arch. Ert. 85, 1958, 3-5 (6).

Kalicz 1985 — N. Kalicz, On the Chronological Problems of the Neolithic and Copper Age in Hungary, Mitt. d. Arch. Inst. d. Ungar. Akad. d. Wiss. 14, 1985, 21-51.

Kossack 1959 — G. Kossack, Südbayern während der Hallstattzeit, Röm.-Germ. Forsch. 24 (1959).

Kossack 1974 — G. Kossack, Prunkgräber, in: Studien zur vor- und frühgeschichtlichen Archäologie (Festschrift J. Werner), Teil 1, 1974, 3-33.

Kunter 1977 — M. Kunter, Kamid el-Loz, 4. Anthropologische Untersuchung der menschlichen Skelettreste aus dem eisenzeitlichen Friedhof, Saarbrücker Beiträge zur Altertumskunde 19 (1977).

J. Lichardus 1976 — J. Lichardus, Rössen - Gatersleben - Baalberge. Ein Beitrag zur Chronologie des mitteldeutschen Neolithikums und zur Entstehung der Trichterbecherkulturen, Saarbrücker Beiträge zur Altertumskunde 17 (1976).

J. Lichardus 1980 — J. Lichardus, Zur Bedeutung der Feuersteingewinnung in der jüngeren Steinzeit Mitteleuropas, in: 5000 Jahre Feuersteinbergbau (Katalog zur Ausstellung), Bochum 1980, 265-270.

J. Lichardus 1983 — J. Lichardus, Besprechung von "P. Patay, Das kupferzeitliche Gräberfeld von Tiszavalk-Kenderföld (1978)", in: Germania 61, 1983, 603-606.

M. Lichardus 1980 — M. Lichardus, Silexknollen als Beigaben in Gräbern der frühkupferzeitlichen Tiszapolgár Kultur, in: 5000 Jahre Feuersteinbergbau (Katalog zur Ausstellung), Bochum 1980, 279-283.

Makkay 1976 — J. Makkay, Problems concerning Copper Age Chronology in the Carpathian Basin, Acta Arch. Hung. 28, 1976, 251-300.

Marazov 1988 — I. Marazov, Tod und Mythos. Überlegungen zu Varna, in: Macht, Herrschaft und Gold. Das Gräberfeld von Varna (Bulgarien) und die Anfänge einer neuen europäischen Zivilisation (Katalog zur Ausstellung), Saarbrücken 1988, 67-78.

Meyer-Orlac 1982 — R. Meyer-Orlac, Mensch und Tod: archäologischer Befund, Grenzen der Interpretation (1982).

Nemeskéri 1961 — J. Nemeskéri, Der äneolithische und kupferzeitliche Mensch in Ungarn, in: V. Intern. Kongreß für Vor- und Frühgeschichte, Hamburg 1958 (1961), 599-601.

Patay 1957 — P. Patay, Rézkori temetö Tiszakezin (Gräberfeld aus der Kupferzeit bei Tiszakeszi), Evkönyve Herman Ottó Muz. 1, 1957, 31-44 (40).

Patay 1964/65 — P. Patay, Vorläufiger Bericht der Ausgrabung des kupferzeitlichen Gräberfeldes von Magyarhomorog, Evkönyve Szeged 1964/65, 2, 11-23.

Patay 1970 — P. Patay, A javarézkor néhány etnikai és idörendi kérdéséröl (Some Ethnical and Chronological Problems of the Middle Copper Age), Folia Arch. 21, 1970, 7-24 (25-26).

Patay 1974 — P. Patay, Die hochkupferzeitliche Bodrog-keresztúr-Kultur, Ber. RGK 55, 1974, 1-73.

Patay 1975 — P. Patay, A magyarhomorogi rézkori temetö (Das kupferzeitliche Gräberfeld von Magyarhomorg), Evkönyve Debrecen 1975, 173-249 (251-254).

Patay 1976 — P. Patay, Les matières premières lithique de l'âge du cuivre en Hongrie, Acta Arch. Carpathica 16, 1976, 229-237.

Patay 1978a — P. Patay, Das kupferzeitliche Gräberfeld von Tiszavalk-Kenderföld (1978).

Patay 1978b — P. Patay, A Tiszavalk-tetesi rézkori temetö és telep (Kupferzeitliches Gräberfeld und Siedlung von Tiszavalk-Tetes), Folia Arch. 29, 1978, 21-57 (58).

Patay 1979 — P. Patay, A Tiszavalk-tetesi rézkori temetö és telep (Kupferzeitliches Gräberfeld und Siedlung von Tiszavalk-Tetes), Folia Arch. 30, 1979, 27-50 (51-53).

Patay 1980 — P. Patay 1980, Das kupferzeitliche Gräberfeld von Tiszavalk-Kenderföld (1978).

Prytz Johansen 1971 — J. Prytz Johansen, Primitive Religionen II, I. Der Kult, in: Handbuch der Religionsgeschichte (Hrg.: J.P. Asmussen u. J. Laessoe), Band 1 (1971), 55-151.

Renfrew 1986 — C. Renfrew, Varna und der soziale Kontext früher Metallurgie, in: Das erste Gold der Menschheit (Katalog zur Ausstellung), Freiburg 1986, 43-50.

RGA[2] — J. Hoops, Reallexikon der Germanischen Altertumskunde. 2. Auflage.

Shennan 1975 — S. Shennan, The social organization at Branc, Antiquity 49, 1975, 279-288.

Sherratt 1976 — A. Sherratt, Resources, technology and trade: an essay in early European metallurgy, in: G. de G.

Sieveking u.a. (Hrg.), Problems in Economic and Social Archaeology (1976), 557-581.

Šiška 1964 — S. Šiška, Pohrebisko tiszapolgárskej kultury v Tibave (Gräberfeld der Tiszapolgár-Kultur in Tibava). Slov. Arch. 12-2, 1964, 293-351 (352-356).

Skomal 1980 — S. Nacev-Skomal, The Social Organization of the Tiszapolgár Group at Basatanya - Carpathian Basin Copper Age, The Journal of Indo-European Studies 8, Nr. 1/2, 1980, 75-91.

Stehli 1973 — P. Stehli, Keramik, in: J.P. Farrugia, R. Kuper, J. Lüning, P. Stehli, Der bandkeramische Siedlungsplatz Langweiler 2 (1973), 57-100.

Steuer 1982 — H. Steuer, Frühgeschichtliche Sozialstrukturen in Mitteleuropa. Eine Analyse der Auswertungsmethoden des archäologischen Quellenmaterials (1982).

Symposium Varna 1976 — Die Nekropole in Varna und die Probleme des Chalkolithikums, Internationales Symposium Varna 1976 (1979).

Todorova 1976 — H. Todorova, Das Spätäneolithikum an der westlichen Schwarzmeerküste, in: Symposium Varna 1976, 136-145.

Todorova 1978 — H. Todorova, Die Nekropole bei Varna und die sozialökonomischen Probleme am Ende des Äneolithikums Bulgariens, ZfA 12, 1978, 87-98.

Ucko 1969 — P.J. Ucko, Ethnography and archaeological interpretation of funerary remains, World Archaeology 1, 1969, 262-280.

Uerpmann 1976 — M. Uerpmann, Zur Technologie und Typologie neolithischer Feuersteingeräte (1976).

Willms 1983 — C. Willms, Obsidian im Neolithikum und Äneolithikum Europas. Ein Überblick, Germania 61, 1983, 327-351.

VERZEICHNIS DER ABBILDUNGEN

Allgemeines

Zu Kapitel II - Keramik/Chronologie

Zu Kapitel IIIa - Keramik/funktionale Gliederung

Keramik-Listen

Zu Kapitel IIIa - Die einzelnen Elemente des Totenrituals (außer Keramik)

T A F E L N

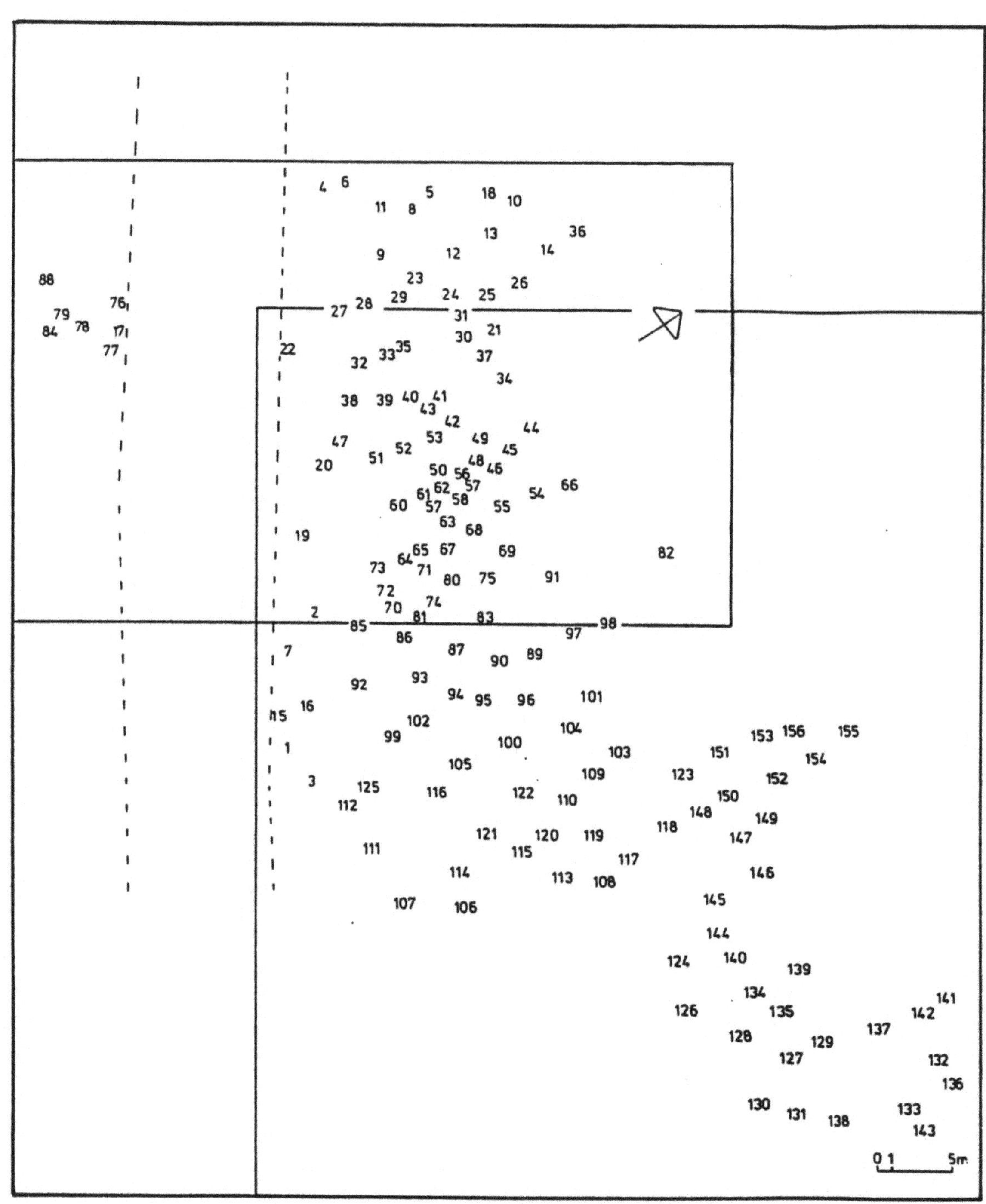

Karte 1: Gräberfeldplan

mit westlichem und östlichem Gräberfeldausschnitt

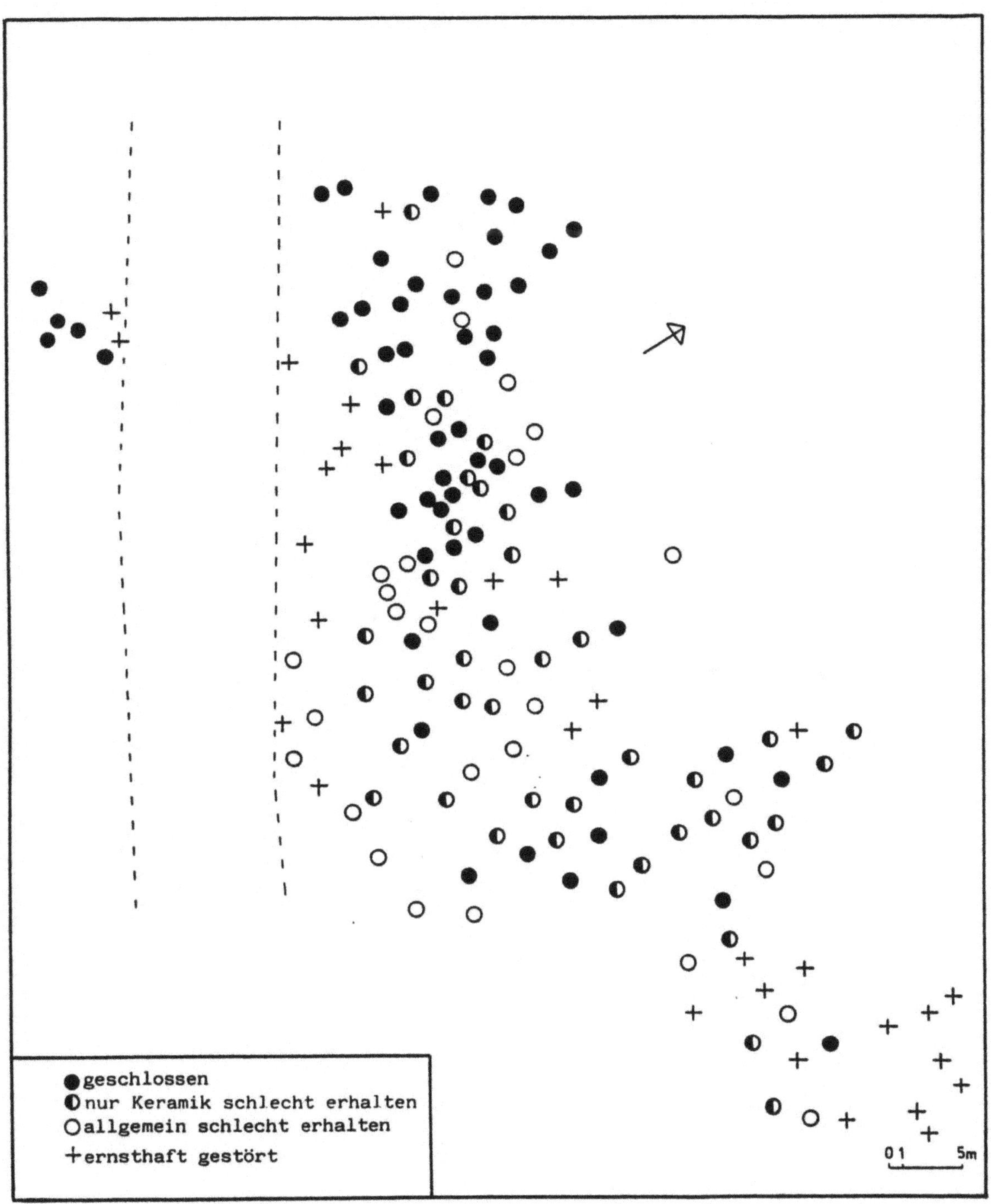

Karte 2: Erhaltungszustand der Gräber

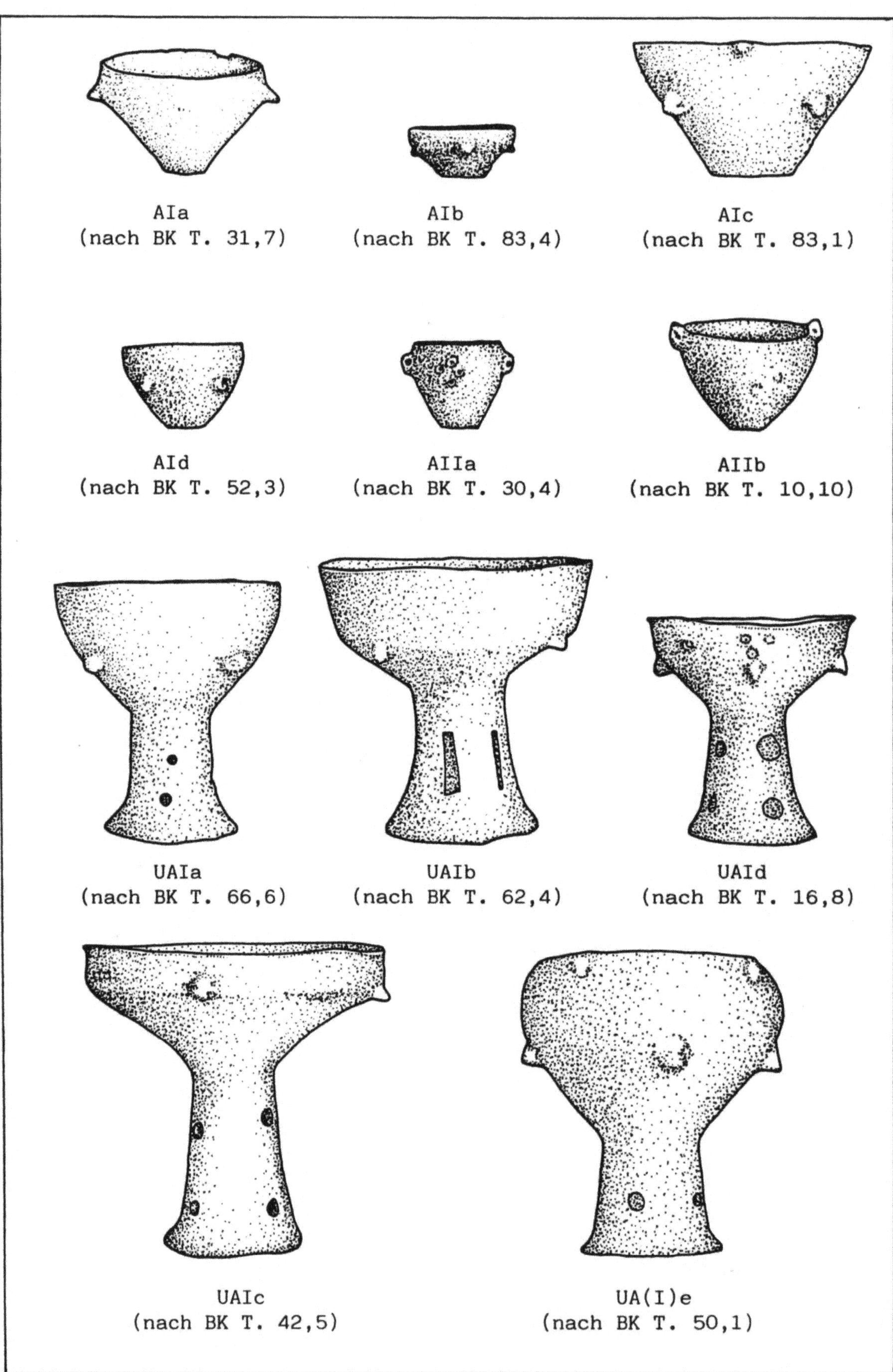

Tafel 1: Keramik - Profiltypen

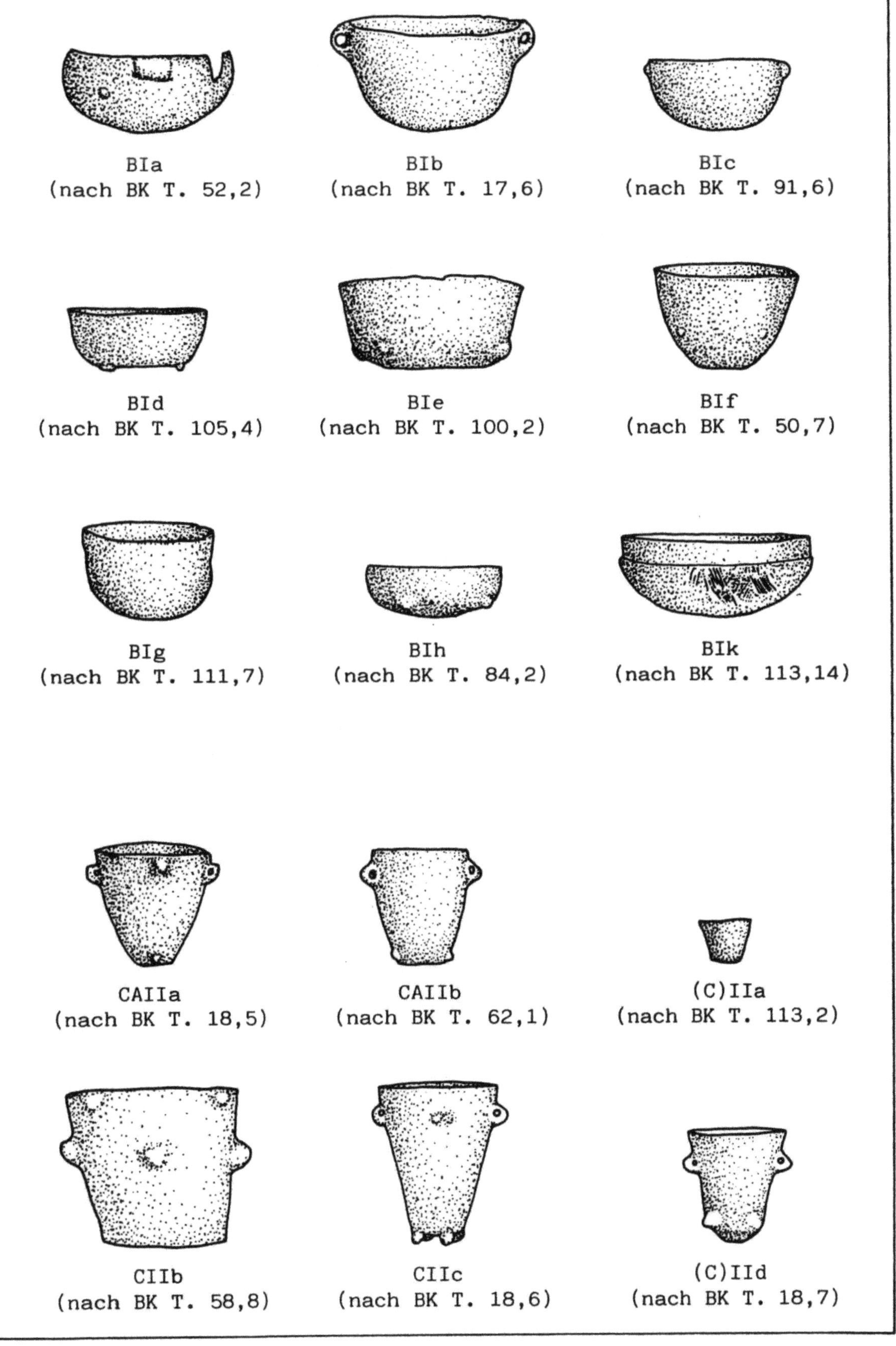

Tafel 2: Keramik - Profiltypen

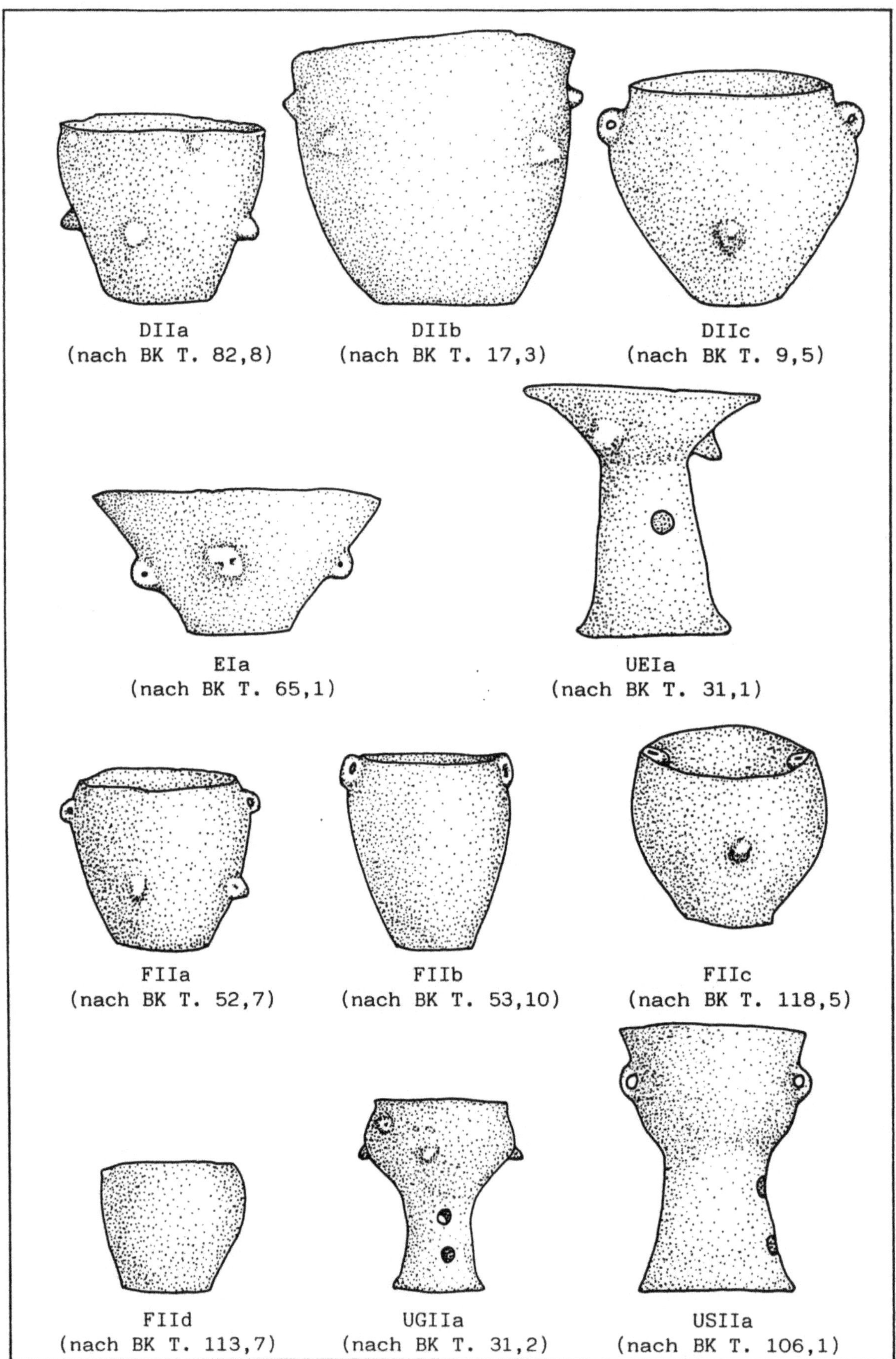

Tafel 3: Keramik - Profiltypen

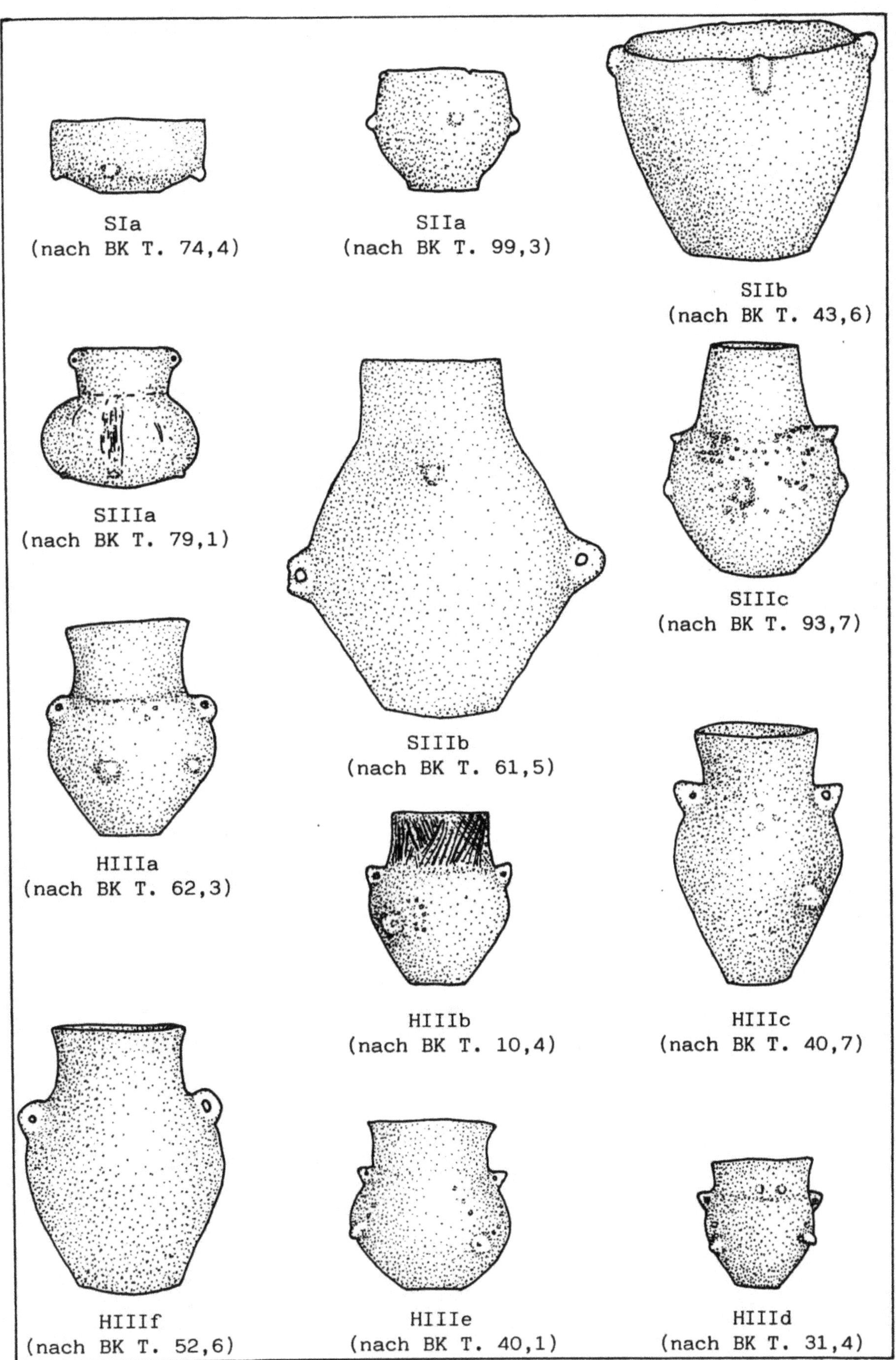

Tafel 4: Keramik - Profiltypen

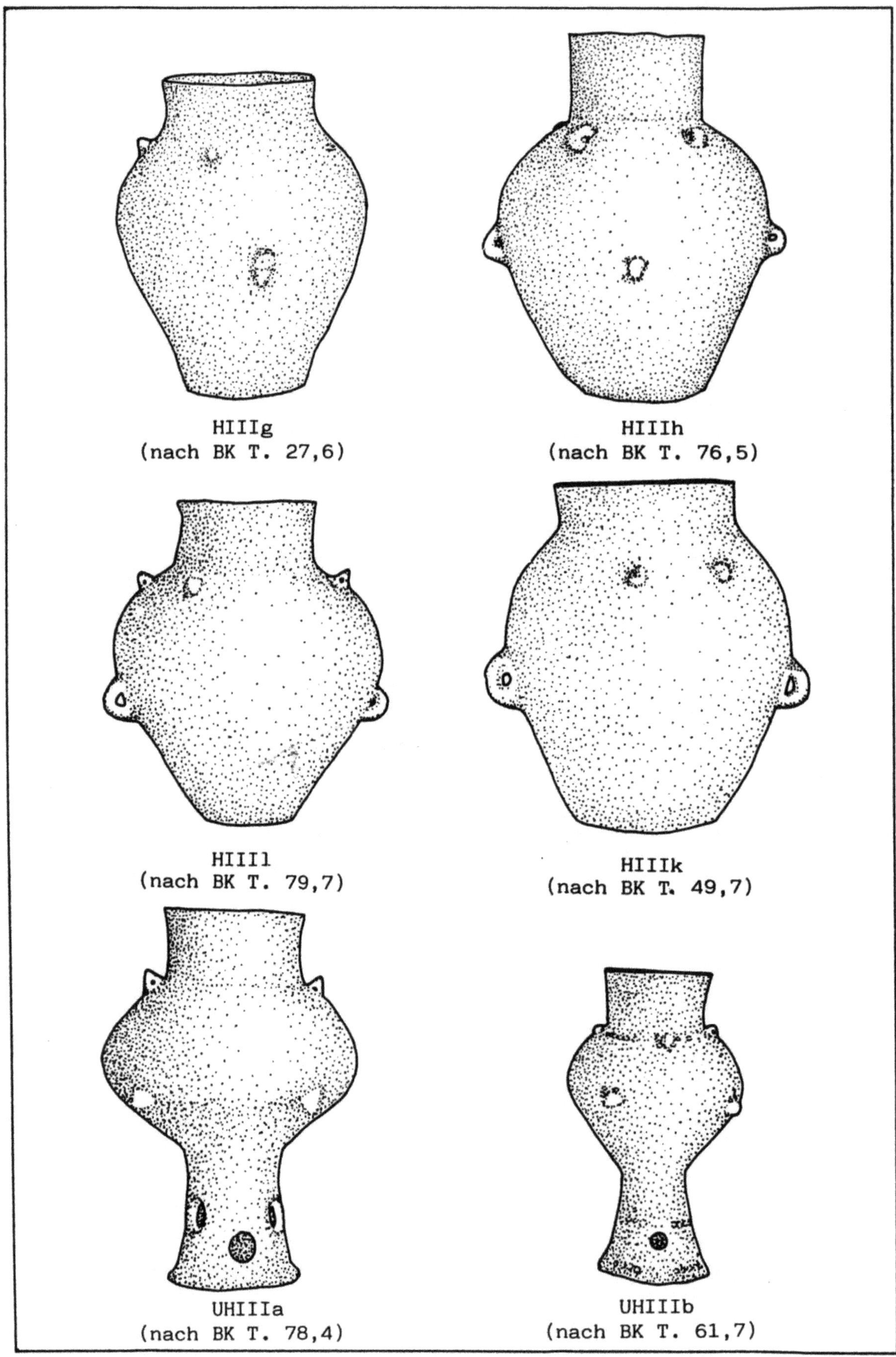

Tafel 5: Keramik - Profiltypen

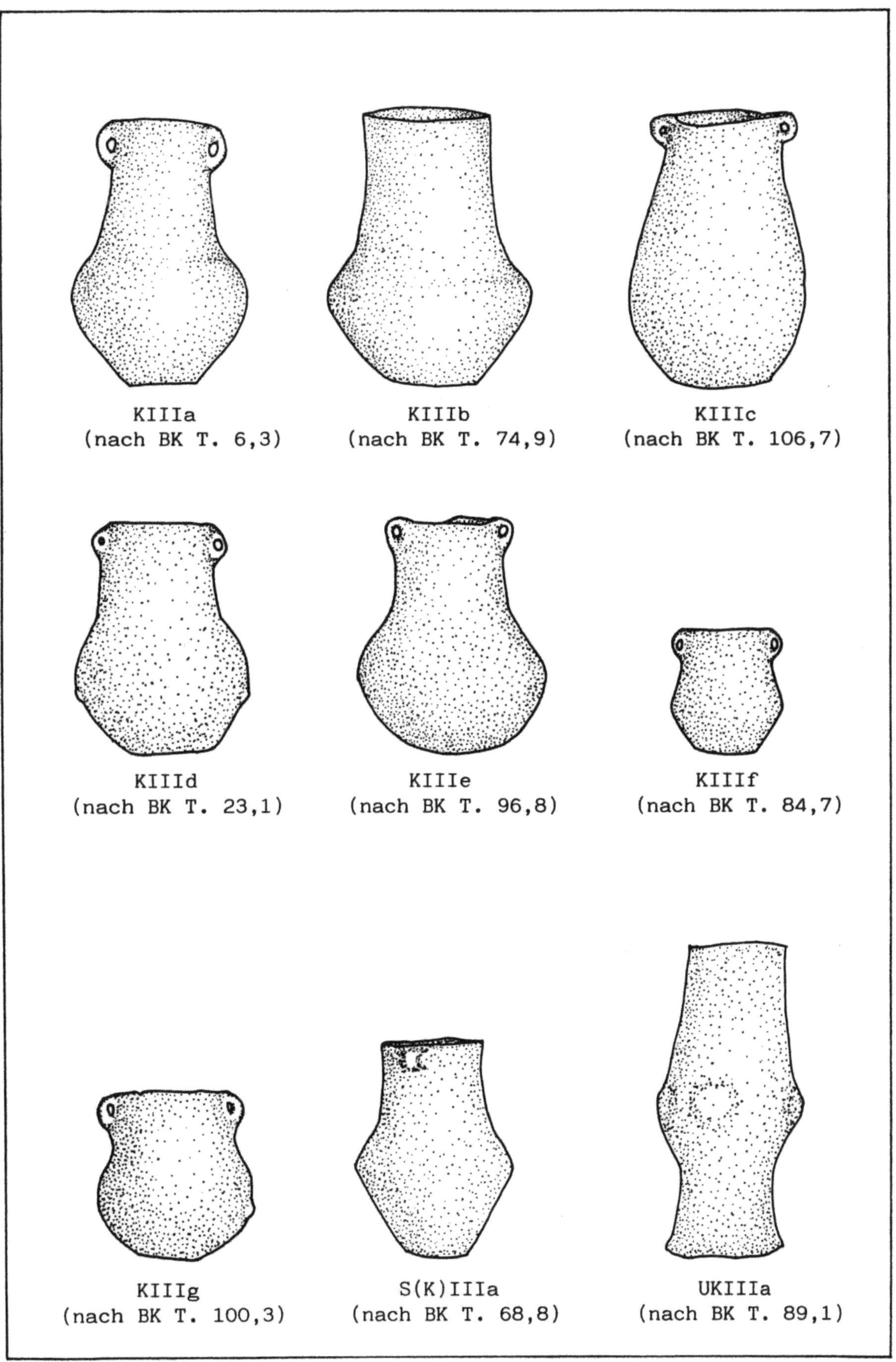

Tafel 6: Keramik - Profiltypen

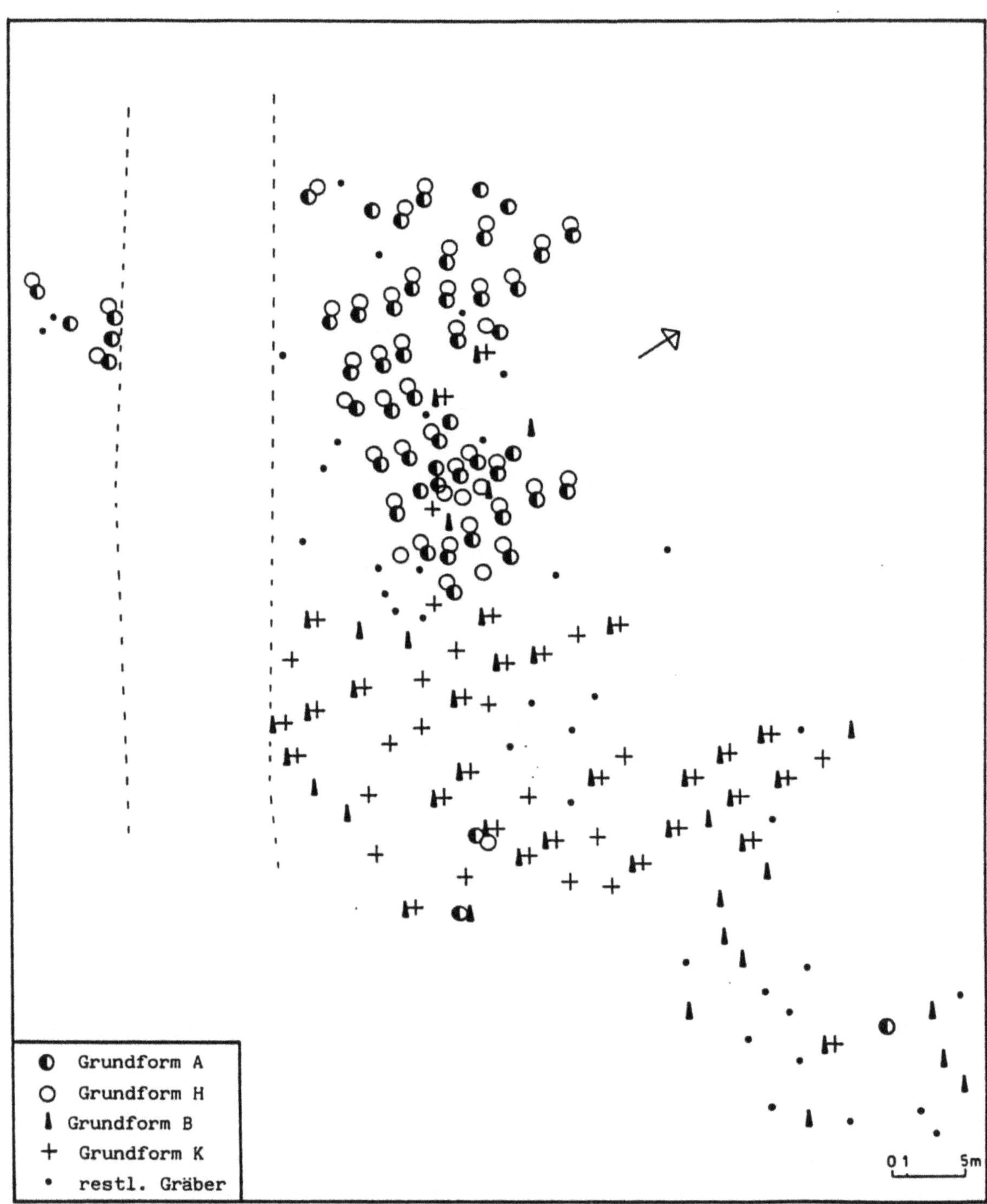

Karte 3: Verbreitung der Keramik-Profilgrundtypen

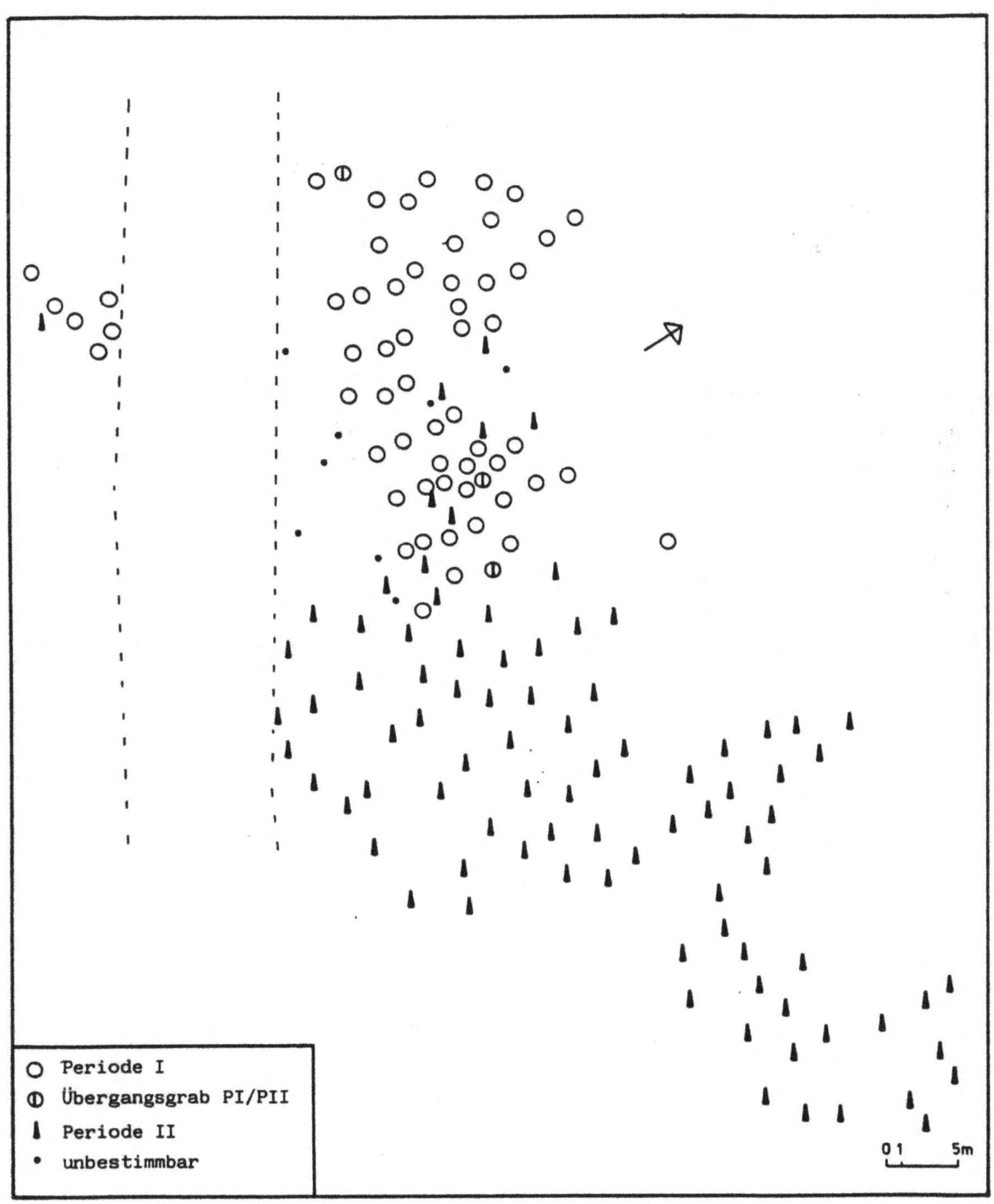

Karte 4: Trennung der Perioden I und II

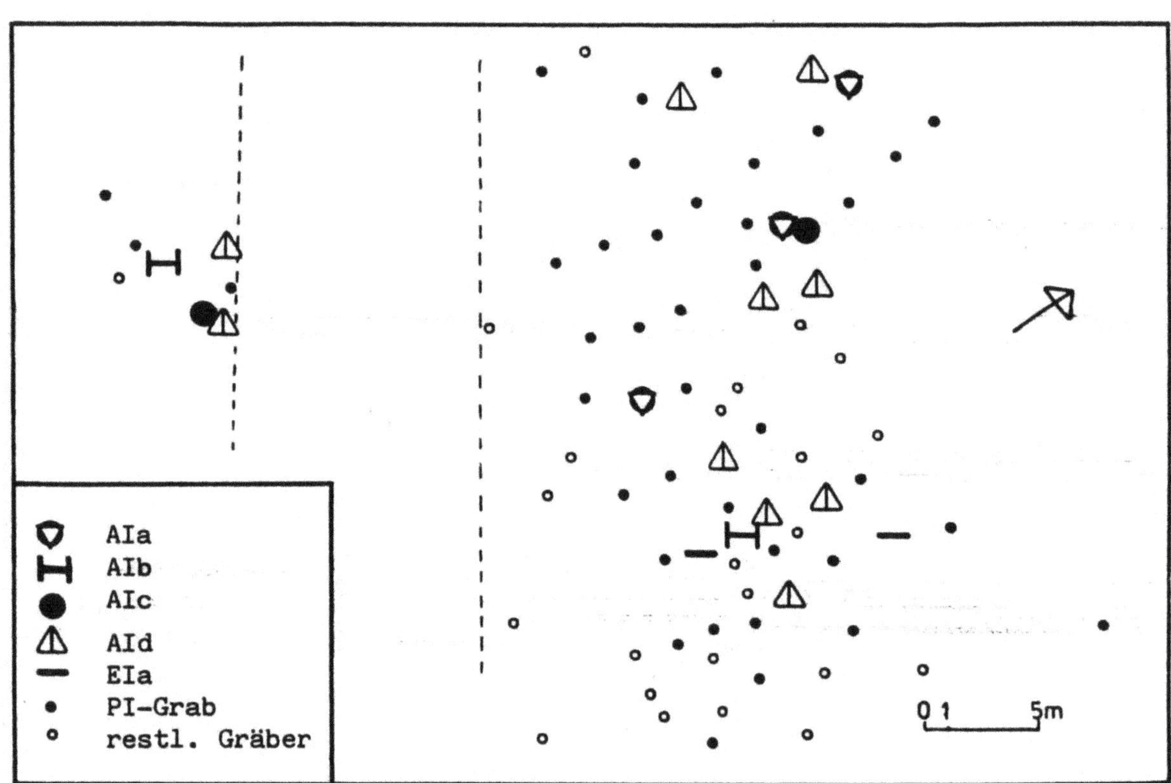

Karte 5: Keramik-Profiltypen (westl. Gräberfeldausschnitt)

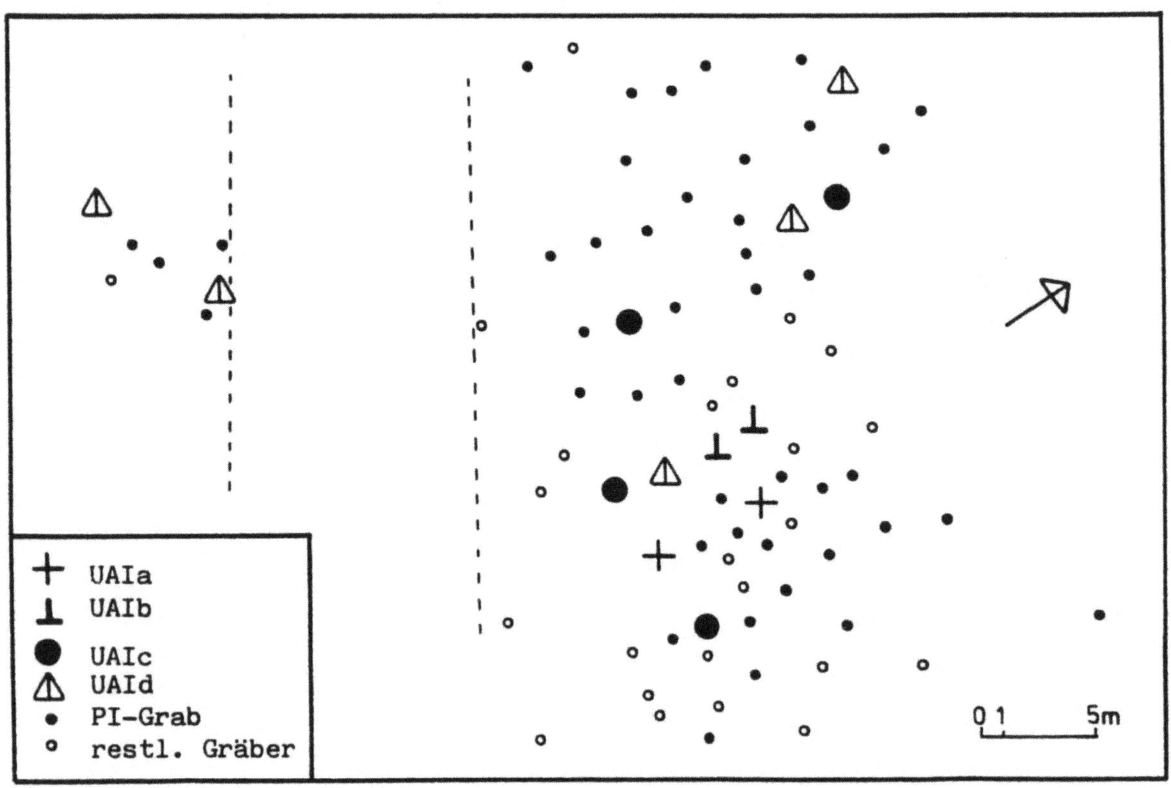

Karte 6: Keramik-Profiltypen (westl. Gräberfeldausschnitt)

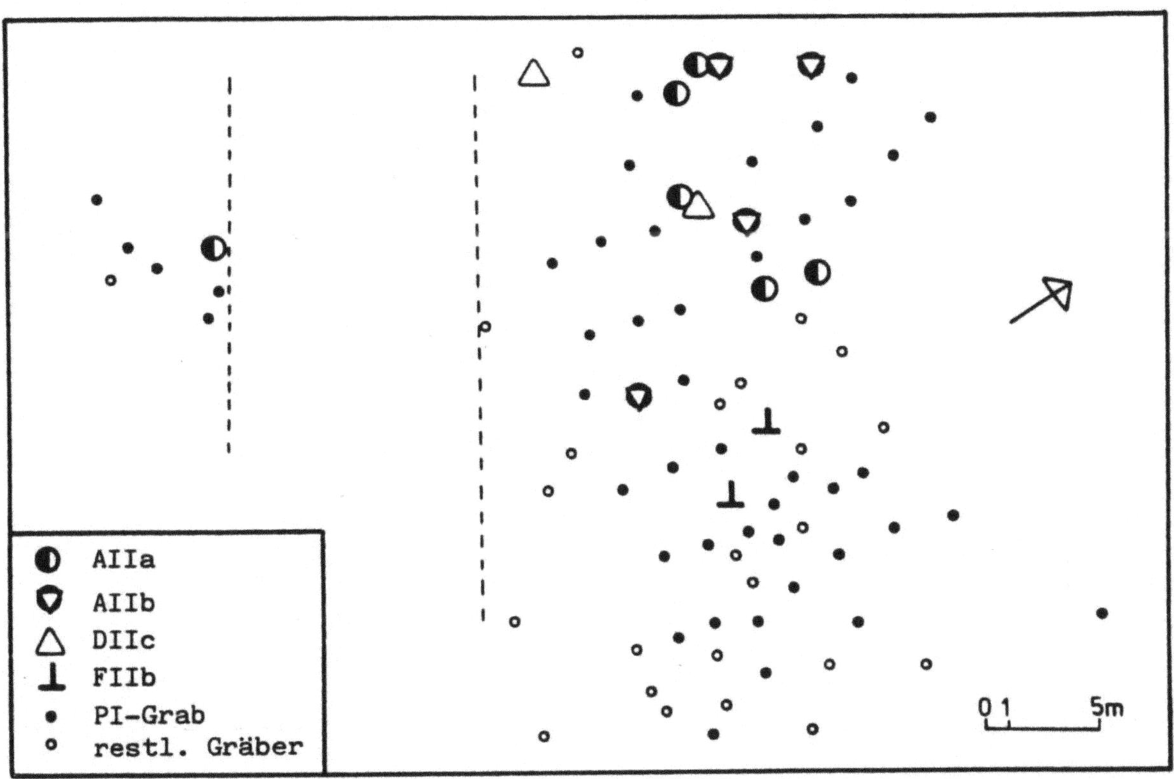

Karte 7: Keramik-Profiltypen (westl. Gräberfeldausschnitt)

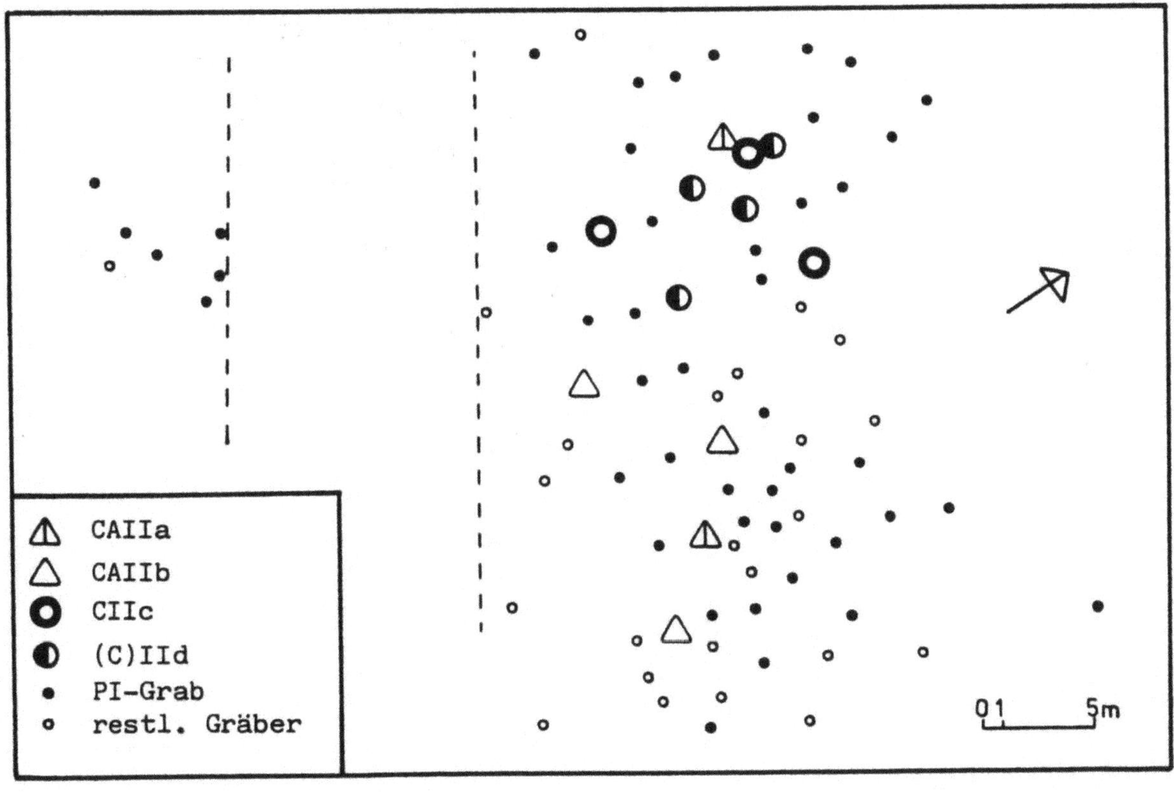

Karte 8: Keramik-Profiltypen (westl. Gräberfeldausschnitt)

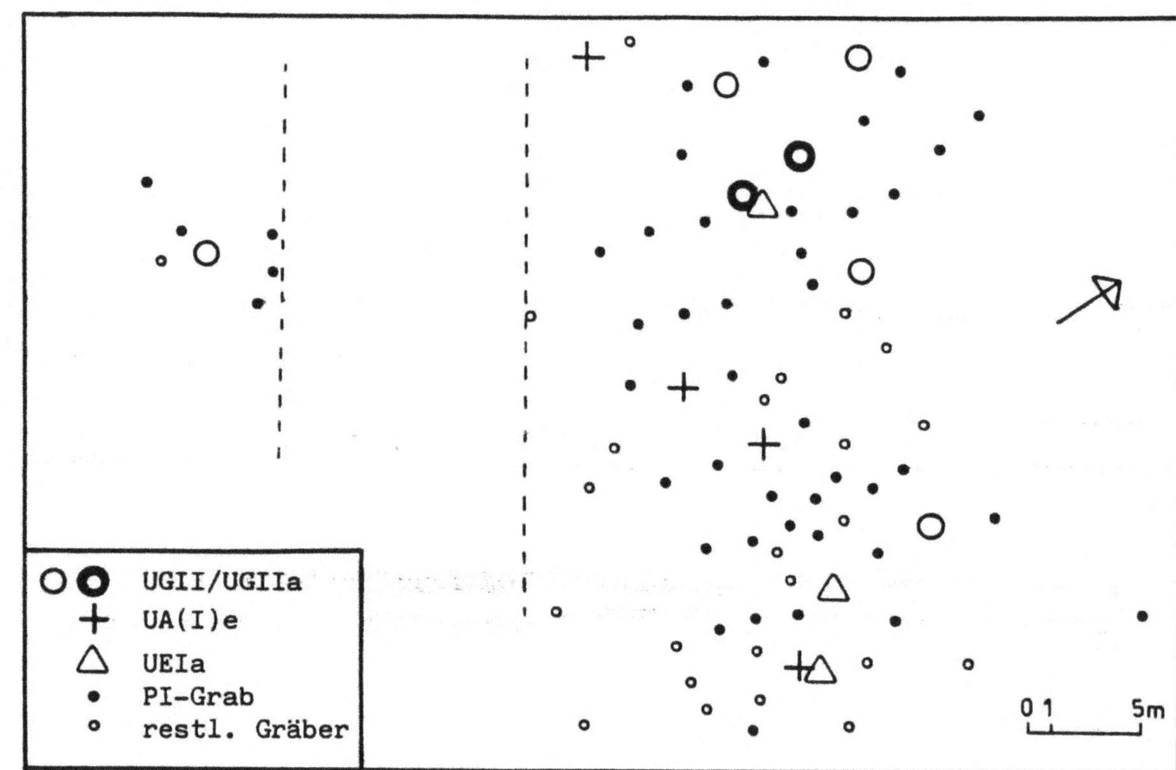

Karte 9: Keramik-Profiltypen (westl. Gräberfeldausschnitt)

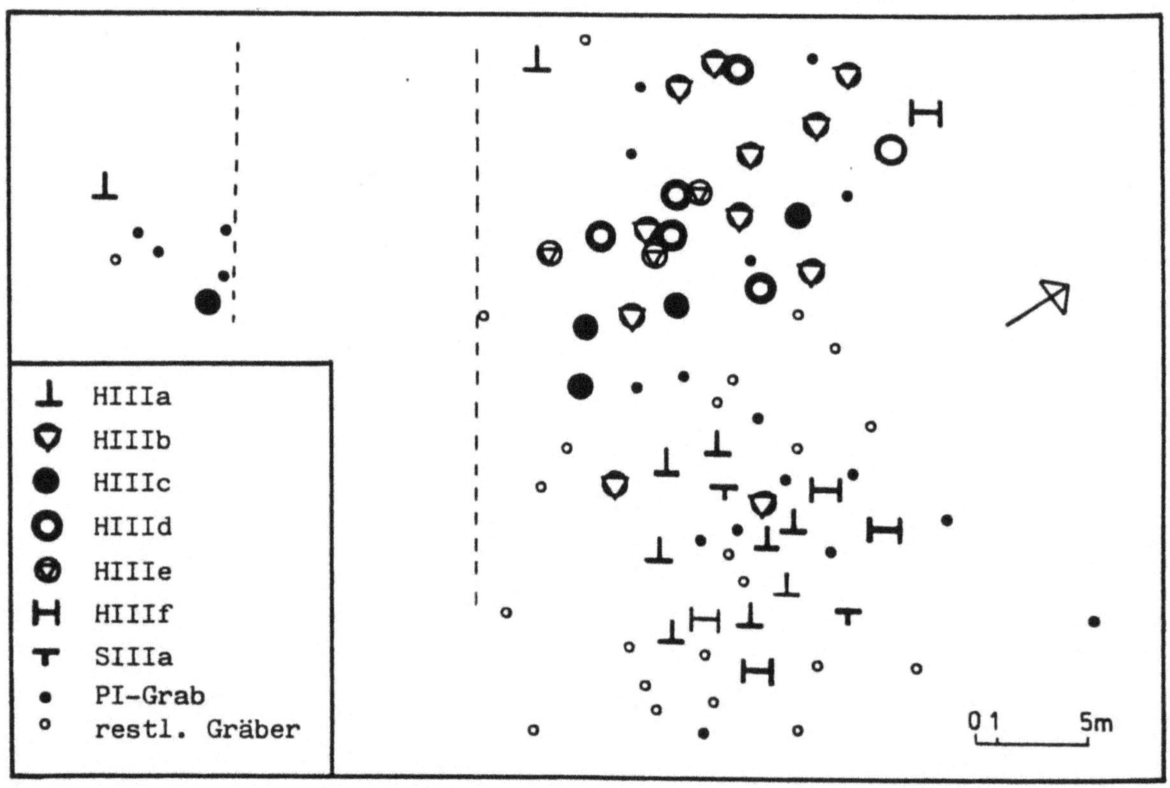

Karte 10: Keramik-Profiltypen (westl. Gräberfeldausschnitt)

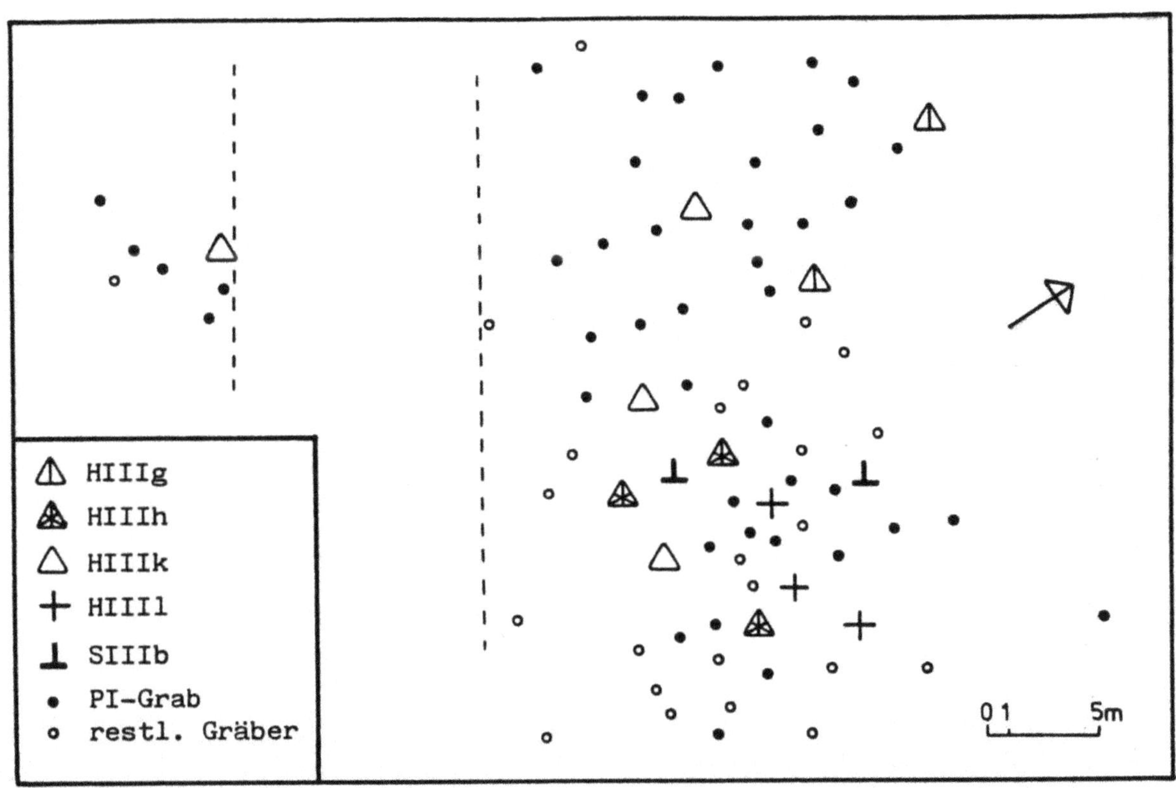

Karte 11: Keramik-Profiltypen (westl. Gräberfeldausschnitt)

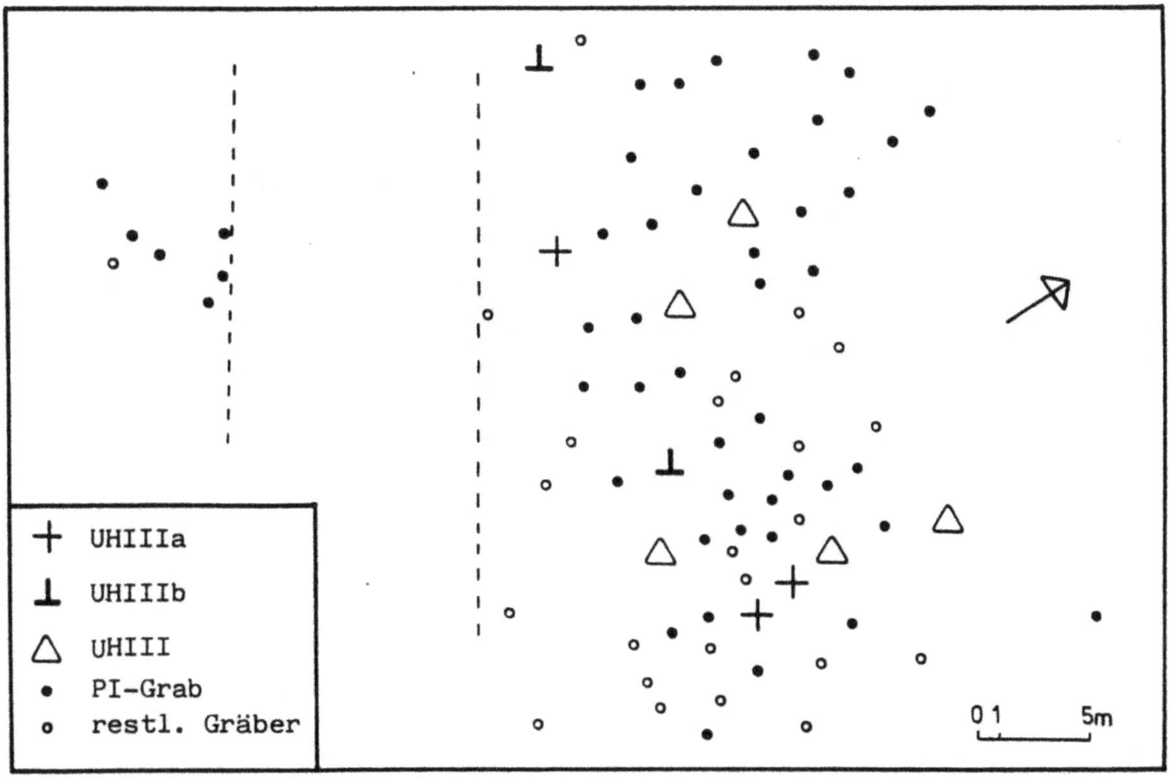

Karte 12: Keramik-Profiltypen (westl. Gräberfeldausschnitt)

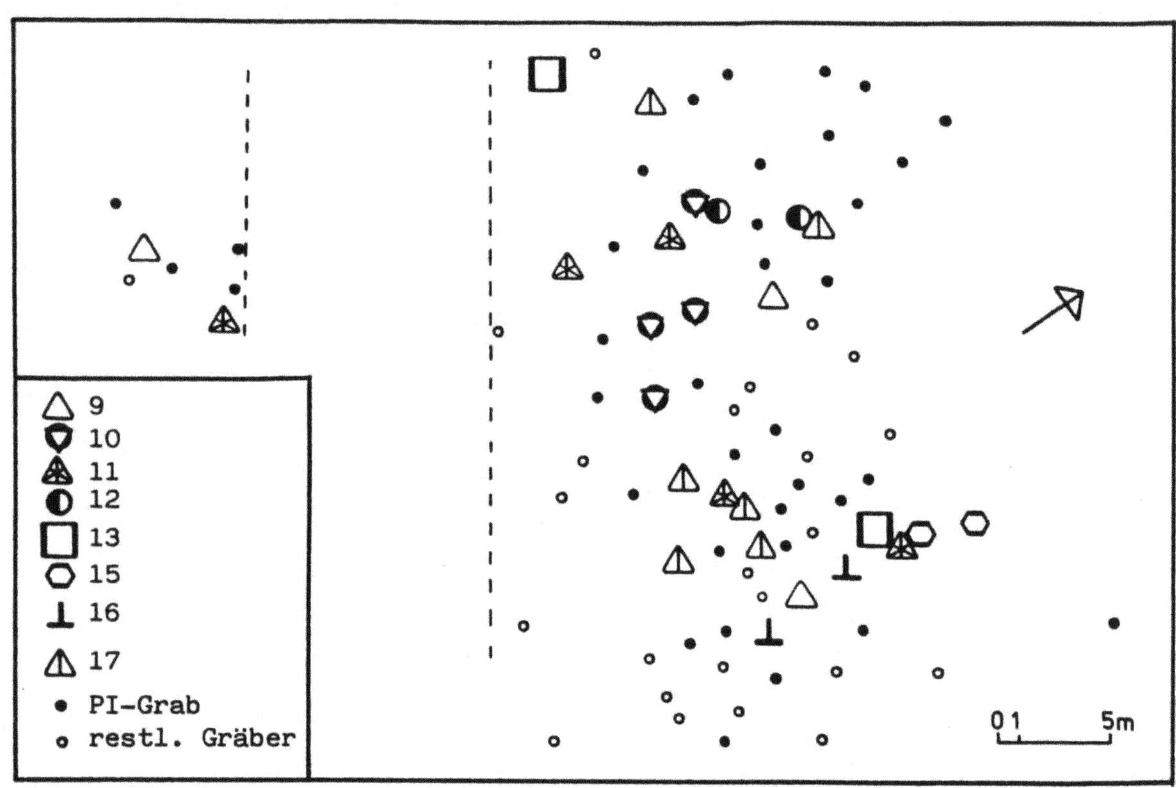

Karte 13: Keramik-Handhabungstypen (westl. Gräberfeldausschnitt)

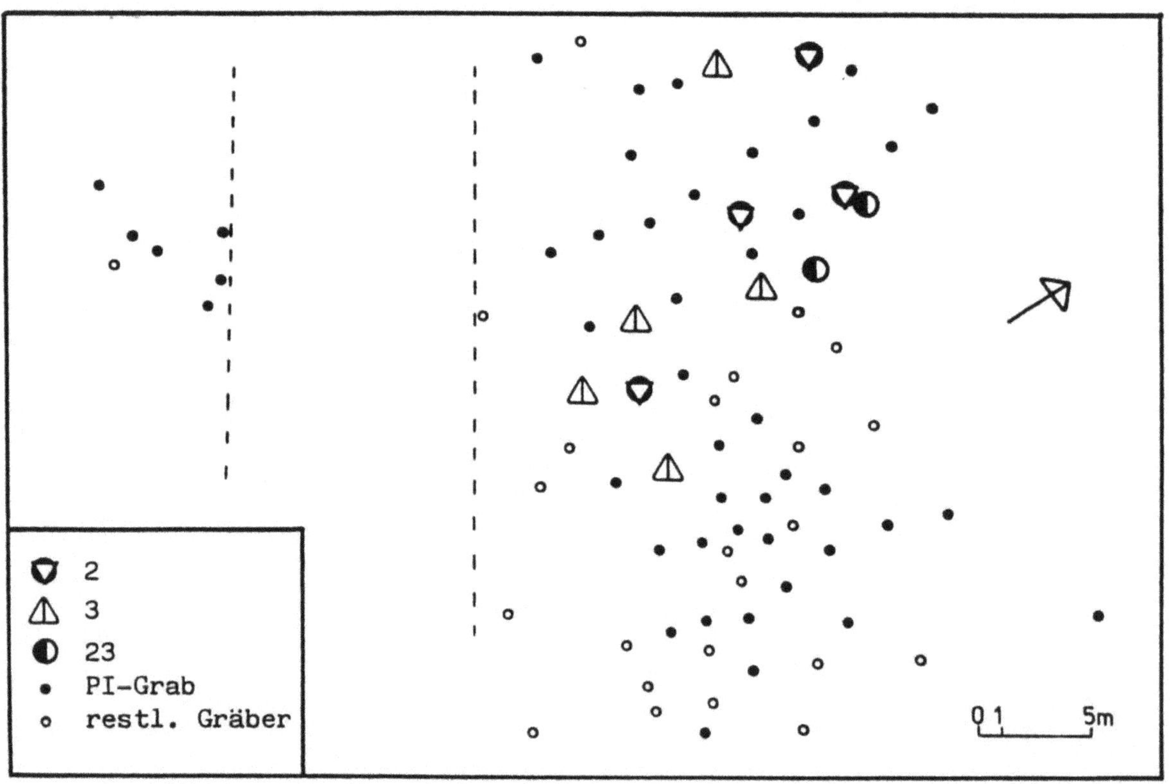

Karte 14: Keramik-Handhabungstypen (westl. Gräberfeldausschnitt)

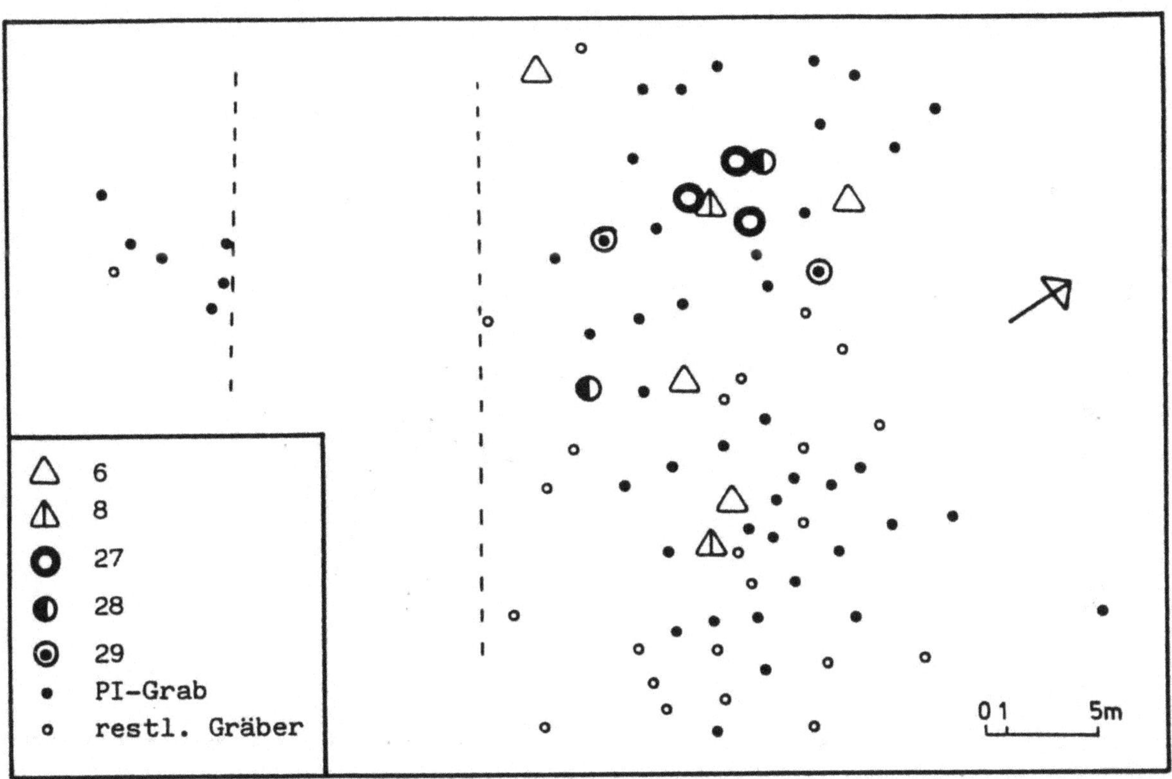

Karte 15: Keramik-Handhabungstypen (westl. Gräberfeldausschnitt)

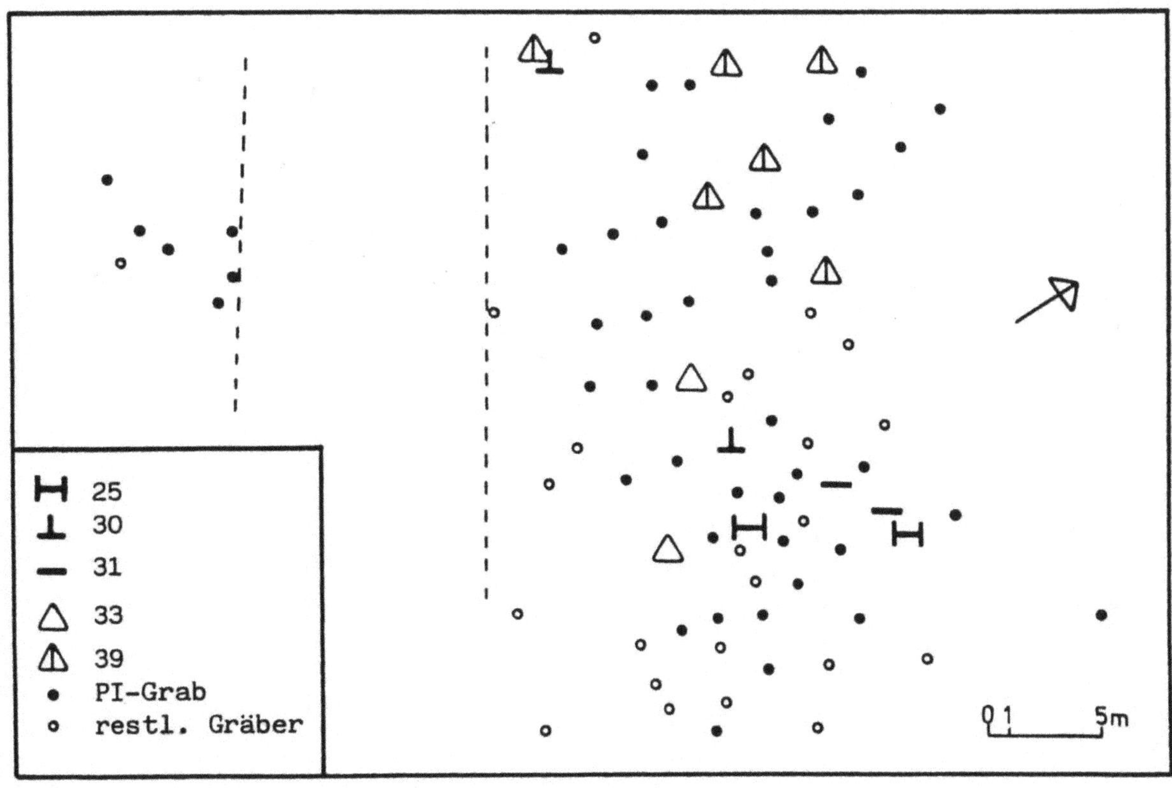

Karte 16: Keramik-Handhabungstypen (westl. Gräberfeldausschnitt)

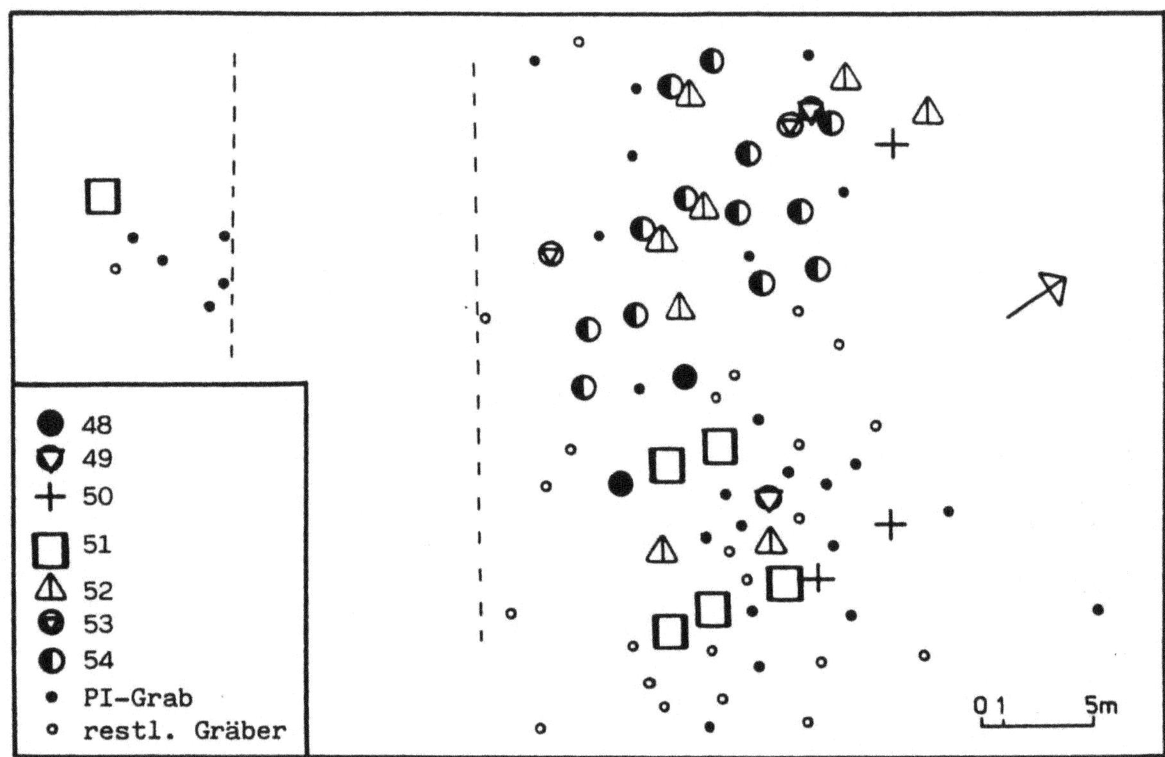

Karte 17: Keramik-Handhabungstypen (westl. Gräberfeldausschnitt)

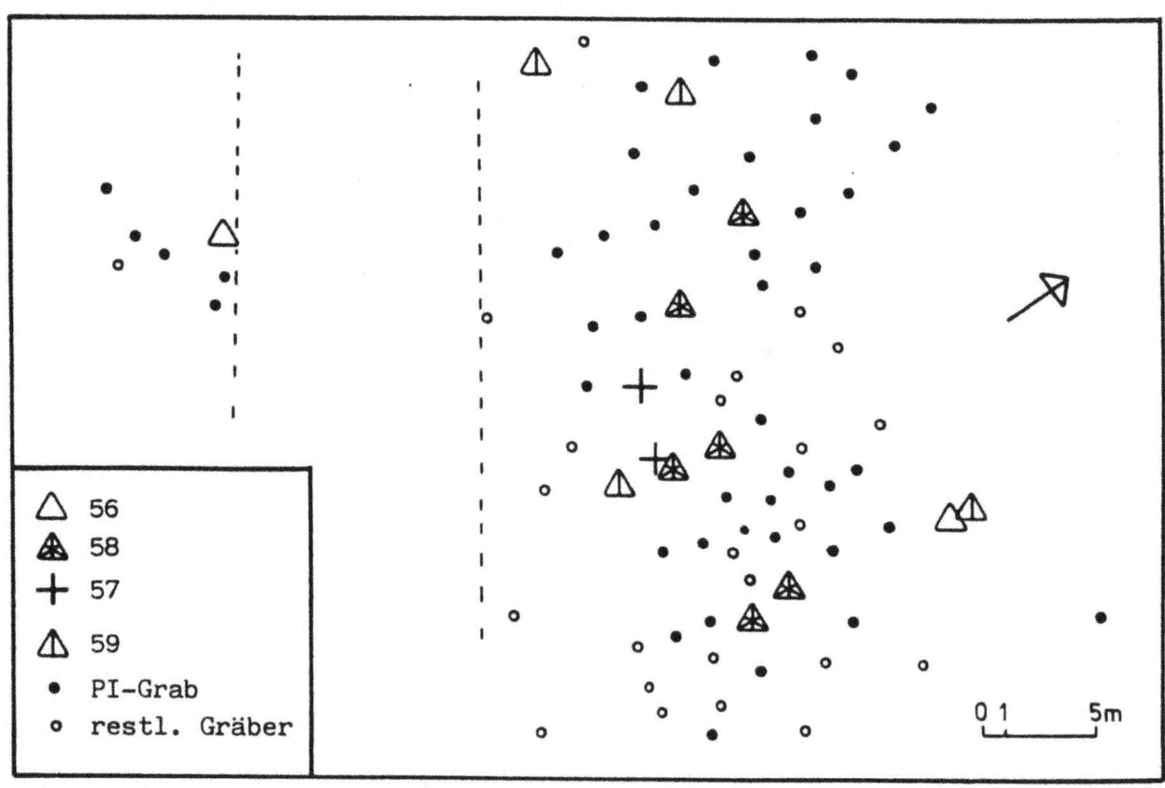

Karte 18: Keramik-Handhabungstypen (westl. Gräberfeldausschnitt)

Tabelle 1a: Kombinationstabelle Periode I

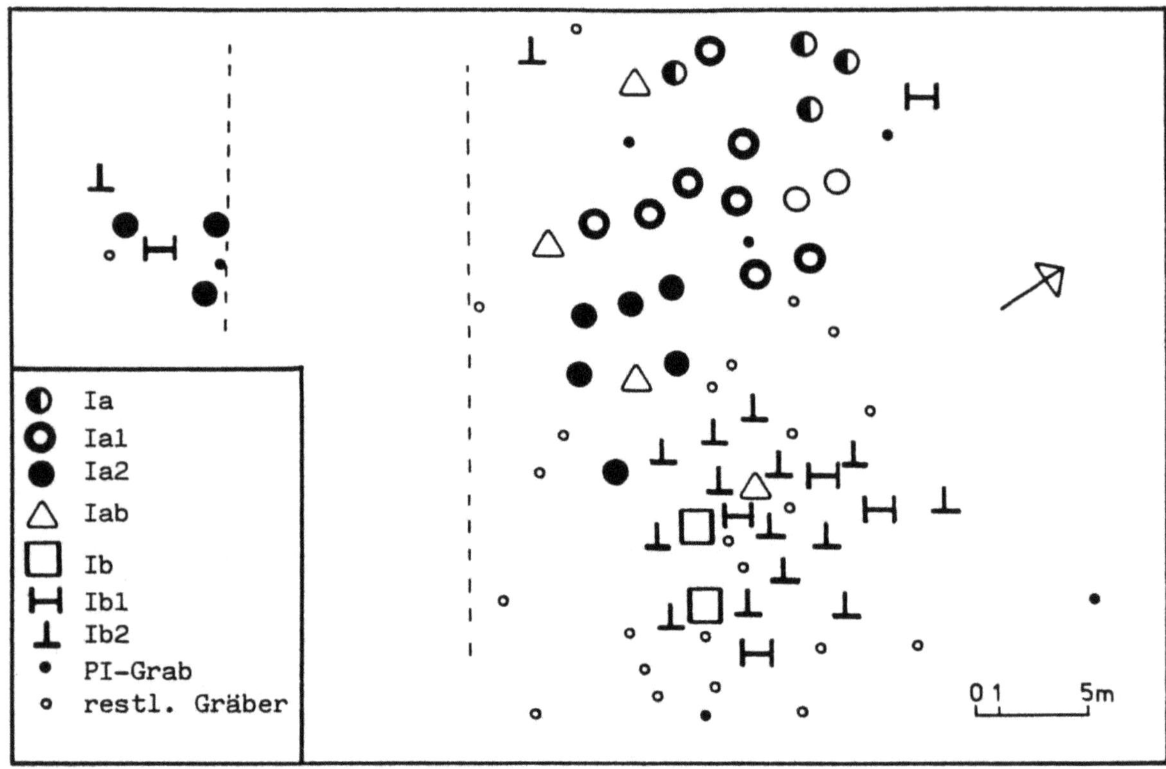

Karte 19: Ergebnis der Kombinationstabelle - Periode I
(westl. Gräberfeldausschnitt)

Zeichenerklärung für die Kombinationstabellen
(vorangehende Seite und S. 126):

● ▲ Profiltyp/Handhabungstyp - auf die Periode beschränkt

○ △ Profiltyp/Handhabungstyp - durchlaufend beide Perioden

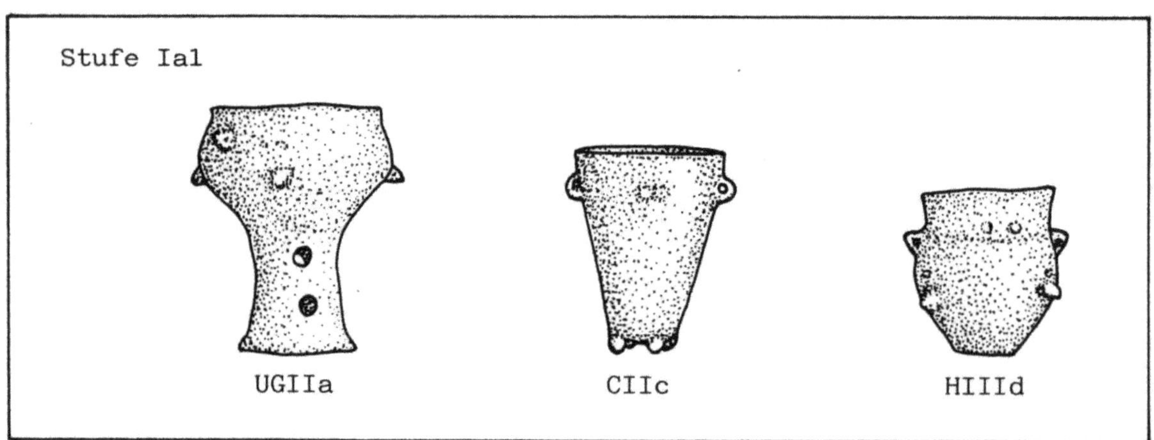

Tafel 7 Anfang: Kennzeichnende Profiltypen der Periode I

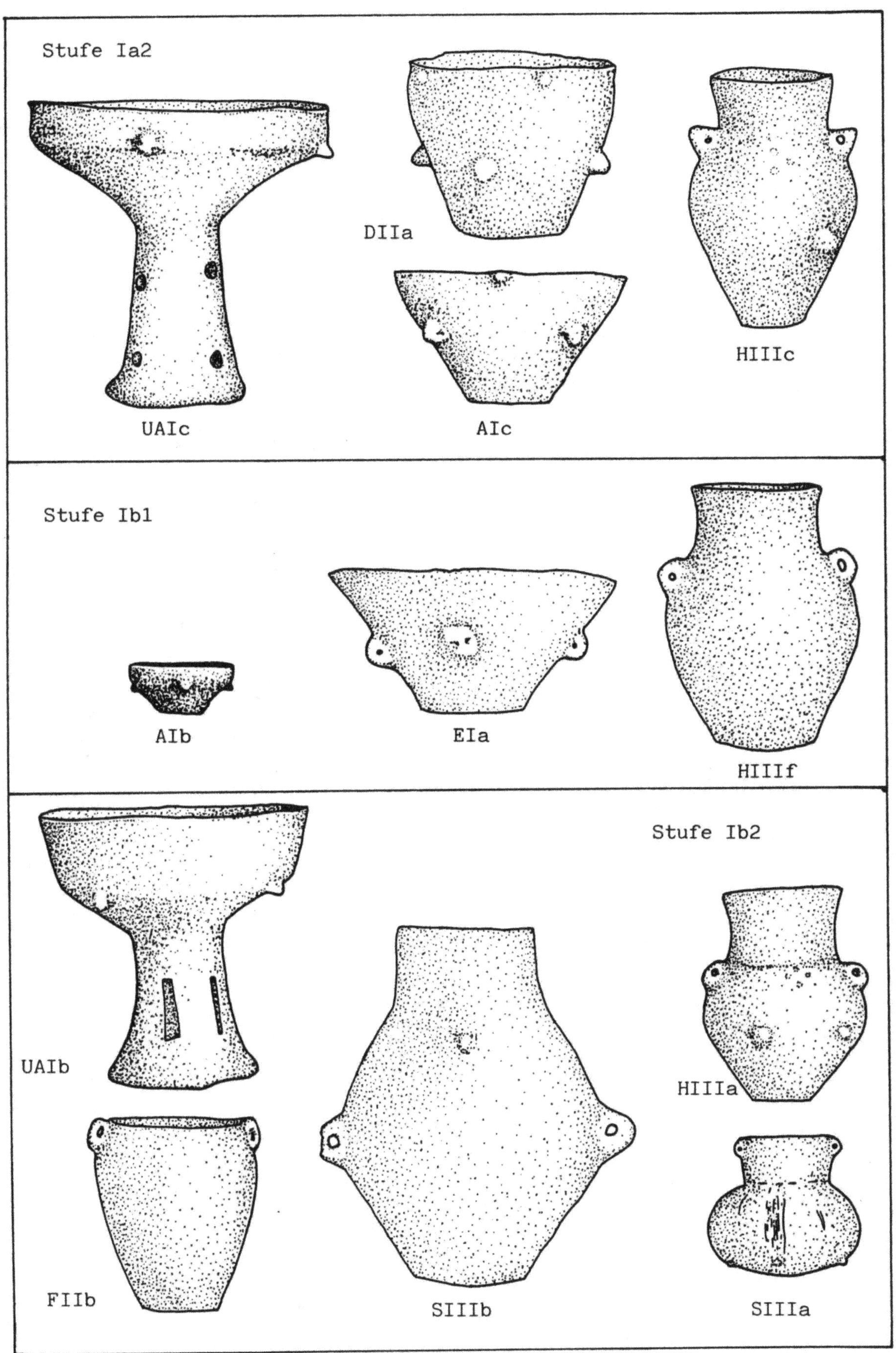

Tafel 7 Schluß: Kennzeichnende Profiltypen der Periode I

Gefäß-nummer	Gefäß-profil						Handhabung										Verzier. -technik					Wandungs -stärke			Oberflächen-behandlung										
	HIIId	HIIIb	HIIIe	HIIIc	HIIIf	HIIIa	54: 2Hs-3/4Ks-5	53: 2Hrs-3/4Ks-5	49: 2Hrs-3/2K-4/5	48: 2Hs-3/2K-4/5	45: 2Hr-4	44: 2Hs-3	50: 2Hr-3/2Krs-4/5	51: 2Hr-3/4Kr-5	52: 2Hs-3/4Krs-5	Sonderform	Punktverzg.	Kreisverzg.	Punkt- u. Kreisverzg.	Punkt- u. Ritzverzg.	Sonderform	sehr dünn	dünn	mittel	wenig geglättet	außen geglättet	geglättet	wenig geglättet+poliert	gegl., außen wenig poliert	wenig gegl., außen poliert	außen geglättet+poliert	geglättet, außen poliert	wenig geglättet, poliert	außen geglättet, poliert	geglättet+poliert außen poliert
28,4	●															●							●						●						
24,7		●					●											●																	
29,3	●														●									●	●										
29,2		●					●										●						●									●			
29,1			●				●										●						●									●			
12,10		●					●																●												●
23,13	●						●																●									●			
30,2	●						●										●						●									●			
5,5	●										●												●			●									
5,4		●					●													●			●				●								
21,4		●					●																	●											●
13,1		●							●															●			●								
13,3		●						●													●			●	●										
13,5		●					●																●				●								
8,8		●					●										●						●												●
10,1		●														●	●						●												●
10,4		●													●			●					●									●			
77,4				●							●													●				●							
35,7				●											●									●								●			
32,1				●			●										●							●			●								
33,7		●					●										●					●										●			
51,4		●								●							●						●									●			
25,3				●			●										●						●									●			
?8,1				●								●												●											
38,2				●							●												●									●			
38,5				●			●										●						●									●			
27,2			●					●									●						●									●			
56,1		●							●									●					●									●			
86,6					●										●									●									●		
80,3					●											●		●					●									●			
46,3					●							●												●										●	
54,2					●							●											●							●					
54,6					●								●										●												●
65,2														●									●									●			
52,6						●								●				●					●									●			
4,10						●										●								●									●		
60,4						●									●								●									●			
64,3						●								●			●					●													●
68,3						●							●				●						●									●			
68,8						●								●			●						●												●
67,3						●										●			●				●									●			
53,5						●								●			●					●										●			
58,1						●									●								●									●			
88,4						●								●			●						●								●				

Tabelle 1b: Kombination der Elemente am einzelnen Gefäß für Gattung "hIII"

(Reihenfolge der Gräber gemäß Kombinationstabelle für Periode I)

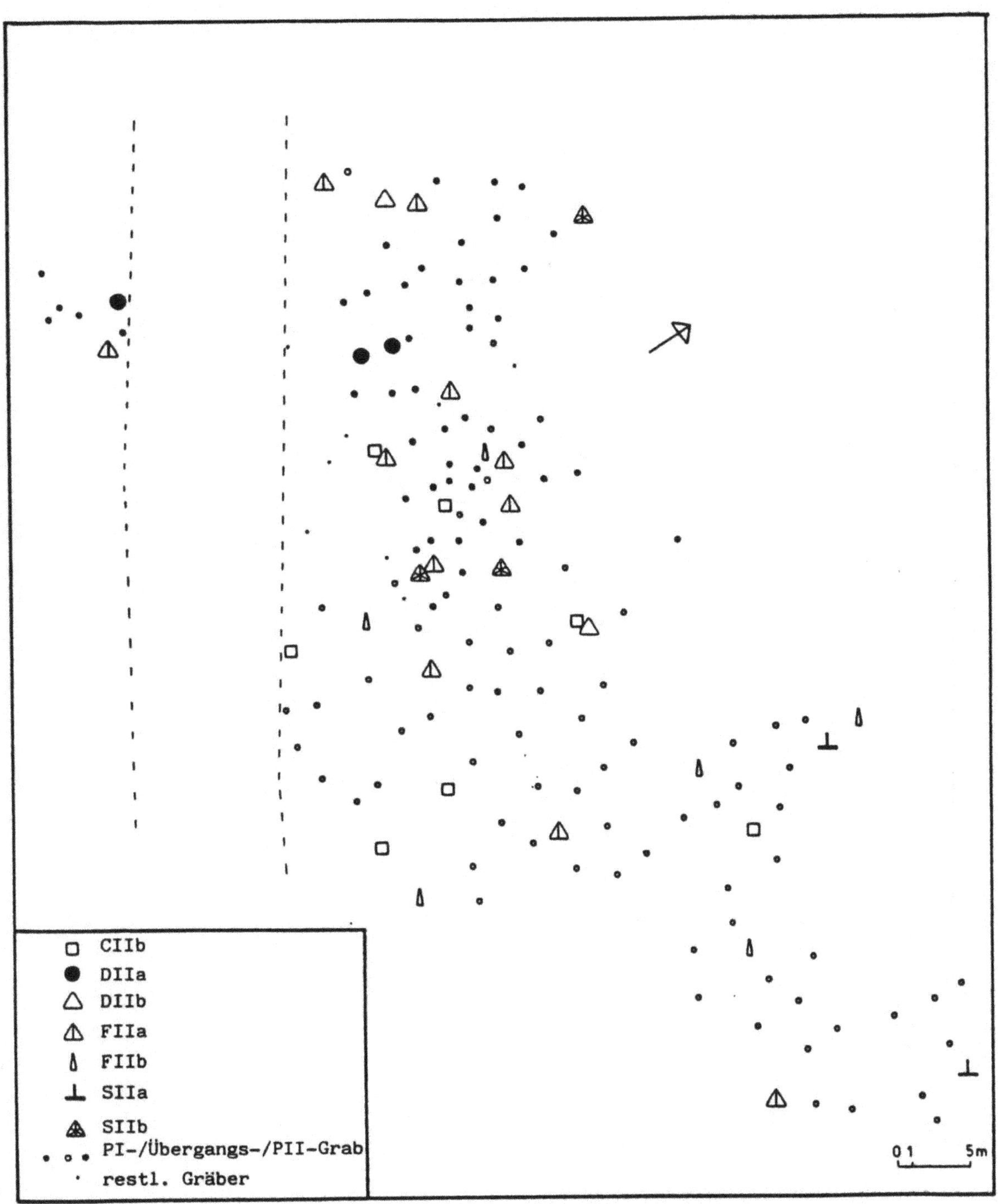

Karte 20: Verbreitung der Keramik-Profiltypen

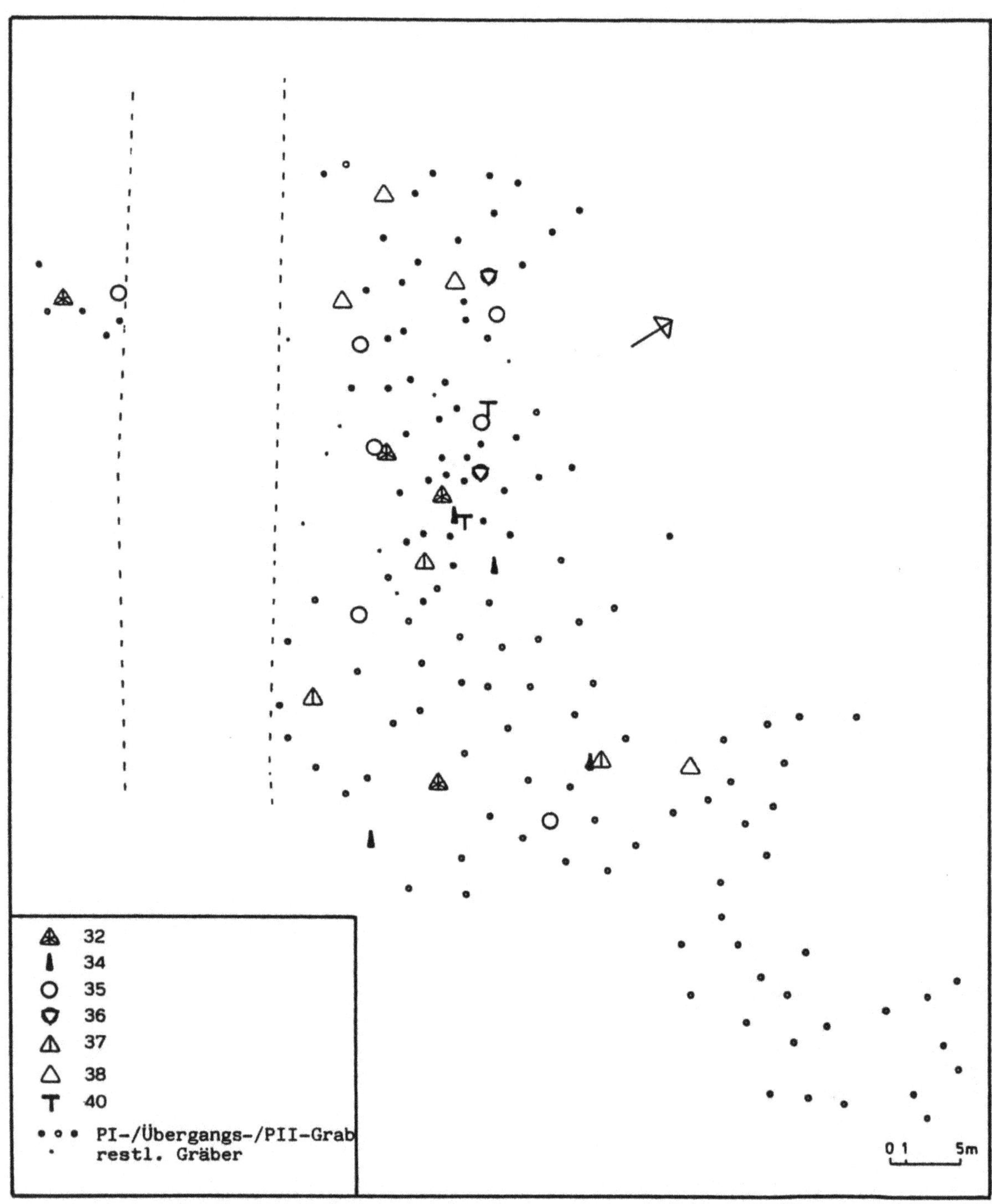

Karte 21: Verbreitung der Keramik-Handhabungstypen

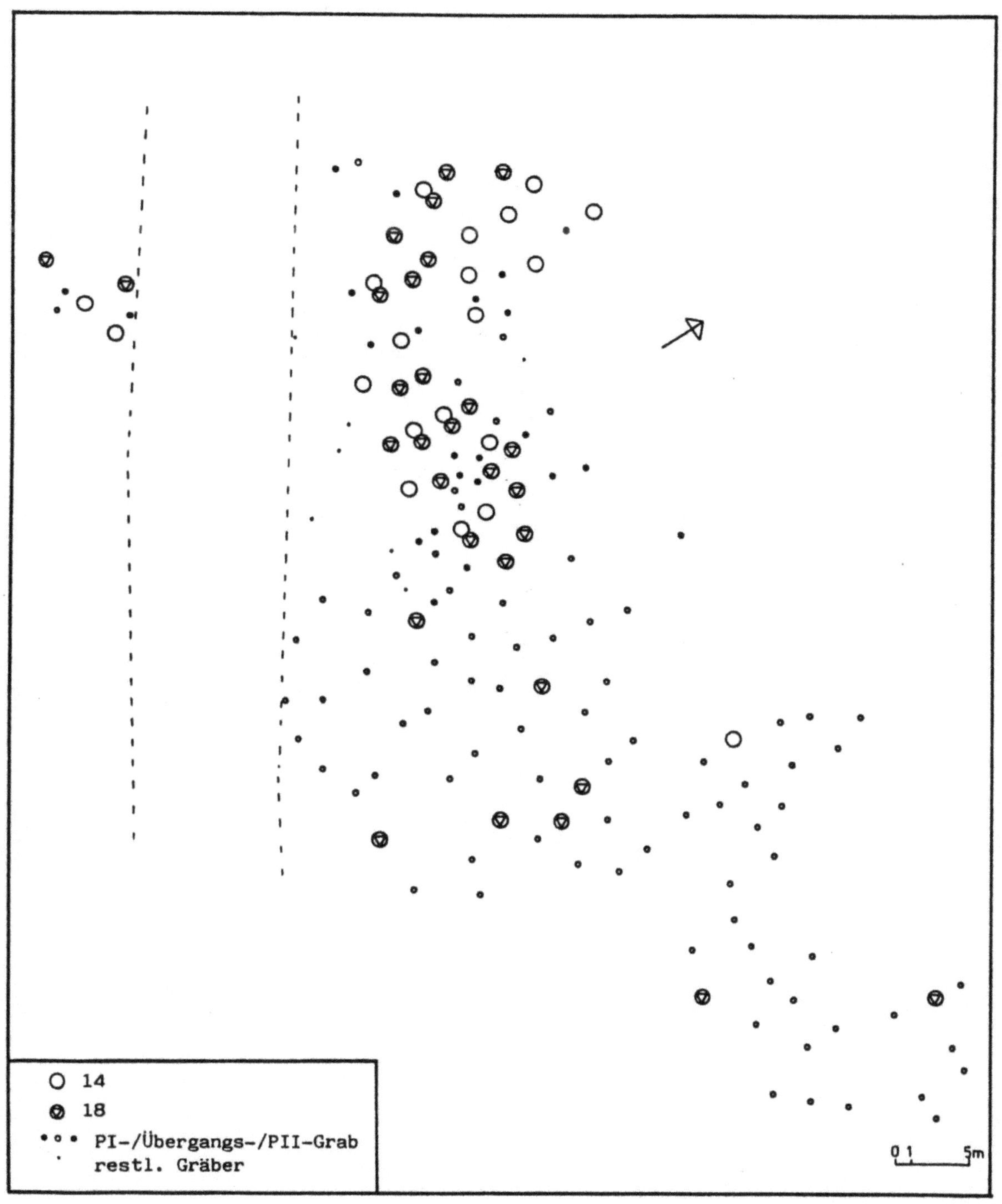

Karte 22: Verbreitung der Keramik-Handhabungstypen

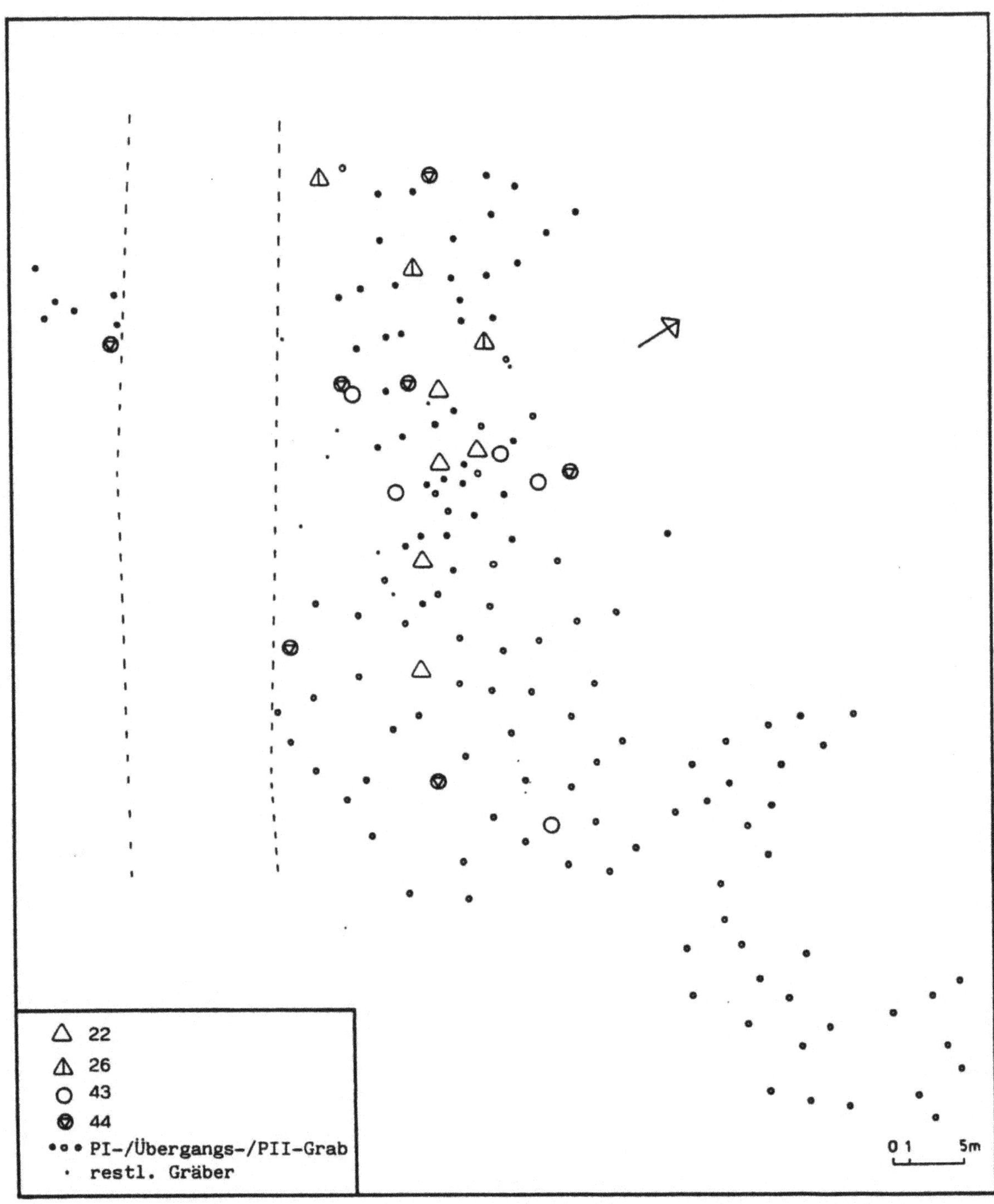

Karte 23: Verbreitung der Keramik-Handhabungstypen

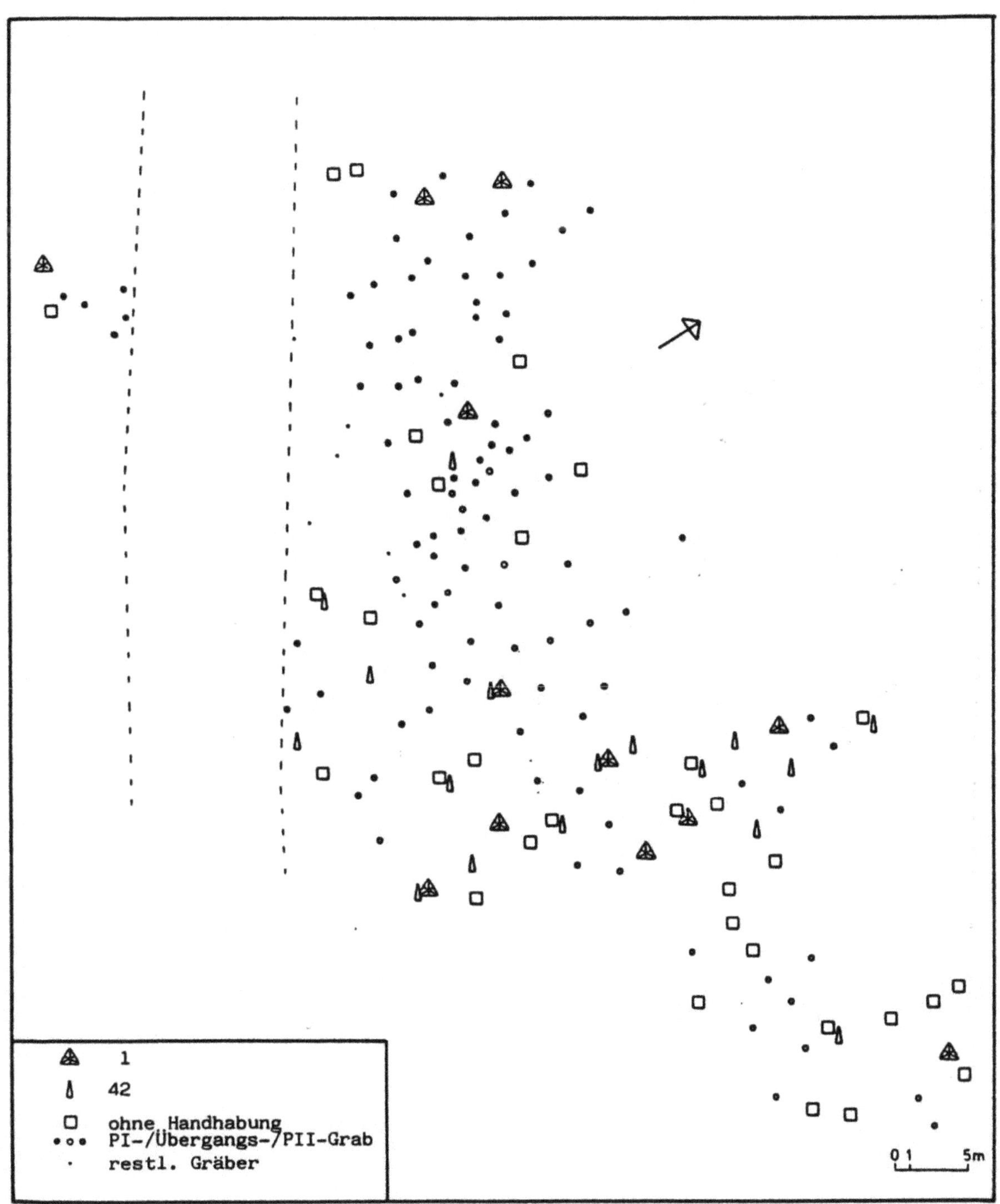

Karte 24: Verbreitung der Keramik-Handhabungstypen

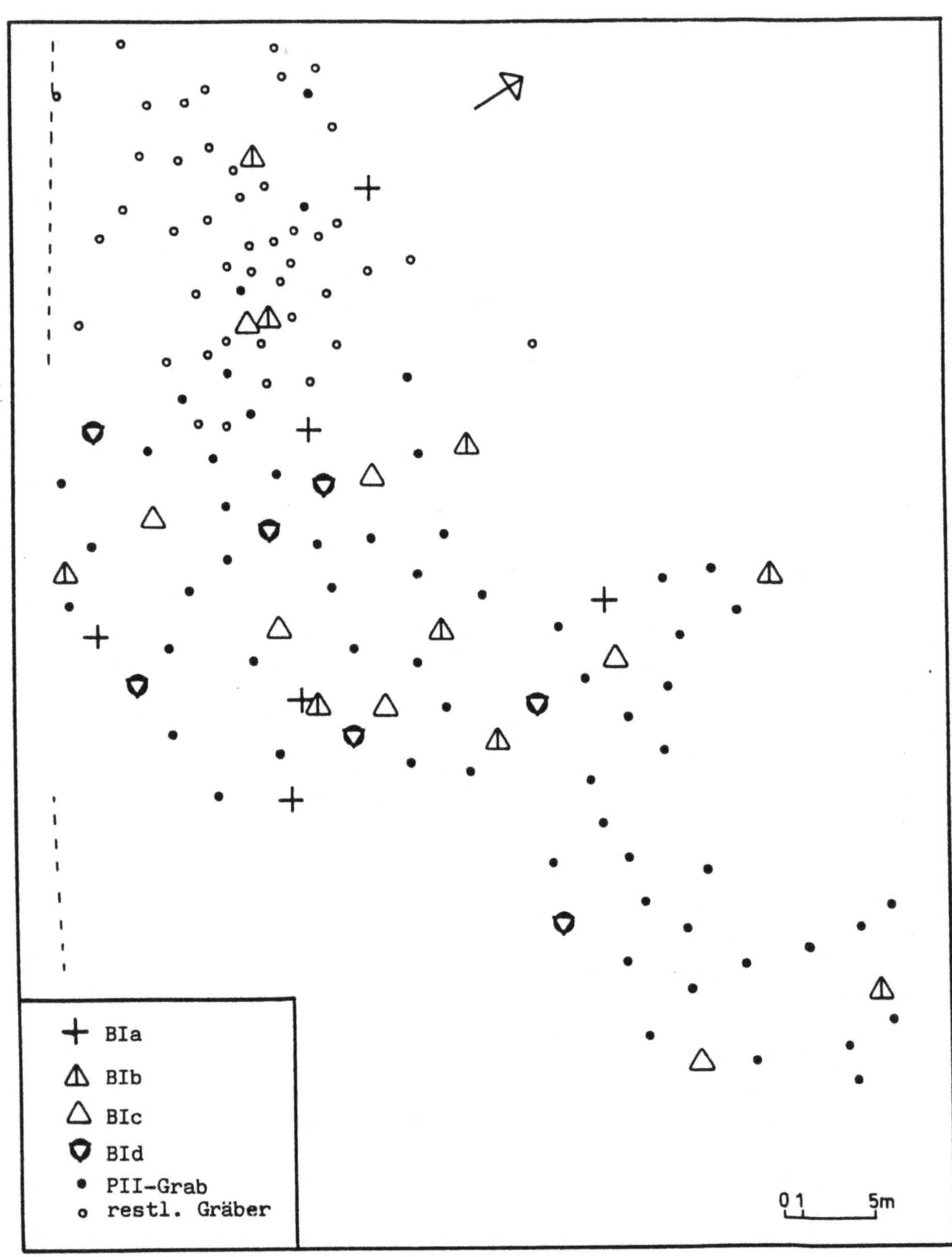

Karte 25: Verbreitung der Keramik-Profiltypen
(östlicher Gräberfeldausschnitt)

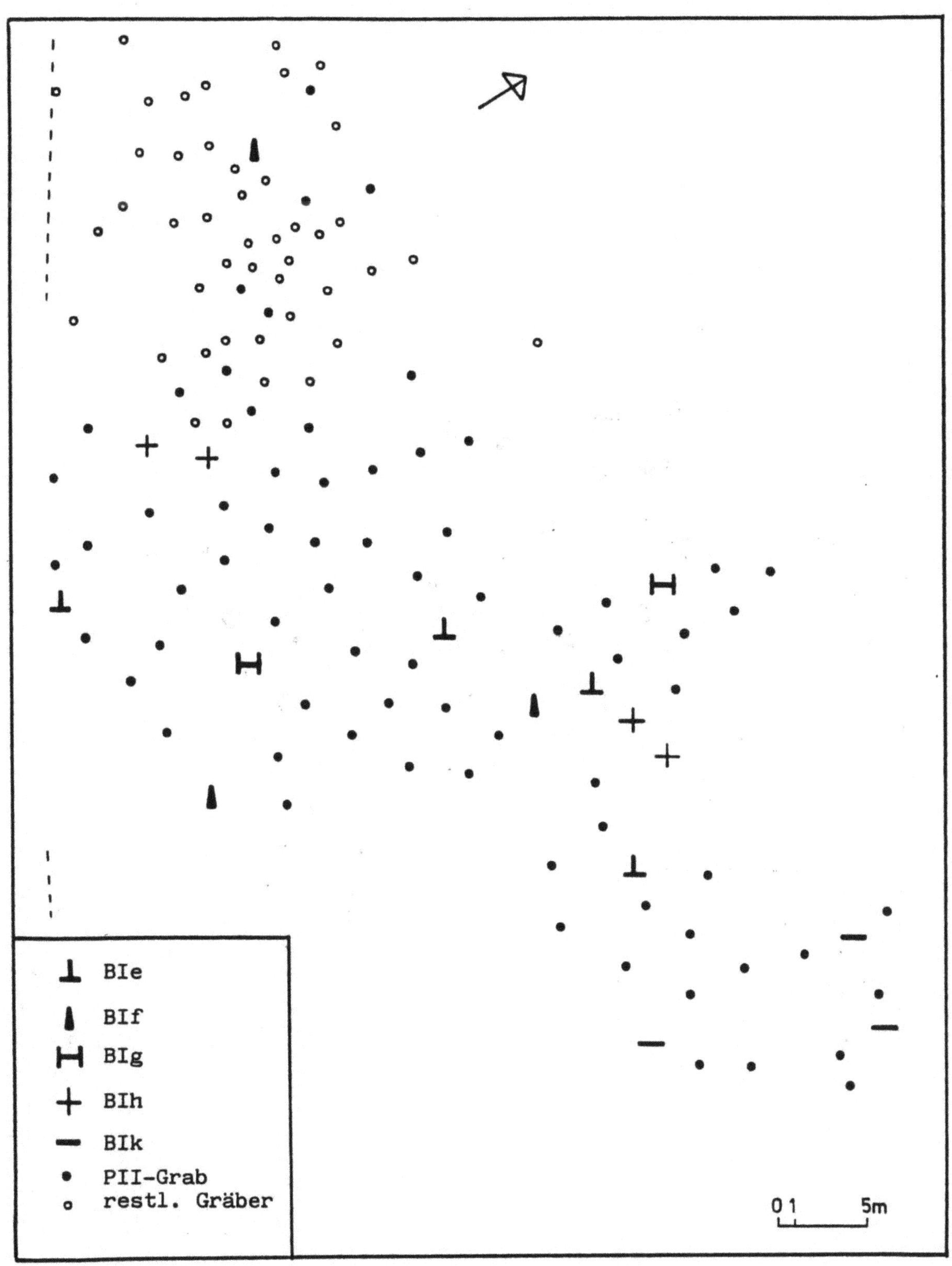

Karte 26: Verbreitung der Keramik-Profiltypen
(östlicher Gräberfeldausschnitt)

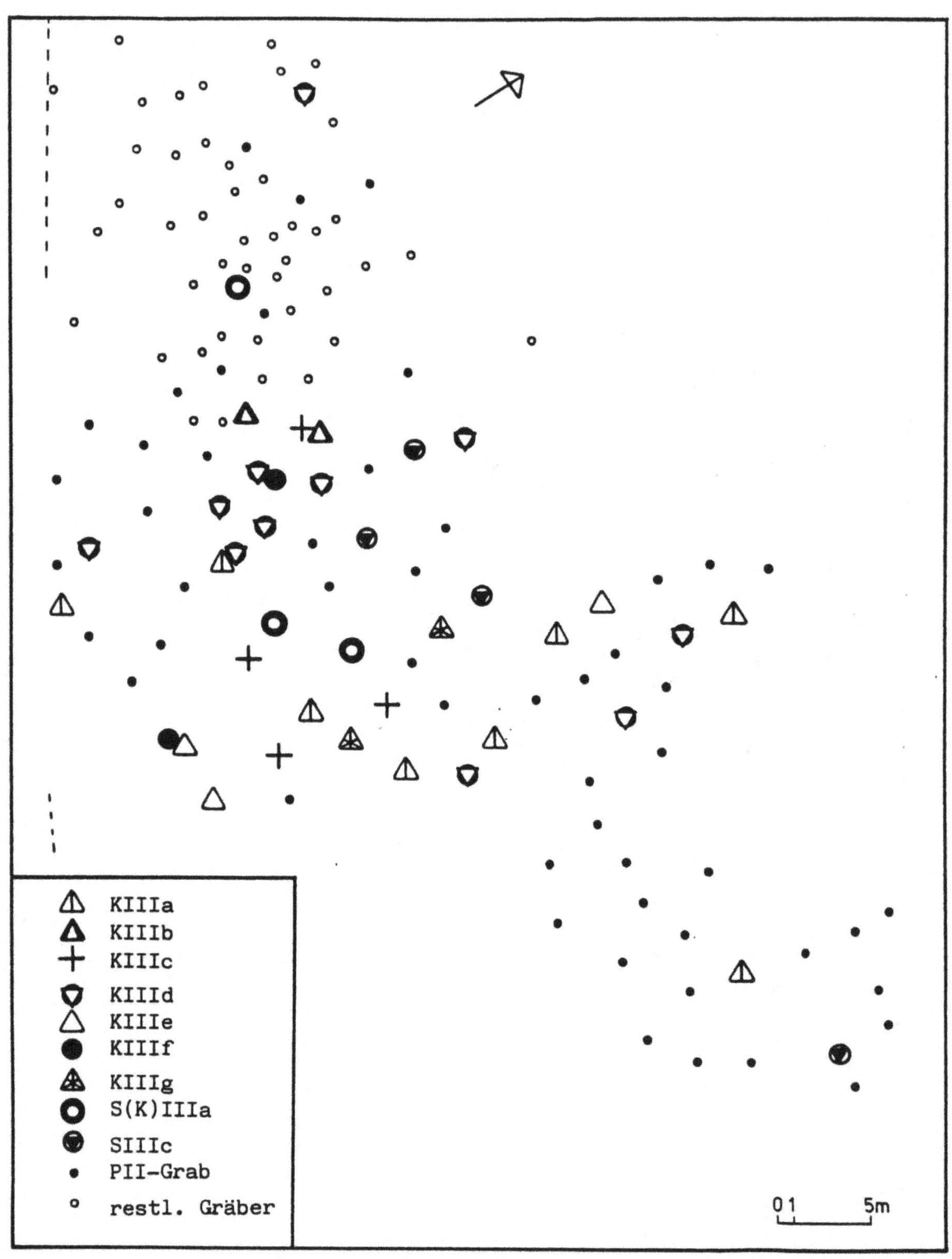

Karte 27: Verbreitung der Keramik-Profiltypen
(östlicher Gräberfeldausschnitt)

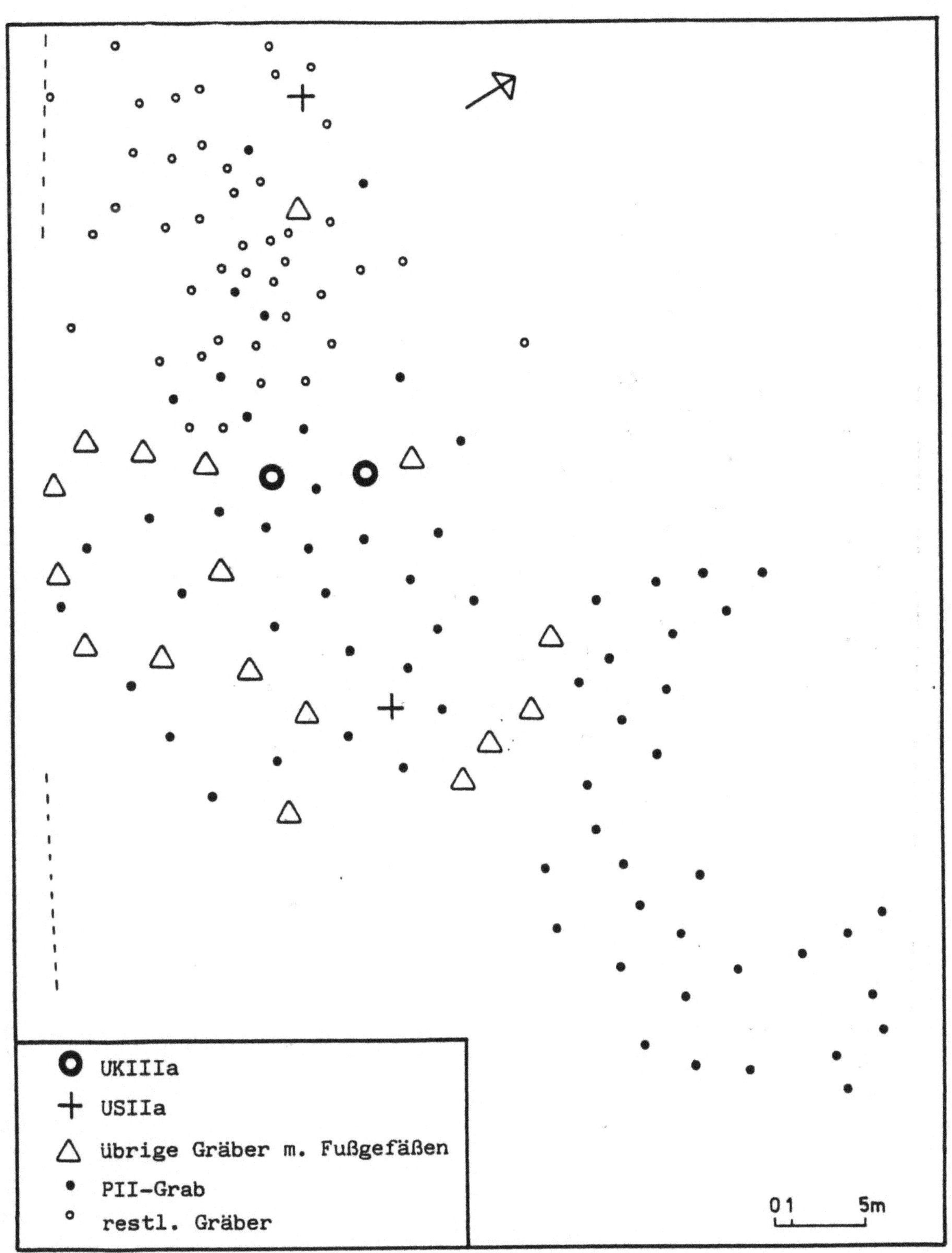

Karte 28: Verbreitung der Keramik-Profilformen/-typen
(östlicher Gräberfeldausschnitt)

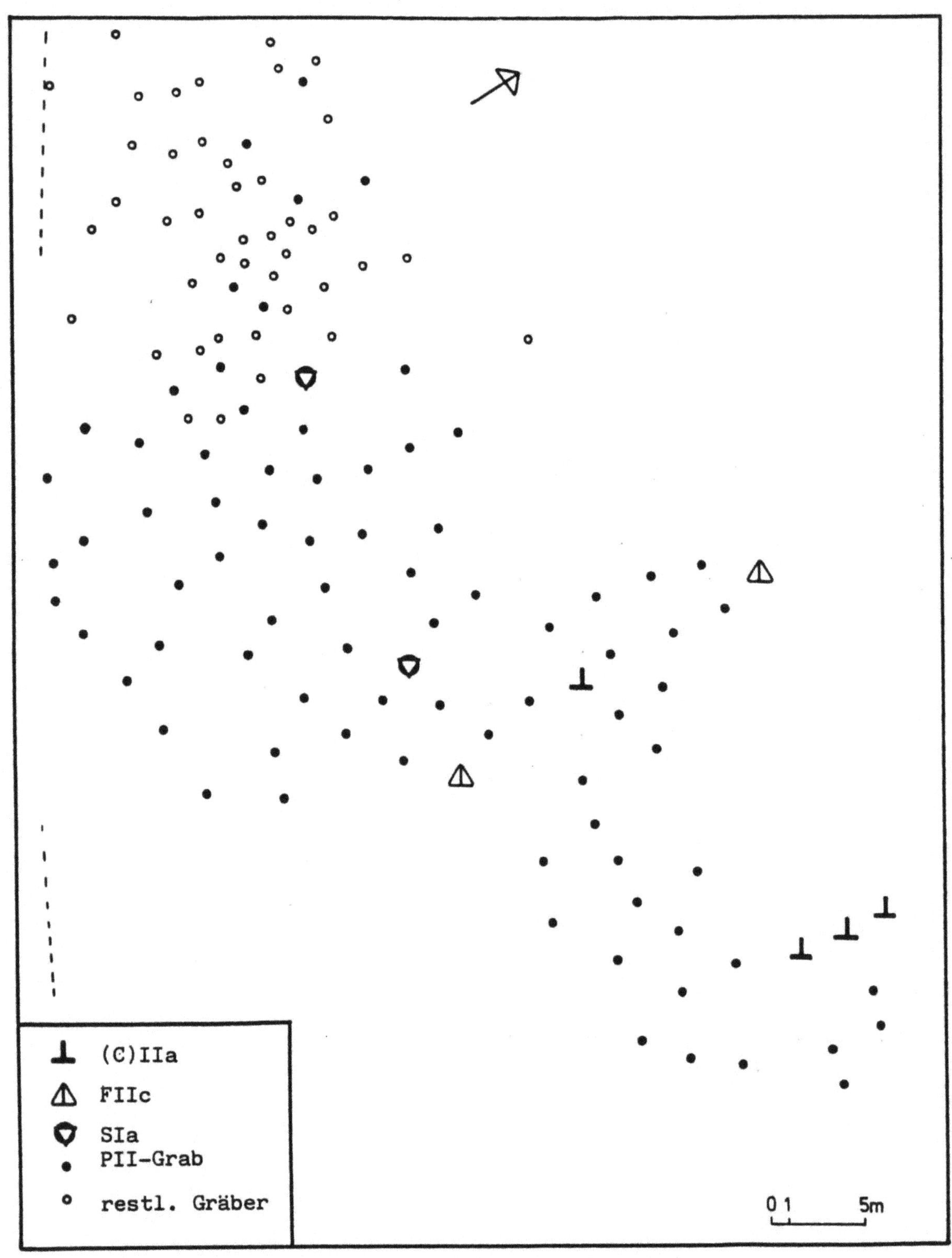

Karte 29: Verbreitung der Keramik-Profiltypen
(östlicher Gräberfeldausschnitt)

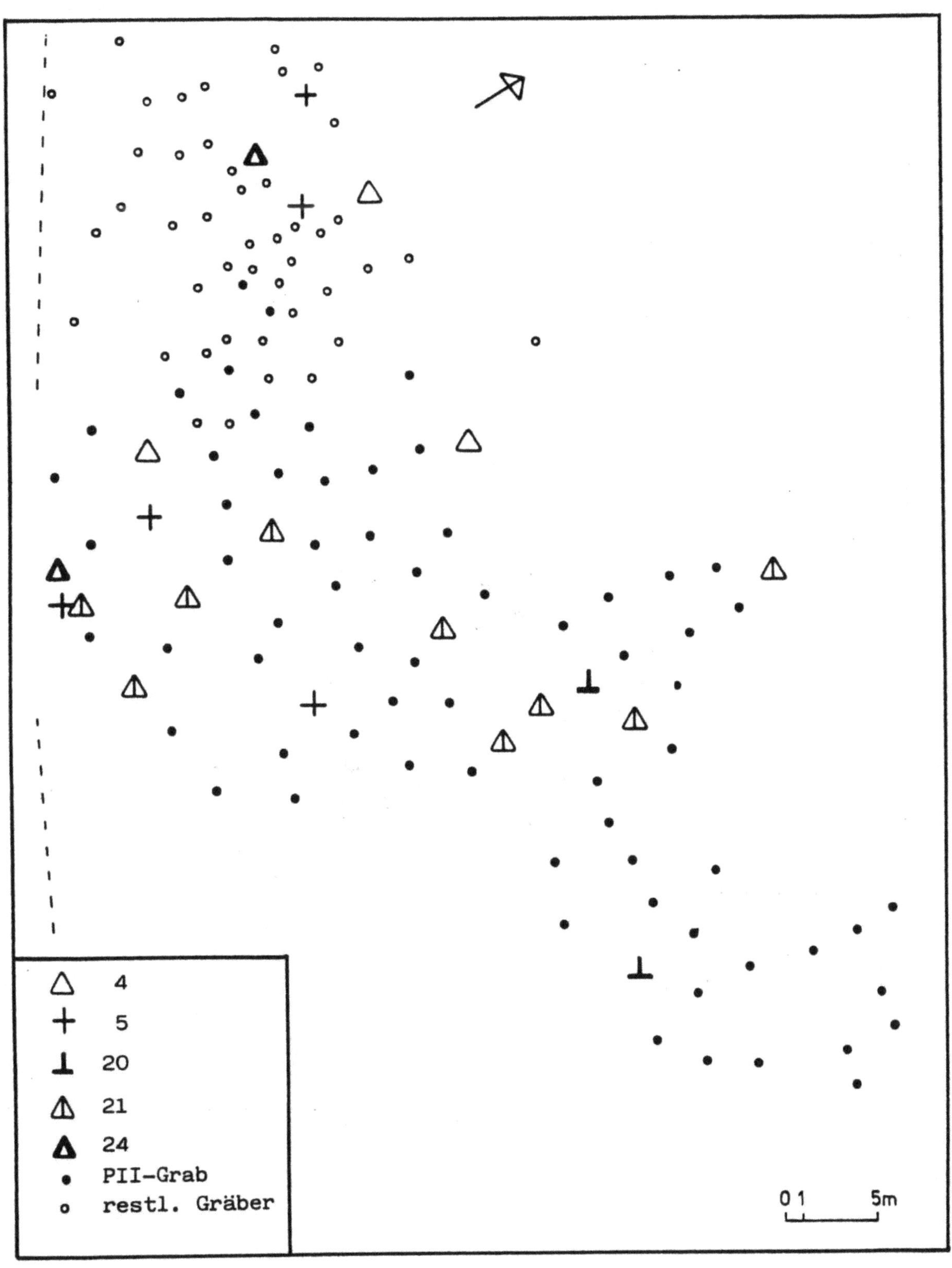

Karte 30: Verbreitung der Keramik-Handhabungstypen
(östlicher Gräberfeldausschnitt)

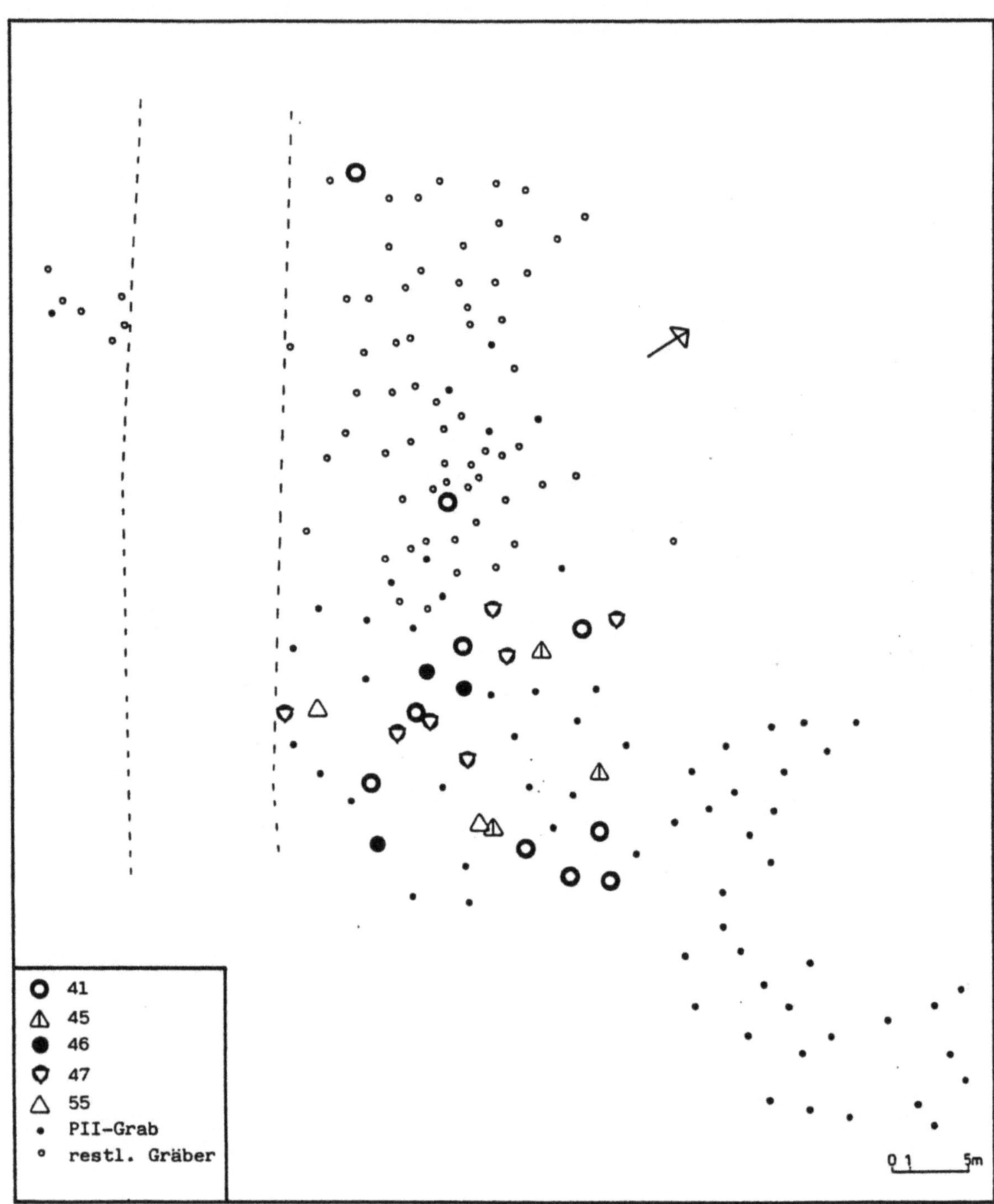

Karte 31: Verbreitung der Keramik-Handhabungstypen
(östlicher Gräberfeldausschnitt)

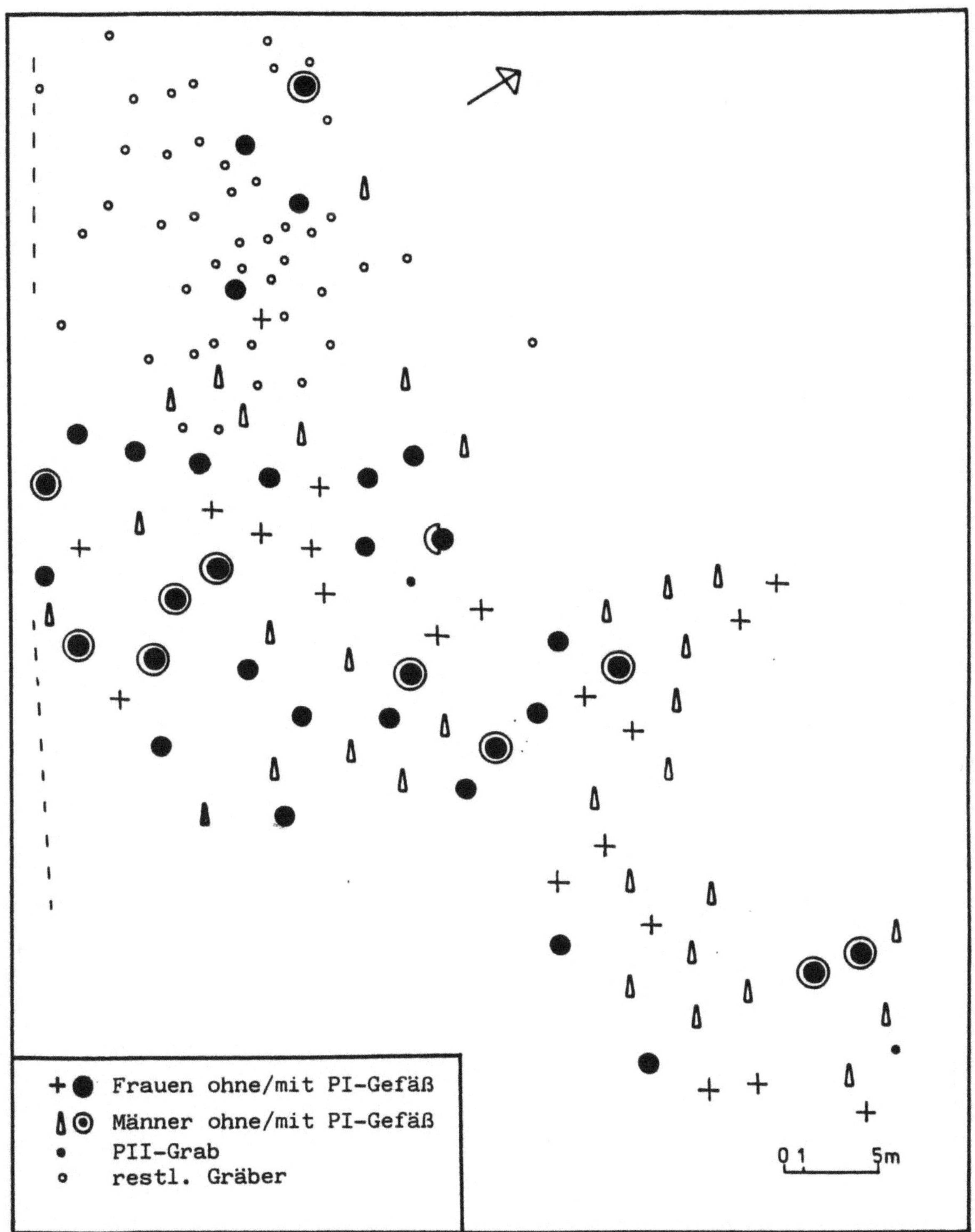

Karte 32: Verbreitung der Periode-I-ähnlichen Gefäße in Periode II
(östlicher Gräberfeldausschnitt)

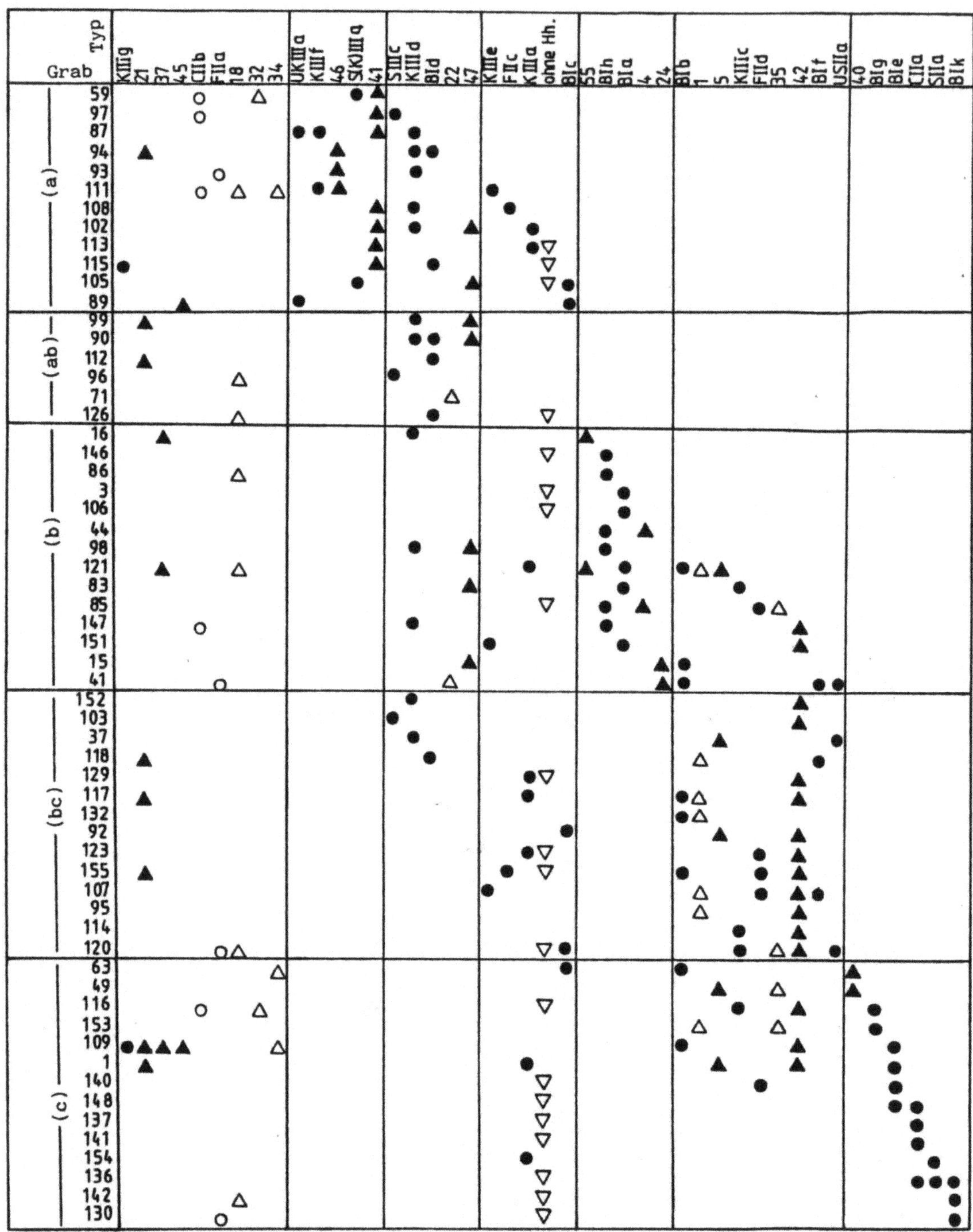

Tabelle 2: Kombinationstabelle - Periode II
(Zeichenerklärung siehe S. 110)

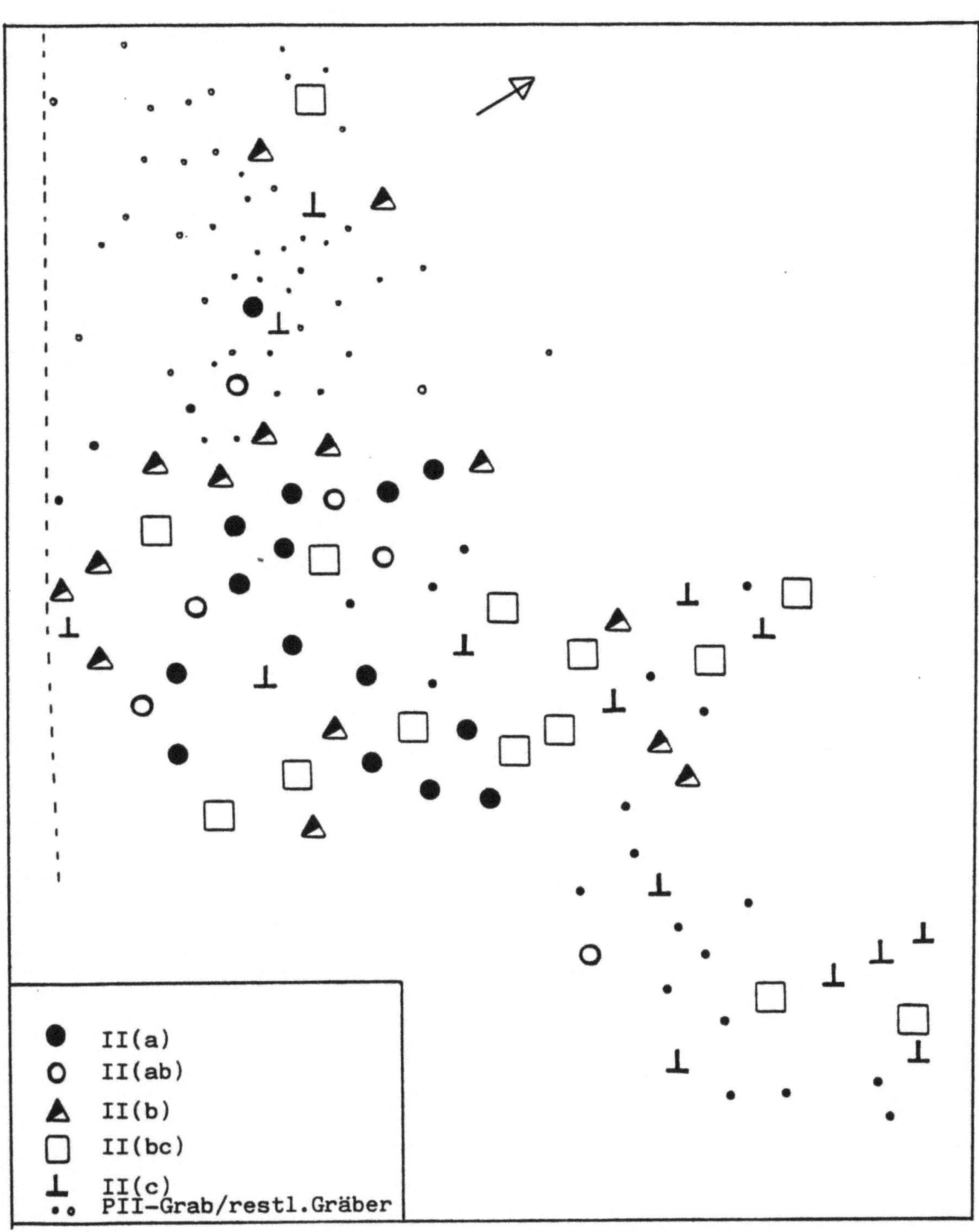

Karte 33: Ergebnis der Kombinationstabelle - Periode II
(östlicher Gräberfeldausschnitt)

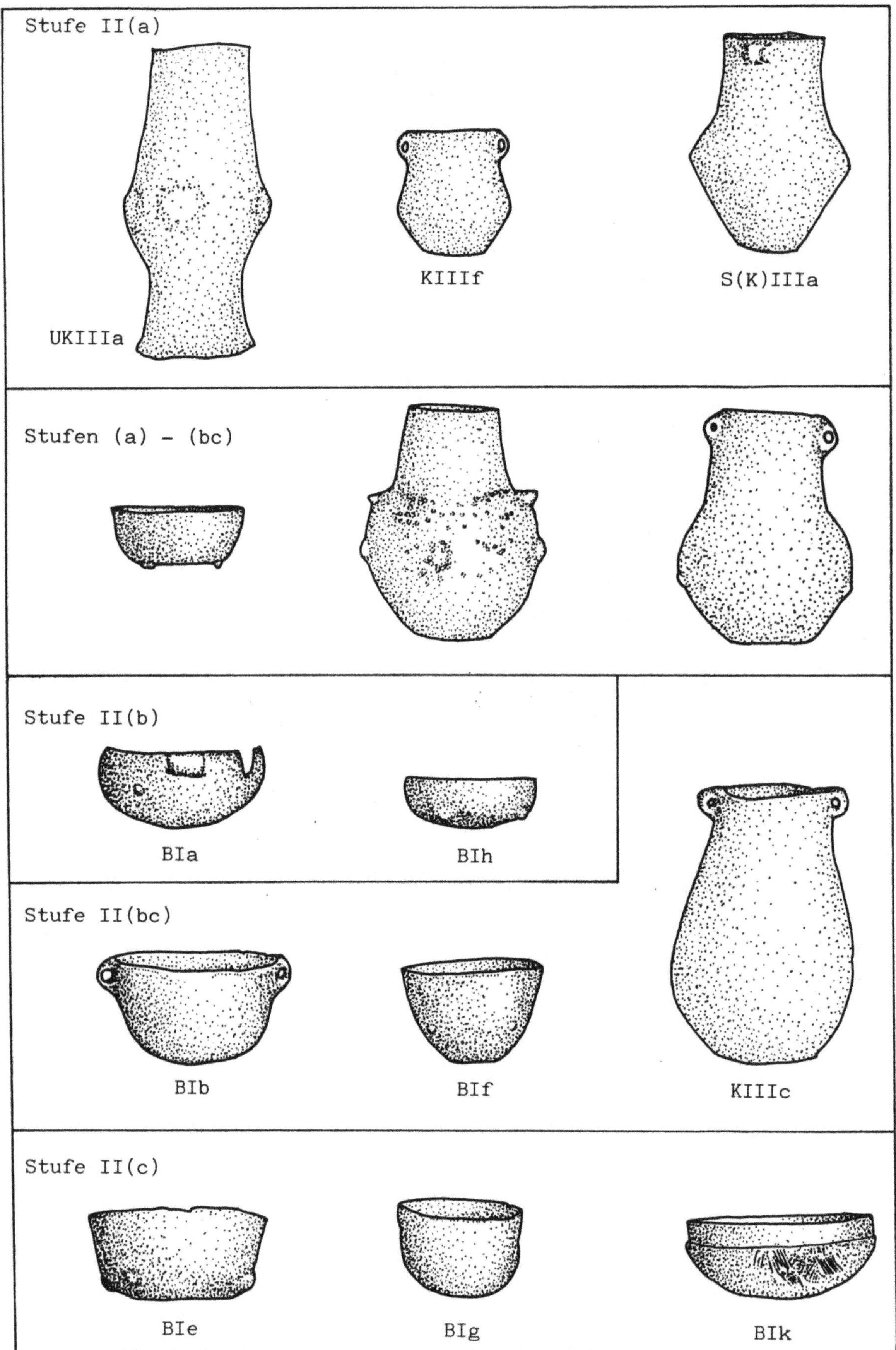

Tafel 8: Kennzeichnende Profiltypen der Periode II

(Grundformen B und K)

	2 Henkel auf der Schulter (zusätzl. 2-4K unter Umbruch)																4 H/K auf der Schulter (zusätzl. 2/4 H/K unter Umbruch)																	
	44	45	48	49	50	51	52	53	54	2Hs-3/3Krs-5/6	2Hr-3/3Kr-5	2Hr-3/3Krs-5	1H/1K-3/4K-5	2Hs-3/4Kr-5	2H-3/4Ks-5	2Hr-3/2K-4	56	57	58	59	4Hs-3/2Hr-5	2x2K-3/2Hb-4/5	4Kr-3/4Krs-4	4Hrs-3/4Hrs-5	4Hs-3/4Hs-4	4Hr-3/4Krs-5	4Ks-3/4Ks-4	3H/1Ks-3/4Krs-5	2K-2/3 /2Hr-4	2Hb-1	2Hrs-2	2Hr/2K-1/4K-5/6	2x2K-3/2Hrs(waagr.)-5	2Hr-2/3 /4Krs-5
HIII							1								1																			
HIIIa					1	5	2				1																							
HIIIb			1	2			1	1	8	1																								
HIIIc	1	2					1		3																									
HIIId		1			1		1		2				1																					
HIIIe							1	1	1																									
HIIIf	2				1	1	1							1																				
HIIIg																1																		
HIIIh																			(1)	(1)				1										
HIIIk																	(1)	(1)				1	1											
HIIIl				1		(1)															(1)													
SIIIb																		1				1							(1)					
UHIII																			2	2							1	1						
UHIIIa																			2						1									
UHIIIb																			1							1								
SIIIa																														1		1		
s(H)III												1																			1			
SIII		[2]	[1]																	1														
																																	1	1

Höhe über 28 cm

Tabelle 4: Verbindung Profiltypen mit Handhabungstypen am Gefäß
(Periode I - dreigliedrige Gefäße)

Aus technischen Gründen ist Tabelle 4 vor Tabelle 3 gestellt.

	4(2) H/K in 2 Reihen versetzt - 3/5											3/4 Henkel/Knubben in einer Reihe in Gefäßmitte (2-4)																
	39	4Krs-3/4Krs-5	4Kr-3/4Ks-5	4Hs-3/4Ks-5	4H/K-3/4H/Ks-4	2Hr/2Krs-3/4Krs-5	2Hr-3/4Krs-4	30: 4Hrs-1/4Krs-5	4Kr-1/4Ks-5	33: 4Krs-1/4Ks-5	2Hs-3/2K-4	9	10	11	12	3Hr-4	3Hs-4	13	14	17	18	19	4Hs-3	4H/Kr-4	4H/Krs-4	15	16	3K-1/3Krs-4
UGII	4	1	1	1	·	1	1																					
UGIIa					1																	1						
UA(I)e								2	1													1						
UEI										[1]→											1							
UEIa															1							2						
UAI	2									[1]	[1]→			1					3		4	15						
UAIa																						1						
UAIb																						2						
UAIc																						4						
UAId																			1			4						
USI/II																1					1							
EI																						1						
EIa																					1					1		
AI													4	2			1	2	14	5	10	5			1	1	2	
AIa																			1	1	1							
AIb																						2						
AIc															1													1
AId												2		1							4	1		1				
SI												1		1									1					
SI/II														1														
AII																												
AIIa																					1							
AIIb																												
SII																												
FII																					1							
CIIb																												
DIIa																												
DIIb																												
FIId																												
FIIa																												
CAII																												
CAIIa																												
CAIIb																												
CIIc																												
(C)IId																												
DIIc																												
FIIb																												
SIIb																												

Tabelle 3 Anfang: Verbindung

Profiltypen mit Handhabungstypen am Gefäß

(Periode I - ein- bis zweigliedrige Gefäße)

	2 Henkel am Rand							4(5) Knubben in 2 Reihen versetzt: (unter)Rand/Mitte												2 Henkel zw. Rand u. Mitte / versetzt: 4K-6/4 Füßchen										
	1	2	3	22	23	2Hr-1/4Kr-4	2H/2Kr-1	32	35	36	38	4Kr-1/4Kr-5	5K-1/4K-5	5x2Krs-2/4Krs-5	26: 2Hr-3/2K-4/5	4Hr-2	2H/2Krs-2	2H/2Kr-2	6: 2Hrs-2	7	8	27	28	29	2Hrs-3/4Krs-6	2Hs-3/3Ks-6	2H/2K-2/4K-6	25: 2Krs-2/2Krs-4/5	4K-1	ohne Handhabung
UGII																														
UGIIa																														
UA(I)e																														
UEI																														
UEIa																														
UAI																														
UAIa																														
UAIb																														
UAIc																														
UAId																														
USI/II			1																											1
EI																														
EIa																														
AI	1		2			1																								
AIa																														
AIb																														
AIc																														
AId	1																													
SI								1																						3
SI/II																												1		
AII			1								1																			[1]
AIIa	1		1		1		1		1												1									
AIIb		3	1																											
SII	1	1		1	1									1																1
FII					1					1	1								1									1		
CIIb									1										1											
DIIa									2			1																		
DIIb											1																			
FIId													1																	
FIIa								1							1	1	1	1												
CAII																			1											
CAIIa																					1						1			
CAIIb																				1			1	1						
CIIc																							1	2						
(C)IId																						5				1				
DIIc															1															
FIIb	1																		1											
SIIb																													1	

Tabelle 3 Schluß

														4 Knubben in 2(3) Reihen versetzt: 1-3 / 3-6																									
	1: 2Hr-1	3Kr-5	4: 2Hb-1	5: 2Kr-1	2Hb-4	4Hr-1	4Kr-4	4K-5	20: 4H-6	21: 4K-6	4H-7	24: 2Hb-1/2K-6	ohne Handhg.	32	34	35	37	38	40	4Kr-1/4Krs-3/4	4K-1/4K-5	4Kr-1+/4Krs-4	4Krs-2 + -3/4 + -5	K-2 + K-4 + K-6	2H-1 innen	7: 2Hr-3	2Kr-4	4Hb-2	4Kr-3	14: 4Hs-4	18: 4Krs-4	4Hb-4	4 eingedellte "K"	2Hb-1/2K-4	2H-1 innen/2K-4	22: 2Hr-1/2K-4/5	2Hb-1 + 4K-5	26: 2Hr-3/2K-4/5
BI	1			2	1						1		5																									
BIa			1										2																	1	1							
BIb	5		1							1		2							1																			
BIc				1									3		1																							
BId										3			3																									
BIe									1	2			1																									
BIf	1	1											1																									
BIg	1												1																									
BIh			1					1		1			1																		1							
BIk						1	1						1																		1							
SI	1			1					1				3																		1							
CII													1																		1							
CIIa													7																									
CIIb														2																	1							
DIIb																				1																		
FII															1	1	1						1	1			1				2						1	
FIIa																1												1								3		
FIId																1					1																	
SIIa																						1							1									
SIIb															1		1																					
SII										1			1		1		1		1																			
AII																																1	1					
FIIc																									1										1			
SIa																																		1				
SI/II													1																									
USI										1																					1							
USIIa																										1												1

Tabelle 5: Verbindung Profiltypen mit Handhabungstypen am Gefäß
(Periode II - ein- bis zweigliedrige Gefäße)

	2 Henkel am Rand: 42	43	46	47	55	2H-1	2Hb-1/2K-3	2Hr-1/2x2K-4	2Hr-1 + 4K-5	2Hr-1+2x2K-5	2H-1/2 /2K-4	2/4 H/K in Gef.mitte: 44: 2Hs-3	45: 2Hr-4	4Hb-3/4	2Hr/2Kr-4	4Krs-4/5	4 Ausbuchtungen-4/5	2Hrs(waagr.)-3/5Kr-4	2Hb-4	2Hr-3/2Kr-4	2Hs-3/4Kr-4/5
KIII	3	5		1			1														
KIIIa	2	4			1	1															
KIIIb																	1				
KIIIc		3		1																	
KIIId	1	2	2	4	1			1	1												
KIIIe		2	1																		
KIIIf	1		1																		
KIIIg	1									1											
S(K)IIIa	1			1		1															
SIII		1									1		1					1			
UKIII												2				1					
UKIIIa													1		1						
USIII													1								
SIIIc													1						1	1	1
HIII														1							

Tabelle 6: Verbindung Profiltypen mit Handhabungstypen am Gefäß
(Periode II - dreigliedrige Gefäße)

		AI	EI	AII	CII	FII (PI)	UAI	UEI	UG II	hIII	HIII	UH III	BI	FII (PII)	(C) IIa	KIII	U(K) III
Ober-	poliert	58	2	9	13	2	35	5	8	44	7	9	18	1		23	4
fläche	wenig pol.	4	2	2			1		3	2	5	1	7	1		3	
Wan-	sehr dünn	12		1			1			3			1	1		2	
dungs-	dünn	48	1	6	9	4	33	3	7	39	43	6	51	10		46	5
stärke	mittel	6	2	4	7	6	8	2	3	17	7	5	9	6	2	18	6
	dick		1	2		1				3	5		8	11	6	12	1
Verzierg.	Punkt/Kreis	32		2	4		26	2	7	30	1	7				1	
technik	Sonstiges									2			2			3	
	sehr gut	12		1	2					5			3				
Sorg-	gut	46		7	8		31	2	8	34	3	9	30	4	1	43	6
fältig-	mittel	6	3	2	1	6	7			10	8	2	15	8		19	3
keit	schlecht	1				3	2			5	1		14	12	6	9	1
	sehr schlecht													2	1		
insgesamt Gefäße		68	4	14	16	11	42	5	11	62	15	11	70	27	8	86	12

Tabelle 7: Verbindung der Profil-Handhabungstypengruppen
mit den übrigen Elementen am Gefäß

Grabnummer	Zeitstufe	Altersstufe	Schüsseln						Töpfe			Sonst./Fragm.	Zahl der Gefäße
			flach		hoch		mit Fuß		klein	groß	mit Fuß		
			AI	Sonstige	FII	Sonstige	UAI	Sonstige	hIII	HIII	UHIII		
Periode I: Männliches Geschlecht													
9							1						1
18	a	inf. I	1			2		1				1	5
31												2	2
58	b2								1			1	2
82													/
40	a2	inf. II				1	1	1	3			1	7
62	b1		1						1			2	4
77	a2		1	1		1			1			1	5
78	b1		2					1					3
81												3	3
42	b2	juvenil				1	3						4
50	b2					1	1	1				2	5
61	b		1	1		2							4
65	b						1		1				2
79	a2		1	1									2
10	a		2				1		2				5
23	a1	adult I	2			5		3	2	1			13
30	a1		2			1	1		1				5
36	b1		2						2			2	6
52	b2		2	1			2		1	1	1	2	10
53	b2		1			1	2	1	1	1		1	8
56	ab		2				1		1	1		3	8
80	b1						1	1	1			1	4
28	a1	ad.II	1			1		1	2				5
38	a2					2	1		3			1	7
45	b2		?				1		1			4-6	6-8
12	a1	mat.II				4	1	2	2			1	10
39	ab		2			1	1	1		1			6
60	b2		2				2		2	1	1		8
68	b2		2				1	(1)	2	1	1		8
5	a1	senil	2	1		1	1	1	3			1	10
14							1		1				2
67	b2		2				1		1	1	1		6
29	a1	/	2				1		3				6

Tabelle 8a: Vorkommen der Keramik-Typengruppen und einzelner Formen

Grabnummer	Zeitstufe	Altersstufe	Schüsseln flach AI	Schüsseln flach Sonstige	Schüsseln hoch FII	Schüsseln hoch Sonstige	Schüsseln mit Fuß UAI	Schüsseln mit Fuß Sonstige	Töpfe klein hIII	Töpfe groß HIII	Töpfe mit Fuß UHIII	Sonst./Fragm.	Zahl der Gefäße
Periode I: Weibliches Geschlecht													
24	a1	inf. I	1		1	2	1		1		1		7
25	a2	inf. I	2		1		1		1				5
4	b2	inf. II	1	1		3		2	1		2		10
88	b2	ad. I	1				1		1			1	4
21	a1	ad. I	1			4	1	3	2	1			12
33	a2	ad. II	2	1	1		1		1			1	7
8	a	ad. II	2			2		3	3	1		1	12
26	a2	matur I	1			3	1		1			1	7
46	b1	matur I	1			1	2		1				5
48	b2	matur I	1		1	1			1				4
54	b1	matur I	2	1	1			1	2				7
66	b2	matur I	1	1	1				1	1	1		6
69	b2	matur I	1				1	1		1		2	6
76	a2	matur I	1		1	1	1		1	1		4	10
27	ab	mat. II	1			1	1		1		1		5
32	a2	mat. II	1		1				1				3
55	b2	mat. II	1			1			?		1	1	5
11	ab		1		1								2
51	a2		1		1-2		2		1	1			6-7
Periode I: Geschlecht unbestimmt													
17		inf. I					1					2	3
64	b2	inf. I				1			1			1	3
Periode I: Mehrfachgräber													
13	a		1				1		3				5
35	a2		2			1	1		1		1	2	7

Tabelle 8b: Vorkommen der Keramik-Typengruppen und einzelner Formen

Grabnummer	Zeitstufe	Schüsseln BI	FII	CIIa	Sonstiges	Töpfe KIII	KIII?	Sonst./Fragm.	Sonst./Fragm.	Zahl der Gefäße	davon formal an Periode I anschließend	funktional an Periode I anschließend (a = antik zerbr.)
Periode II: Männliches Geschlecht												
102						2				2		a
105		2			1	1				4		
113						1				1		
115	(a)	1				1				2	1	
119						1				1		
122					1	1		1		3		
125						1			1	3		1
133								1		1		
99	(ab)				1	1			1	3		
71			1		1		1			3		
3		1					1			4		2
44		1					1		1	3		
74						1				1		
83	(b)	1				2				3		
98		1				1				2		
146		2			2				2	6		
151		1				1				2		
37		1				1				3		1/a
92		1				2				3		
114			1			1				2		
117	(bc)	1			1	1				4		1
129		1				1				2		
132		2					2			4		
152		1				1				2		
1		2				1				3		
141	(c)	1		4						5		
142		2		1						3	1	
153		1				1				2		
72						1				1		
84					1					1		
91										/		
110		1			1			1		3	1	
127					1		1		2	4		
128		1			1		1			3		
135					3			1		4		
139									1	1		
145		1						1		2		
149					1	1				2		
150		1			2		1			4		
156							1			1		
Periode II: Geschlecht unbestimmt/Mehrfachgr.												
104					1			?		2		
136	(c)	1			1					2		
101			1						1	2	1	
143							1		2	3		

Tabelle 9a: Vorkommen der Keramik-Typengruppen und einzelner Formen

Grabnummer	Zeitstufe	Schüsseln BI	Schüsseln FII	Schüsseln CIIa	Schüsseln Sonstiges	Töpfe KIII	Töpfe KIII?	Töpfe Sonst./Fragm.	Sonst./Fragm.	Zahl der Gefäße	davon formal an Periode I anschließend	funktional an an Periode I anschließend (a = antik zerbr.)
Periode II: Weibliches Geschlecht												
59			1			1				3		1
87					2	2				5		1
93					2	1	2		1	6		
94	(a)	2				1		1	1	5		
97			3			1		1	1	6	3	
89		1			1	1	1			6		a/1
108					2	2			1	6		1
111		1	2		1	3				7	1	
90		1			1	1				3		
112		1	1					1		3		
126	(ab)	1			1			1	1	4	1	
96		1			1			1		3	1	
2		1				1	2		1	7		2
16		1	1			1	1			4		
15		2			2	1	1			7	1	1
41		3			1	1		1		7	1	?
86	(b)	1			1				1-2	4-5	1	1
85		2	1		1		1		1	7		?
106		1			2		1			5	1	1
121		2	1		1	1				9	2	4
147		1	1		1	1				4		
95		1			1-2	1	1			4-5		
107		1	2		1	1	2			7		
120		1	1		2	1	1		2	10	1	2
123	(bc)	1	1		1	1			1	6		1
103					2	1		1		4		
118		3	1		1			1	1	9	2	2
155		2			1	1	2			6		
49		1	2				1			5		1
63					4			1		5	1	
109		2	2			2		1	2	9		
116		1	1		1	1			1	6		1
130	(c)	1			2			1	1	5		
137				2	3		1		1	7		
140		1	1						1	3		
148		1		1	1		1			4		
154			1		2	1				4		
7			1		2		1			5		1
100					3			1		4		
124					2		1			3		
131		2			1		1			4		
134					1					1		
138		1					1			2		
144		1			2					3		
104				1				1		2		
136		1			1					2		
101			1						1	2	1	
143							1		2	3		

Tabelle 9b: Vorkommen der Keramik-Typengruppen und einzelner Formen

Liste 1

Gefäß-nr.	Inv. nr.	Tafel bei BK	Gefäß-nr.	Inv. nr.	Tafel bei BK	Gefäß - nr.	Inv. nr.	Tafel BK
1,1	52.95.1	6,1	8,11	52.95.47	17,2	21,8	53.1.14	26,8
1,2	52.95.3	6,2	8,12	52.95.61	/	21,9	53.1.17	27,9
1,3	52.95.2	6,3	9,1	52.95.64	16,1	21,10	53.1.16	27,7
2,1	52.95.8	6,4	10,1	52.95.70	16,4	21,11	53.1.10	27,8
2,2	52.95.9	6,5	10,2	52.95.65	16,5	21,12	53.1.15	27,9
2,3	52.95.7	6,6	10,3	52.95.72	16,6	23,1	53.1.53	30,1
2,4	52.95.10	/	10,4	52.95.71	16,7	23,2	53.1.47	30,2
2,5	52.95.10	/	10,5	52.95.68	16,8	23,3	53.1.51	30,3
2,6	52.95.10	/	11,1	52.95.73	17,3	23,4	53.1.39	30,4
2,7	52.95.10	/	11,2	52.95.74	17,4	23,5	53.1.48	30,5
3,1	53.95.13	6,8.10	12,1	52.95.92	18,1	23,6	53.1.44	30,6
3,2	52.95.11	6,9	12,2	52.95.93	18,2	23,7	53.1.56	30,7
3,3	52.95.12	6,7	12,3	52.95.94	18,3	23,8	53.1.55	30,8
3,4	52.95.13a	119,4	12,4	52.95.99	18,4	23,9	53.1.46	30,9
4,1	52.95.20	9,1	12,5	52.95.91	18,5	23,10	53.1.52	31,1
4,2	52,95.22	9,2	12,6	52.95.96	18,6	23,11	53.1.50	31.2
4,3	52.95.23	9,3	12,7	52.95.97	18,7	23,12	53.1.45	31,3
4,4	52.95.21	9,4	12,8	52.95.98	18,8	23,13	53.1.54	31,4
4,5	53.95.14	9,5	12,9	52.95.95	18,9	24,1	53.1.63	27,1
4,6	52.95.16	9,6	12,10	52.95.90	18,10	24,2	53.1.61	27,2
4,7	52.95.15	9,7	13,1	n.a.	21,1	24,3	53.1.64	27,3
4,8	52.95.17	9,8	13,2	n.a.	21,2	24,4	53.1.62	27,4
4,9	52.95.18	9,9	13,3	n.a.	21,3	24,5	53.1.59	27,5
4,10	52.95.19	9,10	13,4	n.a.	21,4	24,6	53.1.58	31,6
5,1	52.95.29	10.1	13,5	n.a.	21,5	24,7	53.1.57	34,8
5,2	52.95.13	10,2	14,1	52.95.107	16,2	25,1	53.1.79	31,5
5,3	52.95.36	10.3	14,2	52.95.106	16,3	25,2	53.1.78	31,7
5,4	52.95.33	10,4	15,1	52.95.113	17,1	25,3	53.1.82	34,3
5,5	52.95.31	10,5	15,2	52.95.109	17,5	25,4	53.1.77	34,4
5,6	52.95.38	10,6	15,3	52.95.111	17,6	25,5	53.1.76	34,5
5,7	52.95.32	10,7	15,4	52.95.110	17,7	26,1	53.1.85	35,1
5,8	52.95.34	10,8	15,5	52.95.112	17,8	26,2	53.1.86	35,3
5,9	52.95.35	10,9	15,6	52.95.114	/	26,3	53.1.87	35,4
5,10	52.95.37	10,10	15,7	52.95.114	/	26,4	53.1.90	35,5
6,1	52.95.40	12,2	16,1	52.95.119	23,1	26,5	53.1.82	35,6
6,2	52.95.42	12,3	16,2	52.95.118	23,2	26,6	53.1.83	35,7
6,3	52.95.43	12,4	16,3	52.95.117	23,3	26,7	53.1.89	35,8
6,4	52.95.41	12,5	16,4	52.95.120	/	27,1	53.1.98	34,1
7,1	52.95.45	12,1	17,1	53.1.547	83,6	27,2	53.1.97	34,2
7,2	52.95.46	12,6	17,2	53.1.548	120,2	27,3	53.1.93	34,6
7,3	52.95.46a	/	17,3	53.1.549	/	27,4	53.1.96	34,7
7,4	52.95.46a	/	18,1	52.95.128	23,5	27,5	53.1.94	35,2
7,5	52.95.46a	/	18,2	52.95.125	23,6	28,1	53.1.109	21,6
8,1	52.95.48	12,7.8	18,3	52,95.126	23,7	28,2	53.1.107	21,7
8,2	52.95.56	15,1	18,4	52.95.124	23,8	28,3	53.1.108	21,8
8,3	52.95.54	15,2	18,5	52.95.127	23,9	28,4	53.1.118	21,9
8,4	52.95.50	15,3	21,1	53.1.4	26,1	28,5	53.1.120	21,10
8,5	52.95.59	15,4	21,2	53.1.5	26,2	28,6	53.1.122	39,10
8,6	52.95.52	15,5	21,3	53.1.18	26,3	29,1	53.1.125	40,1
8,7	52.95.55	15,6	21,4	53.1.6	26,4	29,2	53.1.128	40,2
8,8	52.95.51	15,7	21,5	53.1.11	26,5	29,3	53.1.124	40,3
8,9	52.95.49	15,8	21,6	53.1.7	26,6	29,4	53.1.126	40,4
8,10	52.95.53	15,9	21,7	53.1.8	26,7	29,5	53.1.127	40,5

Gefäß nr.	Inv. nr.	Tafel bei BK
29,6	53.1.123	40,5
30,1	53.1.134	39,1
30,2	53.1.140	39,2
30,3	53.1.138	39,3
30,4	53.1.135	39,4
30,5	53.1.136	39,5
32,1	53.1.144	40,7
32,2	53.1.142	40,8
32,3	53.1.143	40,9
32,4.5	53.1.144b	120,4
33,1	53.1.145	42,1
33,2	53.1.150	42,2
33,3	53.1.151	42,3
33,4	53.1.147	42,4
33,5	53.1.146	42,5
33,6	53.1.149	42,6
33,7	53.1.148	42,7
34,1	53.1.158	43,4
35,1	53.1.171	45,1
35,2	53.1.159	45,2
35,3	53.1.161	45,3
35,4	53.1.162	45,4
35,5	53.1.164	45,5
35,6	53.1.160	45,6
35,7	53.1.163	47,7
36,1	53.1.178	43,1
36,2	53.1.179	43,2
36,3	53.1.180	43,3
36,4	53.1.181	43,5
36,5	53.1.182	43,6
36,6	53.1.183	43,7
37,1	53.1.185	46,1
37,2	53.1.184	46,2
37,3	53.1.186	46,6
37,4	53.1.187	120,5
38,1	53.1.197	46,3
38,2	53.1.202	46,4
38,3	53.1.196	46,5
38,4	53.1.201	46,7
38,5	53.1.200	46,8
38,6	53.1.199	46,9
38,7	53.1.205	120,10
39,1	53.1.209	49,1/ 50,5
39,2	53.1.212	49,7
39,3	53.1.207	50,1
39,4	53.1.206	50,2
39,5	53.1.208	50,3
39,6	53.1.210	50,4
40,1	53.1.218	49,1
40,2	53.1.222	49,2
40,3	53.1.219	49,3
40,4	53.1.225	49,5
40,5	53.1.221	49,6
40,6	53.1.220	49,8
40,7	53.1.226	120,1
41,1	53.1.234	50,6
41,2	53.1.228	50,7
41,3	53.1.230	50,8
41,4	53.1.229	50,9
41,5	53.1.232	50,10
41,6	53.1.231	/
41,7	53.1.233	/
42,1	53.1.250	52,1
42,2	53.1.251	52,5
42,3	53.1.259a	53,5
42,4	53.1.252	53,10
44,1	53.1.265	52,2
44,2	53.1.264	/
44,3	53.1.267	/
45,1	53.1.274	55,5
45,2	53.1.270	55,6
45,3	53.1.273	55,7
45,4	53.1.271	120,8
45,5	53.1.279	121,3
45,6	53.1.275	121,8
45,7.8	53.1.272	/
46,1	53.1.285	52,3
46,2	53.1.284	52,4
46,3	53.1.283	52,6
46,4	53.1.282	52,7
46,5	53.1.288	120,6
48,1	53.1.296	56,3
48,2	53.1.291	56,4
48,3	53.1.290	56,6
48,4	53.1.289	56,7
49,1	53.1.298	56,1
49,2	53.1.294	56,2
49,3	53.1.292	56,5
49,4	53.1.297	120,7
49,5	53.1.295	121,7
50,1	53.1.304	57,1
50,2	53.1.306	57,2
50,3	53.1.309	57,5
50,4	53.1.308	57,6
50,5	53.1.303	57,7
51,1	53.1.316	58,1
51,2	53.1.313	58,2
51,3	53.1.312	58,4
51,4	53.1.315	58,5
51,5	53.1.317	58,6
51,6	53.1.314	58,7
51,7	53.2.72	58,8
52,1	53.1.322	53,3
52,2	53.1.328	53,4
52,3	53.1.321	61,1
52,4	53.1.319	61,2
52,5	53.1.320	61,3
52,6	53.1.318	61,4
52,7	53.1.325	61,5
52,8	53.1.324	61,6
52,9	53.1.323	61,7
52,10	53.1.338	121,4
53,1	53.1.344	53,1
53,2	53.1.354	53,2
53,3	53.1.347	62,1
53,4	53.1.342	62,2
53,5	53.1.346	62,3
53,6	53.1.341	62,4
53,7	53.1.345	62,5
53,3	53.1.343	62,6
54,1	53.1.361	65,1
54,2	53.1.358	65,2
54,3	53.1.363	65,3
54,4	53.1.360	65,4
54,5	53.1.357	65,5
54,6	53.1.359	65,6
54,7	53.1.362	65,7
55,1	53.1.365	53,6
55,2	53.1.366	53,7
55,3	53.1.368	53,8
55,4	53.1.367	53,9
55,5	53.1.369	/
56,1	53.1.371	66,1
56,2	53.1.373	66,2
56,3	53.1.375	66,3
56,4	53.1.374	66,5
56,5	53.1.370	66,6
56,6	n.a.	121,5
56,7	n.a.	121,9
56,8	n.a.	/
57,1	53.1.385	67,1
57,2	53.1.388	67,2
57,3	53.1.384	67,5
57,4	53.1.383	67,6
57,5	53.1.386	121,6
57,6	53.1.387	121,11
58,1	53.1.390	68,7
58,2	53.1.391	121,10
59,1	53.1.393	58,3
59,2	53.1.394	68,4
59,3	53.1.392	68,8
60,1	53.1.405	68,5
60,2	53.1.423	71,1
60,3	53.1.404	71,2
60,4	53.1.401	71,3
60,5	53.1.403	71,4
60,6	53.1.411	71,5
60,7	53.1.407	71,6
60,8	53.1.408	71,7
61,1	53.1.430	68,1
61,2	53.1.429	68,2
61,3	53.1.427	68,3
61,4	53.1.426	68,6
62,1	53.1.438	55,1
62,2	53.1.439	55,2
62,3	53.1.440	55,3
62,4	53.1.437	55,4

Gefäß nr.	Inv. nr.	Tafel bei BK	Gefäß nr.	Inv. nr.	Tafel bei BK	Gefäß nr.	Inv. nr.	Tafel bei BK
63,1	53.1.445	57,3	76,9	53.2.176	/	93,1	53.1.634	90,3
63,2	53.1.441	57,4	76,10	53.2.177	/	93,2	53.1.637	90,4
63,3	53.1.442	67,3	77,1	53.1.554	83,1	93,3	53.1.636	92,6
63,4	53.1.443	67,4	77,2	53.1.555	83,2	93,4	53.1.635	/
63,5	53.1.444	/	77,3	53.1.556	83,3	93,5	53.1.638	/
64,1	53.1.447	66,4	77,4	53.1.557	83,5	93,6	53.1.633a	/
64,2	53.1.449	66,7	77,5	53.1.553	84,9	94,1	53.1.641	92,1
64,3	53.1.448	66,8	78,1	53.1.564	83,4	94,2	53.1.644	92,2
65,1	53.1.451	67,7	78,2	53.1.563	83,7	94,3	53.1.643	92,3
65,2	53.1.452	67,8	78,3	53.1.562	83,8	94,4	53.1.640	92,4
66,1	53.1.453	74,1	79,1	53.1.565	81,3	94,5	53.1.642	/
66,2	53.1.454	74,2	79,2	53.1.566	81,4	95,1	53.1.646	92,7
66,3	53.1.458	74,3	80,1	53.1.570	81,5	95,2	53.1.645	92,8
66,4	53.1.455	74,6	80,2	53.1.571	81,6	95,3	53.1.646	119,1
66,5	53.1.457	74,7	80,3	53.1.569	81,7	95,4.5	53.1.646	/
66,6	53.1.460	75,6	80,4	53.2.145	/	96,1	53.1.648	92,5
67,1	53.1.467	76,1	81,1	53.1.576	81,8	96,2	53.1.647	92,9
67,2	53.1.476	76,2	81,2	53.1.575	119,7	96,3	53.1.649	/
67,3	53.1.474	76,3	81,3	53.1.577	119,8	97,1	53.1.653	93,1
67,4	53.1.466	76,4	83,1	53.1.580	75,1	97,2	53.1.656	93,2
67,5	53.1.475	76,5	83,2	53.1.578	75,7	97,3	53.1.651	93,6
67,6	53.1.461	76,6	83,3	53.1.579	75,8	97,4	53.1.654	93,7
68,1	53.1.489	78,1	84,1	53.1.584	75,2	97,5	53.1.655	93,8
68,2	53.1.488	78,2	85,1	53.1.585	75,3	97,6	53.1.652	/
68,3	53.1.485	78,3	85,2	53.1.587	75,4	98,1	53.1.658	93,3
68,4	53.1.486	78,4	85,3	53.1.588	75,5	98,2	53.1.657	93,5
68,5	53.1.502	78,5	85,4	53.1.589	119,3	99,1	53.1.667	84,4
68,6	53.1.487	78,6	85,5	53.1.593	/	99,2	53.1.665	84,5
68,7	53.1.484	79,5	85,6	53.1.586	/	99,3	53.1.666	84,10
68,8	53.1.490	79,6	85,7	53.1.589	/	100,1	53.1.671	/
69,1	53.1.506	79,1	86,1	53.1.594	84,2	100,2	53.1.672	/
69,2	53.1.505	79,2	86,2	53.1.595	84,3	100,3	53.1.673	/
69,3	53.1.504	79,3	86,3-5	/	/	100,4	53.1.674	/
69,4	53.1.507	79,4	87,1	53.1.600	84,1	101,1	53.1.676	119,5
69,5	53.1.510	79,7		/53.1.601	/89,1	101,2	53.1.675	121,2
69,6	53.2.104	/	87,2	53.1.603	84,7	102,1	53.1.682	91,1
71,1	53.1.515	81,1	87,3	53.1.598	84,8	102,2	53.1.681	91,4
71,2	53.1.516	81,2	87,4	53.1.599	/	102,3	53.2.221	/
71,3	53.1.513	119,2	87,5	53.1.602	/	103,1	53.1.686	91,3
72,1	53.1.520	119,6	88,1	53.1.606	89,3	103,2	53.1.689	120,9
74,1	53.1.522	74,9	88,2	53.1.605	89,4	103,3	53.1.687	91,2/
75,1	53.1.533	74,4	88,3	53.1.608	89,6			122,2
75,2	53.1.531	74,5	88,4	53.1.607	89,7	103,4	53.1.685	122,55
75,3	53.1.532	74,8	89,1	53.1.619	89,2	104,1	53.2.228	/
75,4	53.1.530	75,9		/53.1.616	/90,1	104,2	53.2.229	/
75,5	53.1.534	75,10	89,2	53.1.614	90,6	105,1	53.35.9	96,1
75,6	53.1.529	/	89,3	53.1.615	90,7	105,2	53.35.11	96,2
75,7	53.1.529	/	89,4	53.1.617	90,8	105,3	53.35.10	96,3
75,8	53.1.529	/	89,5	53.1.612	99,6	105,4	53.35.12	97,4
76,1	53.1.536	82,1	89,6	53.1.613	/	106,1	53.35.21	96,6
76,2	53.1.537	82,2	90,1	53.1.621	89,5	106,2	53.35.18	96,7
76,3	53.1.541	82,3	90,2	53.1.622	90,2	106,3	53.35.19	97,3
76,4	53.1.543	82,4	90,3	53.1.620	90,5	106,4	53.35.20	/
76,5	53.1.539	82,5	92,1	53.1.624	91,5	106,5	53.35.22	/
76,6	53.1.544	82,6	92,2	53.1.626	91,6	107,1	53.35.26	96,4
76,7	53.1.538	82,7	92,3	53.1.625	91,7	107,2	53.35.29	96,5
76,8	53.1.545	82,8	92,4	53.1.627	119,9	107,3	53.35.24	96,8

Gefäß nr.	Inv. nr.	Tafel b. BK
107,4	53.35.28	96,9
107,5	53.35.27	/
107,6	53.35.23	/
107,7	53.35.25	/
108,1	53.35.32	91,8
108,2	53.35.36	91,9
108,3	53.35.35	91,10
103,4	53.35.31	99,2
108,5	53.35.33	99,4
108,6	53.35.34	99,5
109,1	53.35.51	100,1
109,2	53.35.39	100,2
109,3	53.35.46	100,3
109,4	53.35.42	100,4
109,5	53.35.40	100,5
109,6	53.35.38	100,6
109,7	53.35.41	100,7
109,8	53.35.44a	102,5
109,9	53.35.44	102,7
110,1	53.35.53	103,1
110,2	53.35.52	103,2
110,3	53.35.54	103,3
111,1	53.35.60	104,3
111,2	53.35.56	104,4
111,3	53.35.59	104,5
111,4	53.35.57	104,6
111,5	53.35.55	104,7
111,6	53.35.58	104,8
111,7	53.35.61	104,9
112,1	53.35.62	104,1
112,2	53.35.63	104,2
112,3	53.35.64	/
113,1	53.35.65	103,8
114,1	53.35.69	103,6
114,2	53.35.68	103,7
115,1	53.35.70	103,4
115,2	53.35.71	103,5
116,1	53.35.77	97,1
116,2	53.35.72	111,5
116,3	53.35.74	111,6
116,4	53.35.75	111,7
116,5	53.35.73	111,8
116,6	53.35.76	111,9
117,1	53.35.79	118,1
117,2	53.35.78	118,2
117,3	53.35.81	118,8
117,4	53.35.80	118,9
118,1	53.35.89	105,1
118,2	53.35.92/ 53.35.93	97,2/ 105,2
118,3	53.35.90	105,3
118,4	53.35.98	105,4
118,5	53.35.99	105,5
118,6	53.35.94	105,6
118,7	53.35.91	97,6/ 105,7

Gefäß nr.	Inv. nr.	Tafel bei BK
118,8	53.35.97	105,8
118,9	53.35.95	105,9
118,10	53.35.100	/
118,11	53.35.101	/
119,1	53.35.102	111,4
120,1	53.35.117	106,1
120,2	53.35.111	106,2
120,3	53.35.112	106,3
120,4	53.35.115	106,4
120,5	53.35.114	106,5
120,6	53.35.116	106,6
120,7	53.35.110	106,7
120,8	53.35.113	106,8
120,9	53.35.107	/
120,10	53.35.108	/
121,1	53.35.120	97,8
121,2	53.35.122	108,1
121,3	53.35.123	108,2
121,4	53.35.119	108,3
121,5	53.35.127	108,4
121,6	53.35.122	108,5
121,7	53.35.124	108,6
121,8	53.35.125	108,7
121,9	53.35.126	108,8
122,1	53.35.138	109,5
122,2	53.35.139	/
122,3	53.35.140	/
123,1	53.35.149	97,7
123,2	53.35.150	109,1
123,3	53.35.142	109,2
123,4	53.35.147	109,3
123,5	53.35.151	109,4
123,6	53.35.146	/
124,1	53.35.158	97,9
124,2	53.35.159	/
124,3	53.35.160	/
125,1	53.35.161	97,5/ 109,6
125,2	53.35.162	1o9,7
125,3	53.35.163	120,3
126,1	53.35.165	111,1
126,2	53.35.166	111,2
126,3	53.35.167	111,3
126,4	53.35.168	/
127,1	54.7.1	/
127,2	54.7.2	/
127,3	54.7.3	/
127,4	54.7.4	/
128,1	54.7.8	112,1
128,2	54.7.5	113,19
128,3	54.7.12	/
129,1	54.7.16	112,2
129,2	54.7.17	112,3
130,1	54.7.25	112,4
130,2	54.7.26	112,5
130,3	54.7.27	112,6

Gefäß nr.	Inv. nr.	Tafel bei BK
130,4	54.7.28	112,7
130,5	54.7.29	112,8 122,4
131,1	54.7.32	112,9
131,2	54.7.33	112,10
131,3	54.1.34	112,11
131,4	54.7.35	/
132,1	54.7.38	112,12
132,2	54.7.40	112,13
132,3	54.7.39	/
132,4	54.8.49	/
133,1	54.7.48	112,14
134,1	54.7.52	/
135,1	54.7.53	/
135,2	54.7.54	/
135,3	54.7.55	/
135,4	54.7.56	/
136,1	54.7.57	112,15
136,2	54.7.58	113,1
137,1	54.7.59	113,2
137,2	54.7.62	113,3
137,3	54.7.63	113,4
137,4	54.7.61	121,1
137,5	54.7.65	/
137,6	54.7.66	/
137,7	54.7.60	/
138,1	54.7.67	113,5
138,2	54.7.68	/
139,1	54.7.69	/
140,1	54.7.70	113,6
140,2	54.7.72	113,7
140,3	54.7.71	/
141,1	54.7.75	113,8
141,2	54.7.76	113,9
141,3	54.7.77	113,10
141,4	54.7.78	113,11
141,5	54.7.79	113,12
142,1	54.7.82	113,13
142,2	54.7.83	113,14 /122,4
142,3	54.7.84	113,15
143,1	54.7.88	/
143,2	54.7.89	/
143,3	54.7.87	/
144,1	54.7.90	113,16
144,2	54.7.91	/
144,3	54.7.92	/
145,1	54.7.93	113,17
145,2	54.7.94	113,18
146,1	54.7.101	113,20
146,2	54.7.103	117,1
146,3	54.7.104	117,2
146,4	54.7.99	/
146,5	54.7.100	/
146,6	54.7.102	/
147,1	54.7.107	117,3

Gefäß nr.	Inv. nr.	Tafel b. BK	Gefäß nr.	Inv. nr.	Tafel bei BK	Gefäß nr.	Inv. nr.	Tafel b. BK
147,2	54.7.108	117,4	150,2	54.7.119	117,12	154,2	54.7.134	118,3
147,3	54.7.106	117,7	150,3	54.7.118	/	154,3	54.7.132	/
147,4	54.7.105	/	150,4	54.7.120	/	154,4	54.7.135	/
148,1	54.7.110	117,5	151,1	54.7.121	117,10	155,1	54.7.137	99,1
148,2	54.7.111	117,6	151,2	54.7.122	117,13	155,2	54.7.138	118,4
148,3	54.7.109	/	152,1	54.7.125	117,11	155,3	54.7.138	118,5
148,4	54.7.112	/	152,2	54.7.126	117,14	155,4	54.7.140	118,6
149,1	54.7.116	117,8	153,1	54.7.131	117,15	155,5	54.7.141	118,7
149,2	54.7.115	/	153,2	54.7.130	117,16	155,6	54.7.136	/
150,1	54.7.117	117,9	154,1	54.7.133	99,3	156,1	54.7.144	122,1

Liste 2: Keramik - Profiltypen

AIa: 10,2 25,2 39,5 AIb: 62,2 78,1 AIc: 25,4 77,1
AId: 8,5 18,2 21,3 30,5 46,1 53,2 56,3 68,1 76,1.3 77,3
AIIa: 5,6 8,6 21,11.12 23,4 30,3 76,2 AIIb: 5,10 18,5 24,3 39,6
UAIa: 56,5 60,8 UAIb: 42,2 53,6 UAIc: 26,5 33,5 51,2 65,1
UAId: 10,5 17,1 25,1 52,8 88,3 UA(I)e: 4,2 39,3 53,7 80,1
BIa: 3,3 44,1 83,1 106,2 121,9 151,2
BIb: 15,3 41,3 63,3 98,1 109,1 117,3 121,8 132,1.2 155,4
BIc: 63,4 89,4 92,2 105,3 120,4 131,1 150,2
BId: 2,2 90,2 94,2 112,2 115,2 118,4 126,3
BIe: 1,1 109,2 140,1 148,1 BIf: 41,2 107,4 118,9
BIg: 116,4 153,1 BIh: 85,1.3 86,1 146,2 147,2
BIk: 130,2 136,2 142,1.2
(C)IIa: 137,1.3 141,1.2.3.4 142,3 148,2
CIIb: 7,2 51,7 59,2 (97,1) 111,6 116,5 147,1
CIIc: 12,6 21,5 28,5 (C)IId: 12,7.8 23,5.6 24,2 35,1
CAIIa: 12,5 61,3 CAIIb: 38,6 53,3 64,1
DIIa: 32,2 33,6 76,8 DIIb: 11,1 97,5 DIIc: 4,8 23,8
EIa: 54,1 61,1 UEIa: 23,10 68,5 80,2
FIIa: 4,7 8,7 41,5 46,4 51,6 55,3 71,2 77,5 93,3 120,6 130,1
FIIb: 42,4 50,2 FIIc: 108,6 155,3
FIId: 48,1 85,2 107,2 123,4 140,2 155,1
UGIIa: 12,1 23,11
SIa: 75,1 110,1 SIIa:136,1 154,1 SIIb: 36,5 71,1 75,3.5
USIIa: 37,3 120,1

HIIIa: 4,10 52,6 53,5 57,4 58,1 60,4 64,3 67,3 68,3.8 88,4
HIIIb: 5,4 8,8 10,1.4 12,10 13,1.3.5 21,4 24,7 29,2 33,7 51,4 56,1
HIIIc: 25,3 32,1 35,7 38,1.2.5 (77,4)
HIIId: 5,5 23,13 28,4 29,3 30,2 (14,1) HIIIe: 23,12 27,2 29,1
HIIIf: 36,6 46,3 54,2.6 (65,2) 80,3 HIIIg: 21,9 36,4
HIIIh: 51,1 53,8 67,5 HIIIk: 23,7 39,2 60,6 76,6
HIIIl: 56,4 68,6 69,5
UHIIIa: 27,3 67,4 68,4 UHIIIb: 4,4 52,9
KIIIa: 1,3 102,2 113,1 117,2 121,6 123,3 129,2 154,2
KIIIb: 74,1 83,3 KIIIc: 83,2 114,1 116,3 120,7
KIIId: 16,1 37,2 87,3 90,3 93,2 94,1 98,2 99,3 102,1 108,2 147,3
152,1 KIIIe: 111,5 107,3 151,1 KIIIf: 87,2 111,1
KIIIg: 109,3 115,1 S(K)IIIa: 59,3 105,1 122,1
UKIIIa: 87,1 89,1
SIIIa: 50,3 69,1 SIIIb: 45,1 52,7 SIIIc: 96,2 97,4 103,3 133,1

Liste 3: Keramik - Handhabungstypen

(Abkürzungen vgl. Kap. II, S. 17f.)

an ein- bis zweigliedrigen Gefäßen:

(1) 2Hr-1: 8,6 18,2.4 42,4 88,2 95,2 107,4 109,1 117,3 118,8
121,8 132,1.2 153,1
(2) 2Hrs-1: 18,5 24,3 26,3 39,6 (3) 2Hs-1: 5,10 30,3 33,4 38,3 52,3
(4) 2Hb-1: 44,1 85,3 98,1 (5) 2Kr-1: 1,2 37,1 49,1 92,2 121,7
(6) 2Hrs-2: 4,1 26,2 40,4 50,2 (7) 2Hr-3: (64,1) 120,1
(8) 2Hrs-3: 23,4 61,3 (9) 3Krs-2/3: 30,5 68,1 79,2
(10) 3Hrs-4: 23,1 33,3 35,3 39,1
(11) 3Krs-4: 27,5 29,4.5 50,5 54,4 77,3 (12) 3Ks-4: 23,10 25,4
(13) 4Hrs-4: 4,9 54,3 (14) 4Hs-4: 8,10 10,2 12,9 13,2 24,1 26,1
28,3 30,1 33,2 36,1 38,4 48,4 52,8 53,4 60,3 67,6 68,2 77,2 78,2 151,2
(15) 2H/2Krs-4: 54,1 66,6 (16) 2H/2Ks-4: 55,4 67,2
(17) 4H/Ks-4: 11,2 25,2 50,1 52,4 60,2 62,1
(18) 4Krs-4: 5,6 8,5 9,1 18,1 23,3 28,1 29,6 39,5 40,1.3 42,1
46,1 51,3.5 52,1 53,2 55,2 57,1 61,1.2 67,1 69,2 75,1.3 76,3.4
86,1 88,1 96,1 110,2 111,6 120,5 121,3.9 126,2 142,2
(19) 4Ks-4: 5,2 6,2 10,5 12,1.2 13,4 14,2 17,1 21,7 23,2 24,5
25,1 26,5 27,4 30,4 33,1.5 35,4.6 36,2 39,4 42,2.3 46,2 51,2
52,5 53,1.6 56,3 60,8 62,2 65,1 68,5.7 69,3 76,7 78,1 80,1.2 88,3
(20) 4H-6: 128,2 148,1 (21) 4K-6: 1,1 94,2 99,1 109,2 112,2
117,1 118,4 147,2 155,4 (22) 2Hr-1/2K-4/5: 41,5 48,2 50,4 71,2 93,3
(23) 2Hrs-1/2K-4/5: 21,10.12 26,6 (24) 2Hb-1/2K-6: 15,3 41,3
(25) 2Krs-2/2Krs-4/5: 54,7 62,3 (26) 2Hr-3/2K-4/5: 4,7.8 23,8 37,3
(27) 2Hs-3/4Ks-6: 12,7.8 23,5.6 24,2 (28) 2Hr-3/4 Füßchen: 12,6 38,6
(29) 2Hs-3/4 Füßchen: 21,5 28,5 (30) 4Hrs-1/4Krs-5: 4,2 53,7
(31) 2Hr/2Krs-3/4Krs-5: 46,4 54,5
(32) 4Krs-1/4Krs-4/5: 51,6 59,2 79,1 116,5 (33) 4Krs-1/4Ks-5: 40,5 60,7
(34) 4Kr-2/4Kr-5: 63,4 75,5 109,7 111,4
(35) 4Kr-2/4Krs-4: 21,11 32,2 49,2 51,7 76,8 85,2 120,6
(36) 4Krs-2/4Krs-4: 25,5 57,3 (37) 4Kr-3/4Kr-4: 16,3 71,1 109,5
(38) 4Krs-3/4Krs-4: 11,1 24,4 27,1 123,4
(39) 4Ks-3/4Ks-5: 4,3 5,3 12,3 18,3 21,6 23,9
(40) 4Kr-2 + 4Kr-5 (nicht versetzt): 49,2 63,3
ohne Handhabung: 2,2 3,3 4,6 6,3 34,1 52,2 61,4 66,3 69,4 84,1
85,1 105,3 106,2 115,2 116,4 118,5.9 120,4 123,5 126,3 129,1 131,1
136,2 137,1.3 138,1 140,1 141,1.2.3.4.5 142,3 144,1 145,2 146,1
148,2 155,5

an dreigliedrigen Gefäßen:

(41) 2Hr-1: 6,1 59,3 87,2 97,3 102,2 108,2 113,1 115,1 119,1 125,2
(42) 2Hb-1: 1,3 2,1 50,3 92,1 95,1 103,1 107,3 109,6 114,1 116,3
117,2 120,7 123,3 129,2 147,3 151,1 152,1 155,2
(43) 2Hr-3: 38,1 46,3 54,2 60,5 120,2
(44) 2Hs-3: 5,5 7,1 40,2 38,2 66,1 77,4 116,2
(45) 2Hr-4: 89,1 109,9 121,5 (46) 2Hr-1/2K-4: 93,2 94,1 111,1.5
(47) 2Hb-1/2K-4/5: 15,2 83,2 90,3 98,2 99,3 102,1 105,1
(48) 2Hs-3/2K-4/5: 40,6 51,4 (49) 2Hrs-3/2K-4/5: 13,1 56,1.4
(50) 2Hr-3/2Krs-4/5: 14,1 54,6 68,3
(51) 2Hr-3/4Kr-5: 52,6 53,5 64,3 65,2 68,6.8 88,4
(52) 2Hs-3/4Krs-5: 8,9 10,4 23,12 29,3 35,7 36,6 58,1 60,4
(53) 2Hrs-3/4Ks-5: 13,3 27,2 (54) 2Hs-3/4Ks-5: 5,4 8,8 12,10 13,5
21,4 23,13 24,7 25,3 29,1.2 30,2 32,1 33,7 38,5
(55) 2Hb-1 + 4K-5: 16,1 121,6 (56) 4Hrs-3/2Hr-4/5: 66,5 76,6
(57) 2x2K-3/2Hr-4/5: 39,2 52,7
(58) 4Hs-3/4Ks-4/5: 24,6 35,5 52,9 53,8 67,4 68,4
(59) 4Krs-3/4Krs-4/5: 4,5 8,3 51,1 66,4

Liste 4: Keramik - Typengruppen (funktionale Zusammengehörigkeit)

"AI": 4,9 5,2.9 8,5.10 10,2.3 11,2 12,9 13,2 18,1 21,3 23,1.2.3
24,1 25,2.4 26,1 27,5 28,3 29,4.5 30,4.5 32,3 33,2.3 35,3.4
36,1.2 39,1.5 40,3 46,1 48,4 50,1 51,5 52,1.4 53,2.4 54,3.4
55,2.4 56,2.3 60,2.3 61,2 62,1.2 66,6 67,1.2 68,1.2 69,2
76,1.3 77,2.3 78,1.2 79,2 88,1

"EI": 5,8 33,1 54,1 61,1

"AII": 5,10 8,6 18,4.5 21,10.12 24,3 26,3 30,3 38,3 39,6 48,2
61,4 76,2

"CII": 4,1 12,5.6.7.8 21,5 23,5.6 24,2 28,5 35,1 38,6 40,4 53,3
61,3 64,1

"FII" (PI): 11,1 24,4 25,5 32,2 33,6 48,1 51,6.7 54,7 66,2 76,8

"UAI": 5,7 9,1 10,5 12,2 13,4 14,2 17,1 21,7 24,5 25,1 26,5
27,4 29,6 30,1 33,5 35,6 38,4 39,4 40,1 42,1.2.3 45,3 46,2.5
50,5 51,2.3 52,5.8 53,1.6 56,5 60,7.8 65,1 67,6 68,7 69,3
76,7 80,1 88,3

"UEI": (6,2) 23,10 28,1 40,5 (68,5) 80,2
"UGII": 8,1.4 12,3 18,3 21,1.6.8 23,9.11 54,5 78,3

"hIII": 4,10 5,1.4.5 8,2.8.9 10,1.4 12,4.10 13,1.3.5 14,1 21,2.4
23,12.13 24,7 25,3 26,7 27,2 28,2.4 29,1.2.3 30,2 32,1
33,7 37,7 36,4.6 38,1.2.5 40,2.6.7 46,3 48,3 51,4 52,6
53,5 54,2.6 56,1 57,4 58,1 60,4.5 62,4 64,3 65,2 66,1
67,3 68,3.8 76,5 77,4 80,3 88,4

"HIII": 8,3 21,9 23,7 39,2 45,1 51,1 52,7 53,8 56,4 60,6 66,5
67,5 68,6 69,5 76,6

"UHIII": 4,4.5 24,6 27,3 35,5 52,9 55,1 60,1 66,4 67,4 68,4

"BI": 1,1.2 2,2 3,3 15,1.3 16,2 37,1 41,1.2.3 44,1 49,1 57,1
83,1 85,1.3 86,1 89,4 90,2 92,2 94,2.4 95,2 96,1 98,1 105,2.3
106,2 107,4 109,1.2 110,1 111,2 112,2 115,2 116,4 117,3
118,4.8.9 120,4 121,8.9 123,5 126,3 128,2 129,1 130,2 131,1.3
132,1.2 136,2 138,1 140,1 141,5 142,1.2 144,1 145,2 146,1.2
147,2 148,1 150,2 151,2 152,2 153,1 155,4.5

"FII"(PII): 7,2 16,3 49,2.3 59,2 71,1 85,2 97,1.25 101,1 107,1.2
109,5.7 111,4.7 112,1 114,2 116,5 118,6 120,6 121,7
123,4 140,2 147,1 154,1 155,1

"(C)IIa": 137,1.3 141,1.2.3.4 142,3 148,2

"KIII": 1,3 2,1 6,1 15,2 16,1 37,2 41,4 59,3 74,1 83,2.3 87,2.3
89,2 90,3 92,1.3 93,2 94,1 95,1 97,3 98,2 99,3 102,1.2
103,1 105,1 107,3 108,2.4 109,3.6 111,1.3.5 113,1 114,1
115,1 116,3 117,2 119,1 120,7 121,6 122,1 123,3 125,2
126,1 129,2 147,3 151,1 152,1 154,2 155,2
wahrscheinlich "KIII": 2,4.5 3,4 7,3 15,6 16,4 44,2 49,4 57,5 71,3
72,1 85,5 89,5 93,1.6 95,3 100,1 106,4 107.5.6 120,8 124,2
127,3 128,1 131,2 132,3.5 138,2 143,2 148,3 149,1 150,1
153,2 155,6 156,1

"U(K)III/USIII": 3,1 7,1 49,5 85,4 87,1 89,1 106,3 116,2 118,2
120,2 121,5 123,2

Liste 5: Periode-I-ähnliche Gefäße in Periode II

in Frauengräbern:

Gef. 2,3.7: Fragmente von 2 Fußgefäßen (BK Taf. 6,6)
Gef. 15,5: Fragm. von Fußschüssel (Prop. I/II) mit PI-orientierter Handhabung in Form und Position (ehem. 4 Krs unter Gefäßmitte = ung. Typ 18) (BK Taf. 17,8)
Gef. 41,2: PI-orientierte Handhabung in der Zahl (3Kr-5) an BIf (BK Taf. 50,7)
Gef. 41,7: Fragm. von Schüssel, möglicherweise mit Fuß
Gef. 49,2: Fragm. von Fußtopf (BK Taf. 56,2)
Gef. 59,3: großer Topf (H. 35 cm - 'Vorratsgefäß') mit PI-orientierter Handhabung in Zahl und Position (noch 4H-3/1K-5) (BK Taf. 58,3)
Gef. 63,2: PI-orientierte Handhabung in Form, Zahl und Position (noch 1Hs-3 + 4k-4/5) (BK Taf. 57,4) an Topffragm.
Gef. 85,4: Fragm. von Fußgefäß (BK Taf. 119,3)
Gef. 86,1: PI-orientierte Handhabung in Form und Position (Typ 18: 4Krs-4) an BIh (BK Taf. 84,2)
Gef. 86,2: Fragm. von Fußgefäß (BK Taf. 84,3)
Gef. 87,1: Fußtopf (UKIIIa) mit PI-orient. Handhabung in der Position (2Hr/2Kr-4) (BK Taf. 84,1 und Taf. 89,1)
Gef. 89,1: Fußtopf (UKIIIa) mit PI-orient. Handhabung in der Position (Typ 45: 2Hr-4) (BK Taf. 89,2 und Taf. 90,1)
Gef. 96,1: PI-orient. Handhabung in Form und Position (Typ 18) an SI (BK Taf. 92,5)
Gef. 97,1.2: PI-orient. Handhabung in der Form (noch 1 Krs-4 bzw. noch 1Krs-5) an CIIb und FII (BK Taf. 93,1.2)
Gef. 97,4: PI-orient. Handhabung in Form, Zahl und Position (2Hs-3/4Kr-4/5) sowie Punkt- (und Ritz)verzierung an SIIIc (BK Taf. 93,7)
Gef. 97,6: Fragment von Fußgefäß
Gef. 106,1: PI-Profil (AII) mit PI-orient. Handhabung in der Form (noch 2H/2Krs-4) (BK Taf. 96,6)
Gef. 106,3: Fragm. von Fußtopf (Profil wohl Typ K) (BK Taf. 97,3)
Gef. 108,1: Fragm. von Fußgefäß (BK Taf. 91,8)
Gef. 111,6: PI-orient. Handhabung in Form und Position (Typ 18), dazwischen senkrechte Kerbleisten, an CIIb (BK Taf. 104,8)
Gef. 116,2: Fußtopf (UKIII) mit PI-orient. Handhabung in Form und Position (Typ 45: 2Hs-3) (BK Taf. 111,5)
Gef. 118,1: Fragm. von Fußschüssel (BK Taf. 105,1)
Gef. 118,2: Fragm. von Fußgefäß mit PI-orient. Handhabung in der Form (noch 4Krs-4/5) (BK Taf. 97,2 und 105,2)
Gef. 118,3: PI-orient. Handhabung in der Position (noch 1K-3/2H-4/5) an SIII (BK Taf. 105,3)
Gef. 118,6: PI-orient. Handhabung in der Form (ähnlich Typ 18) an FII (BK Taf. 105,6)
Gef. 120,1: Fußschüssel (USIIa) (BK Taf. 106,1)
Gef. 120,2: Fußtopf (UKIII) mit PI-orient. Handhabung in der Position (Typ 44: 2Hr-3) (BK Taf. 106,2)
Gef. 120,5: PI-orient. Handhabung in der Form (Typ 18) an CII (BK Taf. 106,5)
Gef. 121,1: Fragm. von 'Vorratsgefäß' (BK Taf. 97,8)

Gef. 121,2: PI-Profil (AII) (BK Taf. 108,1)

Gef. 121,3: Fußschüssel (USI) mit PI-orient. Handhabung in Form und Position (Typ 18) (BK Taf. 108,2)

Gef. 121,4: 'Vorratsgefäß' mit PI-Profil (HIII - Höhe 33,3 cm) und mit PI-orient. Handhabung in Zahl und Position (4Hb-3/4) (BK Taf. 108,3)

Gef. 121,5: Fußtopf (USIII) mit PI-orient. Handhabung in der Position (Typ 45: 2Hr-4) (BK Taf. 108,4)

Gef. 121,9: PI-orient. Handhabung in Form und Position an BIa (Typ 18) (BK Taf. 108,8)

Gef. 123,2: Fußtopf (UKIII) mit PI-orient. Handhabung in jeder Beziehung (4Krs-4/5) (BK Taf. 109,1)

Gef. 126,2: PI-orient. Handhabung in der Form (Typ 18) an FII (BK Taf. 111,2)

in Mehrfachgräbern:

Gef. 130,5: Punktverzierung an Topffragm. (BK Taf. 112,8 u. 122,3)

Gef. 101,1: PI-orient. Handhabung in der Form (noch 2Krs-3) an FII (BK Taf. 119,5)

in Männergräbern:

Gef. 3,1: Fragm. von Fußtopf (BK Taf. 6,8.10)

Gef. 3,2: Fragm. von Fußgefäß (BK Taf. 6,9)

Gef. 7,1: Fußtopf (UKIII) mit PI-orient. Handhabung in Form und Position (TYp 45: 2Hs-3) (BK Taf. 12,1)

Gef. 37,3: Fußschüssel (USIIa) (BK Taf. 46,6)

Gef. 37,4: Fußgefäß - antik fragmentiert (BK Taf. 120,5)

Gef. 102,3: Fußgefäß - antik fragmentiert

Gef. 110,2: PI-orient. Handhabung in der Form (Typ 18) an FII (BK Taf. 103,2)

Gef. 115,1: Punkt- (und Ritz)verzierung, flächendeckend an KIIIg (BK Taf 103,4)

Gef. 117,1: Fußschüssel (USI) mit PI-orient. Handhabung in der Form (Typ 21: 4Krs-6) (BK Taf. 118,1)

Gef. 125,1: Fragm. von Fußschüssel (BK Taf. 97,5 und 109,6)

Gef. 137,2: PI-Profil (AII) (BK Taf. 113,3)

Gef. 137,4: Punktverzierung, flächendeckend, an Fragm. (BK Taf. 121,1)

Gef. 142,2: PI-orient. Handhabung in der Form (Typ 18) an BIk (BK Taf. 113,14 und 122,4)

Gef. 151,2: PI-orient. Handhabung in der Form (Typ 14: 4Hs-4) an BIa (BK Taf. 117,13)

Bemerkung: Bei der Handhabung wurde auch berücksichtigt, ob die Zahl oder Position der Henkel/Knubben an dem entspechenden Profil für die Periode II untypisch ist, wodurch sich bei demselben Handhabungstyp (bes. Typ 18) Unterschiede in der Verbundenheit mit der Periode I ergeben.

			Besonderheiten					Grube			Skelettlage			Kontraktion							Seite						
Grabnummer	Zeitstufe	Alter	symb. Grab	Schädelbestattg.	mutiliert	zerstückelt	zusätzl. Knochen	Fläche (m^2)	Tiefe (cm)	Feuer	Abweichg. v. Hauptrichtg.	Kopf im W	Kopf im O	gestreckt	leicht gehockt	leicht - mittel	mittel	mittel - streng	streng	sehr streng	Rücken	Rücken - rechts	rechts	rechts - Bauchlage	Rücken - links	links	links - Bauchlage
Periode I : Männliches Geschlecht																											
5	a1	65-70						1,2	60			x			x								x				
9		1,5-2						0,7	55		x	x		x							x						
10	a	18-22				x		1,0	50			x			x							x					
12	a1	55-60						2,2	105			x		x							x						
13A	a	35						1,3	66			x		x								x					
13B		6-7										x			x							x					
14		60						1,3	66			x		x							x						
18		6						0,5	75			x			x							x					
23	a1	24-29						1,5	98			x			x								x				
28	a1	35-4o						1,2	95	x		x		x							x						
29	a1		x					0,9	70			(x)															
30	a1	25-30						0,6	65			x			x								x				
31		inf.I						0,2	53	x	x																
35A	a2	30-35						1,8	83	x		x		x							x						
36	b1	25						1,0	116			x			x										x		
38	a2	35						1,1	38		x		x		x								x				
39	ab	50-55						1,2				x		x								x					
40	a2	9-10						0,5	61			x			x								x				
42	b2	18-19							72			x			x								x				
45	b2	35-40					x	2,3	54			x					x						x				
50	b2	18-19						0,9	40			x			x							x					
52	b2	25						1,2	61			x			x									x			
53	b2	25-30				x		1,3	70			x			x							x					
56	ab	25-30						0,8	64			x			x							x					
58	b2	5-6						0,4	28			x			x							x					
60	b2	50-55				x		1,0	40			x				x							x				
61	b	18-20						0,9	51			x				x							x				
62	b1	7-9							29			x			x								x				
65	b	16-18						0,6	67			x			x								x				
67	b2	60						1,6	55			x		x							x						
68	b2	55-60						0,8	74			x		x							x						
77	a2	7							31			x					x						x				
78	b1	12-14						0,4	29			x					x						x				
79	a2	16-18						0,6	16			x			x							x					
80	b1	20-22							48			x			x								x				
81		7							17		x	x			x								x				
82		1,5-2						0,4	72			x			x							x					
Periode I : Weibliches Geschlecht																											
4	b2	13						1,0	55		x	x			x											x	
8	a	45-50						1,2	61			x			x											x	
11	ab		x						60			(x)															
21	a1	30-35				x		0,9	98			x		x											x		
24	a1	5-6						0,6	75			x			x											x	
25	a2	1-1,5						0,4	67			x			x											x	
26	a2	40-45			x			0,8	90			x		x											x		
27	ab	55-60						1,5	58			x			x												x

Tabelle 10a: Bestattungssitte

			Besonderheiten					Grube			Skelettlage																
											Orientg.			Kontraktion							Seite						
Grabnummer	Zeitstufe	Alter	symb. Grab	Schädelbestattg.	mutiliert	zerstückelt	zusätzl. Knochen	Fläche (m^2)	Tiefe (cm)	Feuer	Abweichg. v. Hauptrichtg.	Kopf im W	Kopf im O	gestreckt	leichtgehockt	leicht - mittel	mittel	mittel - streng	streng	sehr streng	Rücken	Rücken - rechts	rechts	rechts - Bauchlage	Rücken - links	links	links - Bauchlage
Periode I: Weibliches Geschlecht																											
32	a2	55-59						1,2	39	x	x	x		x							x						
33	a2	25-30			x			1,2	52	x		x			x											x	
35B	a2	4-5						1,8	83	x		x		x							x						
35C		2-3										x		x									x				
46	b1	40-45						0,8	50			x			x										x		
48	b2	40-45						0,9	39			x					x									x	
51	a2	erw.							51			x			x											x	
54	b1	40-45						0,9	75			x		x							x						
55	b2	60-65						0,8	75			x		x											x		
66	b2	40-45						0,7	77		x	x					x									x	
69	b2	40-45						0,9	72			x			x										x		
76	a2	40-45						1,1	35			x		x											x		
88	b2	25-30						0,7	32	x		x				x										x	
Periode I: Geschlecht unbestimmt																											
17		3-4																									
64	b2	6-7						0,5	37			x		x							x						
Periode I/II (Geschlecht weiblich)																											
6		10						0,6	45		x	x		x							x						
57A		40-45						0,7	30		x								x							x	
57B		2-2,5		?																							
75		45-50						1,5	40			x						x									
Periode II: Männliches Geschlecht																											
1	(c)	50-55									x	x							x				x				
3	(b)	54-59							50																		
37	(bc)	40						1,6	74	x			x						x				x				
44	(c)	35							35				x				x						x				
71	(ab)	45-50		x				1,0	75		(x)																
72		50-55						0,8	25			x		"contracted"									x				
74	(b)	18-20							33		x						x						x				
83	(b)	50-55						1,2	60			x					x						x				
84		25						1,4	43				x						x							x	
91		18-2o																	x				x				
92	(bc)	50-55						1,3	45			x					x							x			
98	(b)	35						1,1	68			x					x						x				
99	(ab)	40-45						x				x					x							x			
101A		50-55							64				x				x						x				
102	(a)	18-20						1,0	65			x					x						x				
105	(a)	35						1,0	47			x							x				x				
110		13-14							70				x				x						x				
113	(a)	40-45						0,9	75			x					x						x				
114	(bc)	40-45						0,7	79			x							x				x				
115	(a)	5-6						0,7	72			x						x					x				
117	(bc)	60-65					x	1,0	63			x							x				x				

Tabelle 10b: Bestattungssitte

Grabnummer	Zeitstufe	Alter	Besonderheiten: symb.Grab	Schädelbestattg.	mutiliert	zerstückelt	zusätzl.Knochen	Grube: Fläche (m^2)	Tiefe (cm)	Feuer	Skelettlage: Abweichg.v.Hauptrichtg.	Orientg.: Kopf im W	Kopf im O	Kontraktion: gestreckt	leicht gehockt	leicht - mittel	mittel	mittel - streng	streng	sehr streng	Seite: Rücken	Rücken - rechts	rechts	rechts - Bauchlage	Rücken - links	links	links - Bauchlage
Periode II: Männliches Geschlecht																											
119	(a)	30-35						1,9	73	x			x				x							x			
122	(a)	19-20						1,0	42			x						x					x				
125	(a)	20-23						0,9	65			x							x				x				
127		45-50							21																		
128		28-30							39				x						x				x				
129	(bc)	55-60						1,7	54		x		x						x				x				
132	(bc)	erw.							25			x					"contracted"						x				
133	(a-ab)	18-20							36			x					"contracted"						x				
135		35-40							25			x					"contracted"									x	
139		22-40							27		x	x							x				x				
141	(c)	erw.							33									x					x				
142	(c)	erw.							30				x										x				
143A		28-30							22																		
145		50						1,1	46				x						x				x				
146	(b)	18-20							35				x				x						x				
149		30-35			?			1,0	39			x								x			x				
150		10							36			x								x			x				
151	(b)	35-40						1,6	79			x							x				x				
152	(bc)	40-45						1,1	54			x							x					x			
153	(c)	8-10						1,0	52			x							x				x				
156		25						0,8	63			x							x				x				
Periode II: Weibliches Geschlecht																											
2	(a-bc)	30							30		x	x							x							x	
7		50+						1,0	43			x							x							x	
15	(b)	35-40							50																	x	
16	(b)	erw.							45		x	x							x							x	
41	(b)	30-35						1,7	58		x	x							x							x	
49	(c)	45-50						0,9	45				x						x								x
59	(a)	30-35							30		x	x							x							x	
63	(c)	40-45							20			x						x									x
85	(b)	20-22						1,4	38			x					x									x	
86	(b)	40-45						1,0	21			x							x				x				
87	(a)	20-22						1,2	51			x					x										x
89	(a)	20-22						0,7	70			x					x									x	
90	(ab)	35-40						0,7	50			x					x										x
93	(a)	25						1,0	41			x					x									x	
94	(a)	5-6										x								x						x	
95	(bc)	40-45						1,5	30			x					x									x	
96	(ab)	40						0,9	43			x					x									x	
97	(a)	22-24						1,0	50			x					x									x	
100		35-40							32			x					x										x
101B		30-35							64				x						x							x	
103	(bc)	35-40					x		57				x						x							x	
106	(b)	25-40						1,0	119			x							x							x	
107A	(bc)	25-30							95			x							x							x	

Tabelle 10c: Bestattungssitte

Grabnummer	Zeitstufe	Alter	Besonderheiten: symb. Grab	Schädelbesrattg.	mumiliert	zerstückelt	zusätzl. Knochen	Grube: Fläche (m^2)	Tiefe (cm)	Feuer	Skelettlage: Abweichg. v. Hauptrichtg.	Orientg.: Kopf im W	Kopf im O	Kontraktion: gestreckt	leicht gehockt	leicht - mittel	mittel	mittel - streng	streng	sehr streng	Seite: Rücken	Rücken - rechts	rechts	rechts - Bauchlage	Rücken - links	links	links - Bauchlage
Periode II: Weibliches Geschlecht																											
108	(a)	55-60						1,4	66			x							x							x	
109	(c)	30						1,0	52				x						x							x	
111	(a)	erw.						1,2	83			x							x							x	
112	(ab)	18						0,5	54			x					x										x
116	(c)	35-40						1,1	80			x							x							x	
118	(bc)	25-30						1,6	51			x							x							x	
120	(bc)	60-65						0,8	67			x					x									x	
121	(b)	35-40						1,5	92			x					x									x	
123	(bc)	45-50			?			2,1	78			x							x							x	
124		35-40							31				x						x							x	
126	(ab)	39							31			x							x							x	
130A	(c)	25											x						x							x	
131									34				x						x							x	
134		erw.							25				x				x									x	
137	(c)	35-40																								?	
138		25-28							23		x		x														
140	(c)	45-50							35				x				x									x	
144		40-45						0,9	41				x						x								x
147	(b)	25-28						1,4	55			x					x									x	
148	(c)	25						0,9	39			x							x							x	
154	(c)	20-22						0,9	54			x							x							x	
155	(bc)	55-60						1,0	67			x							x							x	
143B		19-20							22																		
Periode II: Geschlecht unbestimmt																											
101C		0-0,5							64				x														
104		inf.							23																		
107B	(bc)	0,5							95			x					"flexed"						x				
130B	(c)	0-0,5											x										x				
136	(c)	erw.							40								"contracted"										
Periode ?: Geschlecht männlich																											
20		30-35							18			x															
70		18-19							25				x						x							x	
Periode und Geschlecht ?																											
19																											
22		18-22							58		x	x					"contracted"									x	
34		2-3						0,3	50			x															
43		älter							50																		
47		40-45																									
73		5-6							34																		

Tabelle 10d: Bestattungssitte

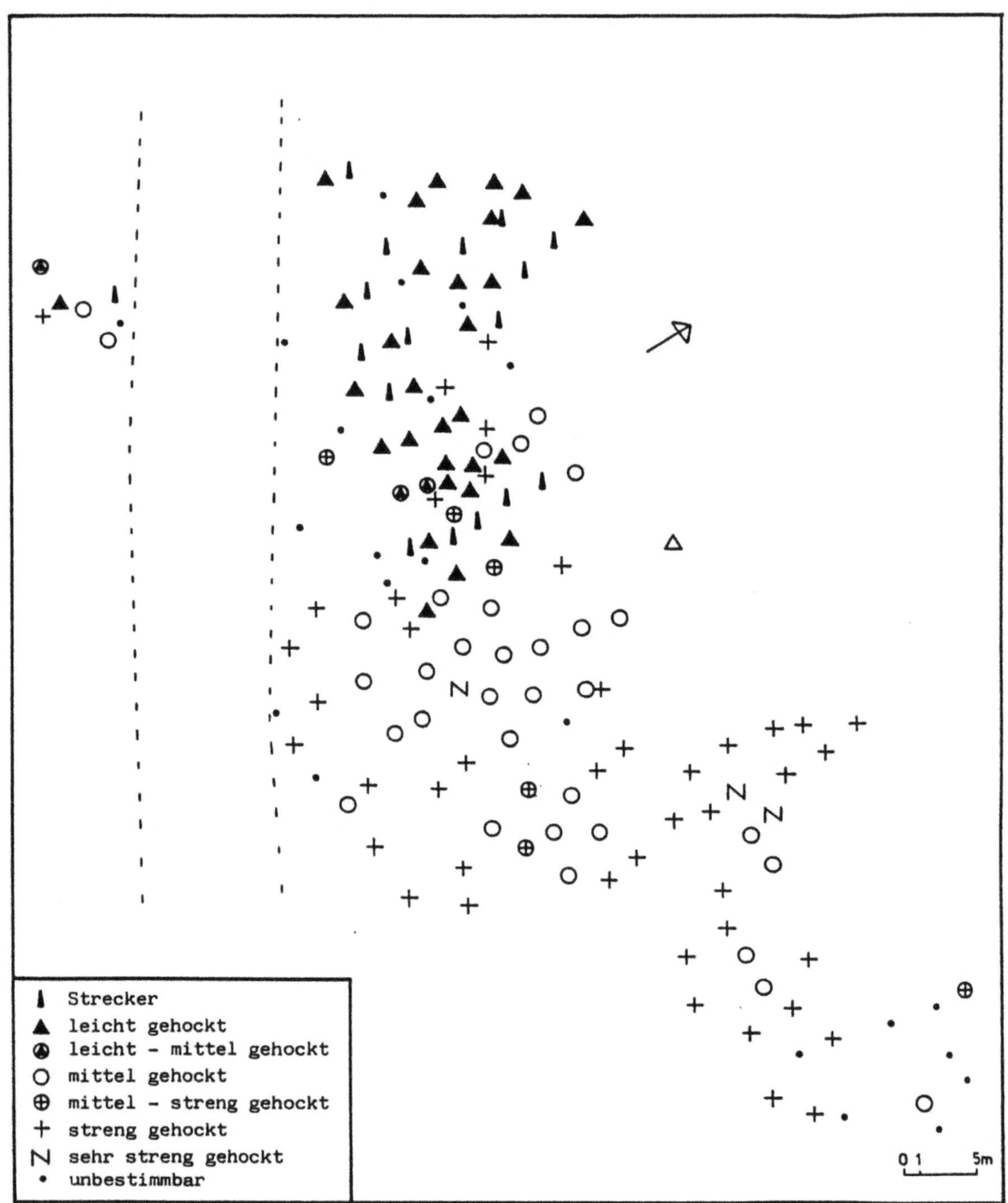

Karte 34: Skelettlage

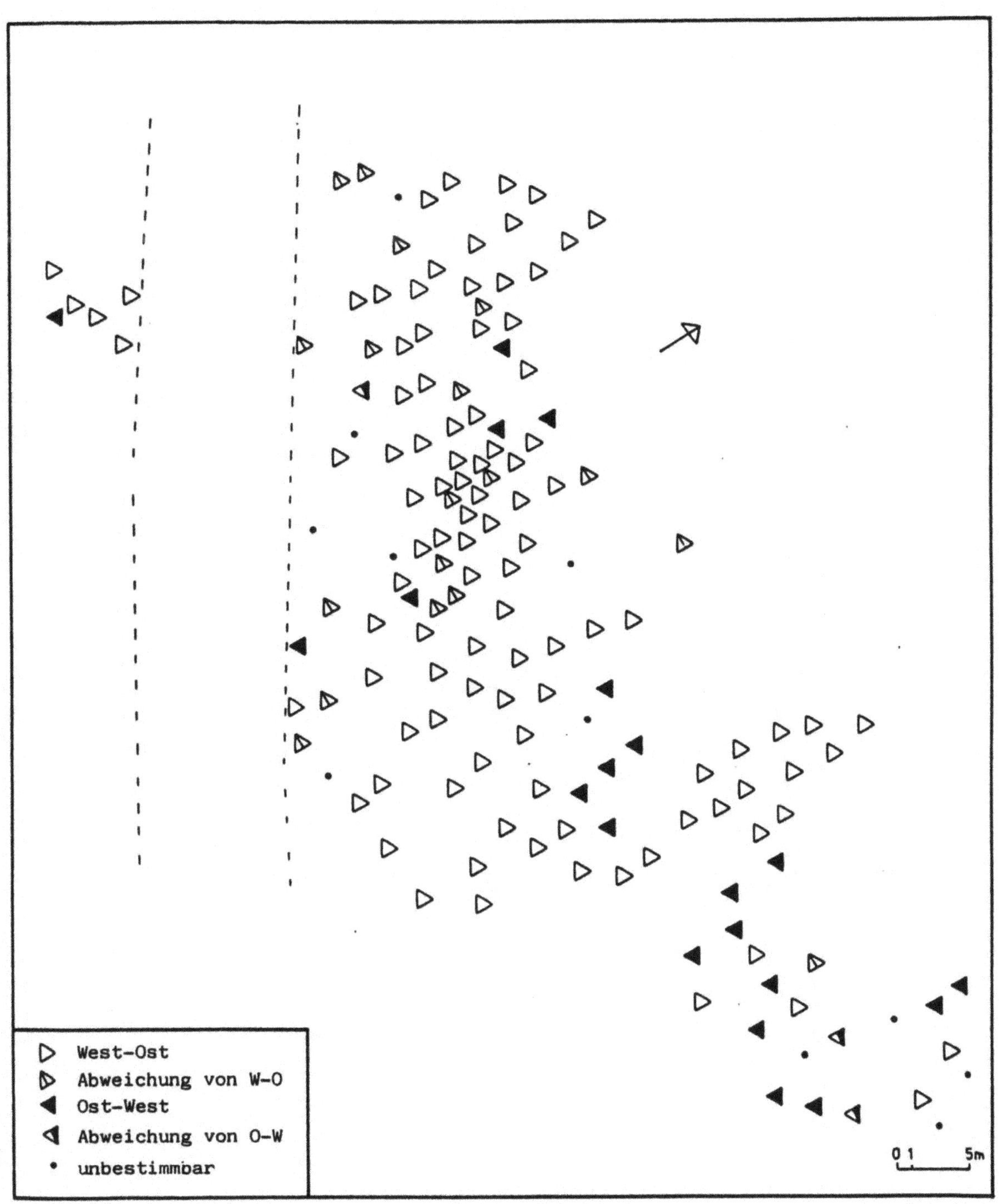

Karte 35: Orientierung der Gräber
(Grube /Skelett)

Grabnummer	Zeitstufe	Alter	Bauchkette einfach	Bauchkette mehrfach	wahrsch. Bauchkette	Halskette	einz. Perlen verstreut	Zahl der Kalksteinperlen scheibenfg.	Zahl der Kalksteinperlen röhrenfg.	Zahl d. Kupferperlen	Rotwildzahn als Teil d. Kette	Kupfer-Armring rechts	Kupfer-Armring links	Kupfer-Fingerring re	Kupfer-Fingerring li	Kupfer-Ring auf d. Brust	Kupferstück (Perle, Ring?)	Kupfer-Gewandnadel	Goldperle
Periode I: Weibliches Geschlecht																			
8	a	45-50	x					23	24						x				
21	a1	30-35			x		x	14	12					x	x	x			
24	a1	5-6		x		x	x	289	59	1					2		x		
25	a2	1-1,5	x				x	1	31										
33	a2	25-30	x			x		253	60	2				x					
35B	a2	4-5	x					95											
35C		2-3	x					19											
11	ab				x			67	4										
27	ab	55-60	2					311	24							x			
54	b1	40-45			x			61	17		x								
4	b2	13		x				543	3				x	x					
88	b2	25-30			x			45											
Periode I: Männliches Geschlecht																			
9		1,5-2					x	37						x					
13A	a	35					x			1									
13B		6-7										x							
18	a	6					x	1				x							
12	a1	55-60															x		
23	a1	24-29										x		x					
28	a1	35-40					x	19	1	3									
29	a1						x			?		x							
40	a2	9-10					x	2											
77	a	7										x							
39	ab	50-55					x		1										
50	b2	18-19										x							
52	b2	25											x						
68	b2	55-60					x	1											
Periode I/II: (Geschlecht weiblich)																			
6		10			x			77											
57A		40-45					x	4+											
75		45-50					x	6+											
Periode II: Weibliches Geschlecht																			
87	(a)	20-22		x				554				x	x						
93	(a)	25	x					28											
41	(b)	30-35		x			x	54											
85	(b)	20-22					x		2										
121	(b)	35-40	x					118											
123	(bc)	45-50			x		x	156											
131		55-60			x			56											
130A	(c)	25			x		x	611											
109	(c)	30	x					317											
Periode II: Männliches Geschlecht																			
129	(bc)	55-60																x	
142	(c)	erw.																	x

Tabelle 11: Gräber mit Tracht/Schmuck

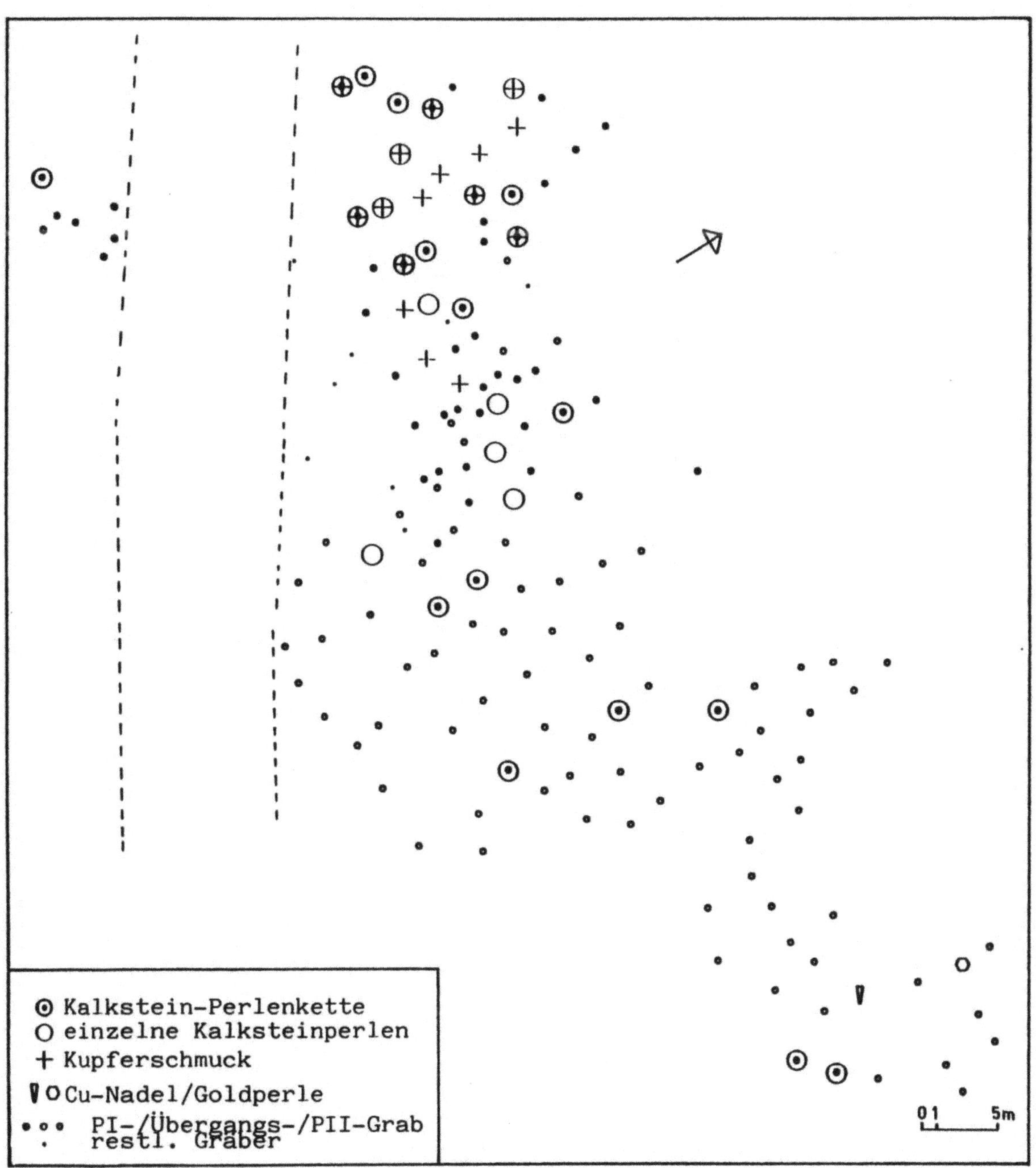

Karte 36: Verbreitung der Tracht-/Schmuckbeigabe

Grabnummer	Zeitstufe	Altersstufe	geschliffener Stein			Knochen/Geweih			Silex/Obsidian			Klingen 4–10 cm				Klingen 0–4 cm																	
			Keule	Axt	Beil	Axt	Ahle	Harpunenspitze	Speer/Pfeilspitze ?	12–19 cm intakt	10–12 cm ohne Spitze	intakt	ohne Spitze	Mittelstück	sonst defekt	intakt	ohne Spitze	Mittelstück	nur Spitze	nur Ende	Abschlag	Kratzer	Mahlsteinfragm.?	Obsidiankern	Kieselstein	Farbe	Muschelschale	Schneckenhaus	Kalkst.scheibe/Muschelschale m.Loch	ausgehöhltes Knochenst.	gebr. durchbohrtes Tonst.	gebr. Tonklumpen	Knochenlöffel?
Periode I: Männliches Geschlecht																																	
9								1																									
18	a	infans I										(1)/1						1															
31		infans I																			1												
40	a2	infans II											1									1											
77	a2	infans II								(1)								1															
42	b2	juv.											1													x							
50	b2	juv.																									x	x					
61	b	juv.					1						1					1	1	2	2	1											
65	b	juv.																									x						
79	a2	juv.																		1	4												
10	a											1	1																				
23	a1	adult I	1									(3)/2	1					3			2												
30	a1	adult I																1			1											x	
36	b1	adult I			1																							x					
52	b2	adult I				1			1	(1)		2	1					3			2									x			
53	b2	adult I											1				1	4									(x)						
56	ab	adult I										3									2	1											
28	a1	ad.II						1								1	2	3	1	1													
35A		ad.II											(1)/1									1	1										
38	a2	ad.II								(1)			1																				
45	b2	ad.II				1							1																				
12	a1	mat.II		1	1		3	2			(1)	1	4		1							1							x				
39	ab	mat.II								1	1																x						
60	b2	mat.II				1						1	2					7	3		6	6		x		x							
68	b2	mat.II										(1)	3				1		1		1						x						
5	a1	sen.								(1)																							
14		sen.			1																										x		
67	b2	sen.				1	1		2				1		1					1	2	1								x			
13A	a	35										1						2			1	1											
13B	a	6–7												1				1				1											
Periode I: Weibliches Geschlecht																																	
8	a	45–50																1															
21	a1	30–35																			(1)/1												
25	a2	1–1,5																			1												
26	a2	40–45																			1				x		x						
33	a2	25–30																							x		2						
76	a2	40–45																							x		x						
27	ab	55–60																					1				x						
46	b1	40–45																							x		x						
54	b1	40–45																							x								
4	b2	13														1									x								
48	b2	40–45																									x						
66	b2	40–45																															x
88	b2	25–30																							x								
11	ab																								x								

○ am Kopf gelegen

Tabelle 12a: Gräber mit Geräten
und Gegenständen unbestimmter Funktion

Grabnummer	Zeitstufe	Alter	Stein-Axt	Kupfer-Klinge	Kupfer-Ahle	Knochen-Ahle	Silex/Obsidian: Pfeilspitze	Speer/Pfeilspitze?	Klingen 12-19: intakt	ohne Spitze	defekt	Klingen 10-12: intakt	ohne Spitze	defekt	Klingen 4-10: intakt	ohne Spitze	Mittelstück	defekt	bis 4cm: intakt	Mittelstück	nur Spitze	defekt	unbestimmbar	Kratzer	Abschlag	Silex-Kern	Obsidian-Kern	Kern/Abschlag-Silex	Kern/Abschlag-Obs.	Kupfer-Halbfabrikat	Mahlst./pol.Steinplatte	Fischgräten	Spinnwirtel	Kieselstein	Muschelschale	Farbe	Schneckenhaus/Schildkrötpl.	Tongegenstand
Periode II: Männliches Geschlecht																																						
37	(bc)	40	1		1		4		1																													
129	(bc)	55-60	1						1																			1								x		
105	(a)	35		1	1						1			1												1	1				1					x		
71	(ab)	45-50			1		1			1											1																	
44	(b)	35		1				1							1										1		1											
74	(b)	18-20			1										1									1			1											
83	(b)	50-55					1									1						1					1											
102	(a)	18-20						1					1											1														
98	(b)	35			1				1																						1			x				x
1	(c)	50-55			1				1																		1											
99	(ab)	40-45			1										1																							
117	(bc)	60-65			1			2																														
151	(b)	35-40														1											1											
141	(c)	erw.					1										1																					
92	(bc)	50-55													1												1											
153	(c)	8-10														1	1																					
113	(a)	40-45																	1					1														
128		28-30							1																												x	
146	(b)	18-20							1																													
156		25							1																													
107B	(bc)	0,5										1																										
145		50										1																										
122	(a)	19-20													1																							
125	(a)	20-23													1																							
152	(bc)	40-45													1																							
101A		50-55														1																						
149		30-35														1																						
72		50-55															1																				x	
119	(a)	30-35																	1																			
132	(bc)	erw.																						1														
133	(a-ab)	18-22																						1														
142	(c)	erw.																					1															
Periode II: Weibliches Geschlecht																																						
41	(b)	30-35				1									1			1																x	x			
121	(b)	35-40				1											1			1													x	x		x		
85	(b)	20-22				1									1																							
87	(a)	20-22				1									1																	x		x		x		
123	(bc)	45-50				1									1																			1				
49	(c)	45-50				1																												x	x			
106	(b)	25-40													1																							
90	(ab)	35-40																					1															
109	(c)	30																													1	x		x				
120	(bc)	60-65																																x		x		
118	(bc)	25-30																																x				
59	(a)	30-35																									1		1	1								
155	(bc)	55-60																																				x
130AB	(c)																																			x		

Tabelle 12b: Gräber mit Geräten und Gegenständen unbestimmter Funktion

Grabnummer	Zeitstufe	Altersstufe	Speisebeigabe: Schaf/Ziege	Speisebeigabe: Schwein	Speisebeigabe: Rind (Rippen/Extrem.)	Hund	Schweineunterkiefer: v.wildem Eber	Schweineunterkiefer: v.domest. Eber	Schweineunterkiefer: v.domest.Schwein	Schweineunterkiefer: unbestimmbar	Ziegenschädel	"spezielle Tk.-Komb.": Geweihstück	"spezielle Tk.-Komb.": Geweihst.m.Abn.-Spuren	"spezielle Tk.-Komb.": Auerochs-Schulterblatt	"spezielle Tk.-Komb.": Rinder-Metatarsus	"spezielle Tk.-Komb.": " m. Abn.-Spuren	"spezielle Tk.-Komb.": Rinder-Tibia m.Abn.-Sp.	Röhrenknochen v. Rind	pol.Geweihstück b.Ahle	Tierzähne: Hauer v.wildem Eber	Tierzähne: Hauersplitter wild.Eb.	Tierzähne: durchbohrt. "	Tierzähne: Splitter-domest.Eber/Schw.	Tierzähne: Splitter-unbest.Schwein	Tierzähne: Schneidezahn v.Schwein	Tierzähne: Zahn unbestimmbar	Sonstiges/unbest.Tierkn.
Periode I: Männliches Geschlecht																											
9				1																							
18	a	infans I								o																	
31			x							o																	
40	a2	infans II							x																		
62	b1		x																								
77	a2								x																		
42	b2	juv.				x			x				x	o													x
50	b2								x						?												x
61	b		x			x		x																			
65	b							x																			
10	a									x				?													
23	a1	adult I	x				x	o													x			x			
30	a1								x																		x
52	b2		x			x	x						x	o	x							x					
53	b2		x			x		x							x												x
56	ab		x						x																		x
80	b1			x	x				x																		
28	a1	ad.II		x					x					x													x
38	a2								x					x			x								x		
45	b2		x				x		o																		
12	a1	mat.II	x					x						o									x		o		x
39	ab								x					x		x					x						
60	b2			x			x		o			x		x				x					2	x			
68	b2							x													x						
5	a1	sen.	x						o	x																	
14									x											x							
67	b2					x	x					3		x		x			x								
29	a1		x					x					x	o	x						x					x	
Periode I: Weibliches Geschlecht																											
24	a1	inf. I	x																								
4	b2	inf. II		x						o	x																
33	a2	ad.I													x												
8	a	matur I		x																							
26	a2		x	x																							
69	b2											x															
76	a2		x																								x
27	ab	matur II	x																								
32	a2																										x
Periode I: Geschlecht unbestimmt/Mehrfachgrab																											
64	b2	infII	x																								
13	a							x				x		x						x				x			
35	a2								x				3	x	2	x						x					

Tabelle 13a: Gräber mit Tierknochen und anderen Teilen von Tieren

Grabnummer	Zeitstufe	Speisebeigabe: Schaf/Ziege	Speisebeigabe: Schwein	Speisebeigabe: Rind (Rippen/Extrem.)	Unterk. v. domest.Schwein	Unterk. v. unbest.Schwein	Geweihstück	Schulterblatt v.domest.Rind	Rinder-Metatarsus	Hauersplitter v.wildem Eber	Sonstiges/unbest. Tierkn.
Periode I/II (Geschlecht weiblich)											
75			x				x				
Periode II : Männl. Geschlecht											
37	(bc)	x									
71	(ab)			x							
74	(b)			x							
92	(bc)		x								
98	(b)									x	
99	(ab)		x								
102	(a)		x								
105	(a)	x								2	
117	(bc)	x									
119	(c)	x									
128		x									
129	(bc)	x									
132	(bc)			x							
133	(a-ab)	x	x			o					
145		x									
156			x								
Periode II: Weibl. Geschlecht											
41	(b)	x									
49	(c)	x									
85	(b)		x		x						x
89	(a)								?		
103	(bc)										x
108	(a)	x									
109	(c)		x		o						x
121	(b)		x		o						
123	(bc)	x									
126	(ab)	x									
137	(c)							x			
Periode II : Mehrfachgrab											
101		x									

Tabelle 13b: Gräber mit Tierknochen und anderen Teilen von Tieren

	Grabnummer	Zeitstufe	Alter	Keramik: 10-13	Gefäßzahl 5-8	1-4	Geräte: Stein-Keule	Stein-/Geweih-Axt	Stein-Beil	Silexklinge ab 12cm	Pfeil/Speerspitze?	Knochenahle	Silex-/Obs.-Kleingerät	Tier- (knochen): Hund	"spez.Tierkn.-Komb."	Hauer	Schweineunterk. w:wild o:fragm.	Besonderheiten
Periode I: Männliches Geschlecht																		
o	12	a1	55-60	10				x	x			3	7		x	x	x	
	23	a1	24-29	13			x						11			2	w/o	
	67	b2	60		6			x			x		6	x	x		w	
	60	b2	50-55		8			x					25		x	3	w/o	abgetr.Knochen
	52	b2	25	10				x		x	x		8	x	x	x	w	
o	45	b2	35-40		x			x					1				w/o	zusätzl.Knochen
	5	a1	65-7o	10						x							x/o	
+	38	a2	35		7					x			1		x		x	Ost-West-Orientg.
	39	ab	50-55		6					x			1		x	x	x	
	36	b1	25		6				x									linke Seitenlage
	14		60			2			x							x	x	
	28	a1	35-40		5								8		x		x	
	56	ab	25-30		8								6				x	
	68	b2	55-60		8								7			x	x	
	53	b2	25-30		8								6	x	x		x	
	61	b	18-20			4						x	8	x			x	
	42	b2	18-19			4							1	x	x		x	
	30	a1	25-30		5								2				x	
	79	a2	16-18			2							5					
	40	a2	9-10		7								2				x	
	77	a2	7		5					x			1				x	
	10	a	18-22		5								2		?		x	abgetrennter Schädel
	18	a	6		5								2				o	
	9		1,5-2			1												
o	31		inf.I			2							1				o	
	80	b1	20-22			4											o	
	78	b1	12-14			3												
	62	b1	7-9			4												
	50	b2	18-19		5										?		x	
	58	b2	5-6			2												
	65	b	16-18			2											x	
o	81		7			3												
o	82		1,5-2															
	29	a1			6										x	x	x	symbolisches Grab
Periode I: Mehrfachgräber																		
	A		35										2		x	x	x	
	13A/B	a			5								3			x		Doppelgrab
	B		6-7										3					
	35 A		30-35										3			x	x	Dreifachgrab
	A-C	a2			7										x			

Tabelle 14: Vergleich der Gräber
(relevante Unterschiede)

	Grabnummer	Zeitstufe	Alter	Gefäßzahl				Schmuck						Skelettlage			Besonderheiten
				10-12	5-7	2-4	Tierknochen-Speisebeigabe	Perlen	Kupferring	kleines Silex/Obs.-Gerät	Kieselstein	Schweineunterk.-Bruchstücke	Rinder-Metatarsus (in Gefäß)	leicht/leicht-mittel geh. + li/li - Bauchlg.	leicht gehockt + Rücken - linke Seitenlage	gestreckt/mittel geh. + Ri/Ri-li/links	
Periode I: Weibliches Geschlecht																	
	8	a	45-50	12			x	x	x	x				x			
	24	a1	5-6		7		x	x	x					x			
	21	a1	30-35	12				x	x	x						x	abgetrennter Knochen
	25	a2	1-1,5		5			x		x				x			
	33	a2	25-30		7			x	x		x		x	x			mutiliert
	35B	a2	4-5		(7)			x								x	
	35C		2-3					x									(rechte Seitenlage)
	27	ab	55-60		5		x	x	x					x			
	26	a2	40-45		7		x			x	x					x	mutiliert
+	76	a2	40-45	10			x				x					x	
+	51	a2	erw.		x									x			
+	11	ab				x		x			x						symbolisches Grab
	54	b1	40-45		7			x			x					x	
	32	a2	55-59			3										x	
	46	b1	40-45		5						x				x		
	48	b2	40-45		4											x	
	55	b2	60-65		5											x	
	66	b2	40-45		6											x	
	69	b2	40-45		5										x		
	88	b2	25-30			4		x			x			x			
	4	b2	13	10			x	x	x	x	x	x		x			

Tabelle 15: Vergleich der Gräber
(relevante Unterschiede)

Zeichenerklärung zu den Tabellen 14 - 17:

o Grab allgemein schlecht erhalten

\+ Grab ernsthaft gestört

Grabnummer	Zeitstufe	Alter	Skelettlage: W-O/o:Abweichg. Orientg.	O-W/o:Abweichg.	mittel/mittel-streng geh.	streng/sehr streng	rechte Seitenlage	linke	Cu-Gewandnadel	Goldperle	Keramik/Speise: 5-7 Gefäßzahl	1-4	Fußgef.	PI-ähnl.: Sonstiges	Tierknochen-Speise	Tk.: Schweineunterk.	Hauer	Geräte/Verschiedenes: Stein-Axt	Kupfer-Klinge	Kupfer-Ahle	Pfeil/Speerspitze	Klingen: 12-19 cm	10-12 cm	4-10 intakt/ohne Sp.	4-10 Mittelstück	bis 4 cm	unbestimmt	Kratzer	Abschlag	Silex-Kern	Obsidian-Kern	Mahlst./pol.Steinplatte	pol.Kieselstein	Farbe
Periode II: Männliches Geschlecht																																		
37	(bc)	40		x		x	x					3	x		x			x		x	4	x												
o 105	(a)	35	x			x	x					4			x		2		x	x		1	1							x	x	x		x
71	(ab)	45-50	o									3			x					x	x	x				x								
o 44	(b)	35		x	x		x					3							x		?			x					x		x			
+ 74	(b)	18-20	o		x		x					1			x					x				x				x			x			
83	(b)	50-55	x		x		x					3									x			x		x					x			
102	(a)	18-20	x		x		x					2	o		x						?		x					x						
117	(bc)	60-65	x			x	x					4	x		x					x	?													
129	(bc)	55-60		o		x	x		x			2			x			x				x								o				x
98	(b)	35	x		x		x					2					x			x		x										x	x	
o 1	(c)	50-55	o			x	x					3								x		x									x			
99	(ab)	40-45	x		x		x					3			x					x				x										
+ 141	(c)	erw.			x		x				5										x				x									
153	(c)	8-10	x			x	x					2												x	x									
113	(a)	40-45	x		x		x					1														x		x						
151	(b)	35-40	x			x	x					2												x							x			
o 92	(bc)	50-55	x		x		x					3			x									x							x			
128		28-30		x		x	x					3			x							x												
o 146	(b)	18-20		x	x		x				6											x												
+ 156		25	x			x	x					1			x							x												
o107B	(bc)	0,5	x				x				(7)												x											
145		50		x		x	x					2			x								x											
122	(a)	19-20	x		x		x					3											x											
125	(a)	20-23	x			x	x					3	x											x										
152	(bc)	40-45	x			x	x					2												x										
149		30-35	x			x	x					2												x										
o 72		50-55	x				x					1													x									
119	(a)	30-35		x	x		x					1			x											x								
+ 142	(c)	erw.		x			x			x		3		x													x							
+ 132	(bc)	erw.	x				x					4			?													x						
+ 133	(a-ab)	18-20	x				x					1			x	o												x						
+ 3	(b)	54-59										4	x																					
+ 127		45-50										4																						
o 135		35-40	x					x				4																						
110		13-14		x	x		x					3																						
114	(bc)	40-45	x			x	x					2																						
115	(a)	5-6	x		x		x					4		x																				
84		25		x		x		x				1																						x
+ 139		22-40	o			x	x																											
+ 91		18-20				x	x																											
+101A		50-55		x	x		x					(2)			(x)									x										
+143A		28-30										(3)																						

Tabelle 16: Vergleich der Gräber

Grabnummer	Zeitstufe	Alter	Keramik/ Speise: Gefäßzahl 9–10	5–7	1–4	Funktion: PI–ähnlich	Sonstiges	Tierknochen–Speise	Tk.: Schweineunterkiefer	Metatarsus v.unbest.Tier	Schmuck: Perlen	Kupferring	Geräte/Verschiedenes: Knochenahle	Klinge: 4–10 cm	bis 4 cm	unbestimmt	Mahlst./pol.Steinplatte	Kieselstein	Spinnwirtel	Fischgräten	Muschelschale	Farbe	Obsidian–Kern/Abschlag	Kupfer–Halbfabrikat
Periode II: Weibliches Geschlecht																								
121	(b)	35–40	9			x	x	x	o		x		x	x	x			x	x			x		
109	(c)	30	9						o		x						x	x		x				
85	(b)	20–22		7		x			x		x		x	x						x				
87	(a)	20–22		5		x					x	x						x				x		
41	(b)	30–35		7		?	x	x			x		x	2				x		x				
123	(bc)	45–50		6		x		x			x		x	x				x						
49	(c)	45–50		5		x		x					x					x		x				
120	(bc)	60–65	10			x	x											x						
118	(bc)	25–30	9			x	x											x						
o 106	(b)	25–40		5		x	x							x										
o 90	(ab)	35–40			3											x								
93	(a)	25		6							x													
o 131		55–60		4							x													
59	(a)	30–35				x																	2	x
89	(a)	20–22		6		x				x														
108	(a)	55–60		6		x		x																
103	(bc)	35–40			4			?																
+ 126	(ab)	39			4		x	x																
+ 2	(a–bc)	30		7		x																		
+ 15	(b)	35–40		7		x																		
o 111	(a)	erw.		7			x																	
+ 137	(c)	35–40		7			x	?																
97	(a)	22–24		6		x		x																
116	(c)	35–40		6		x																		
155	(bc)	55–60		6																				
o 7		50+		5		x																		
63	(c)	40–45		5			x																	
94	(a)	5–6		5																				
o 86	(b)	40–45		4–5			x																	
95	(bc)	40–45		4–5																				
o 16	(b)	erw.			4																			
o 100		35–40			4																			
147	(b)	25–28			•4																			
148	(c)	25			4																			
154	(c)	20–22			4																			
o 96	(ab)	40			3		x																	
o 112	(ab)	18			3																			
o 124		35–40			3																			
+ 140	(c)	45–50			3																			
144		40–45			3																			
+ 138		25–28			2																			
+ 134		erw.			1																			
o130A	(c)	25		(5)			x				x											x		
o107A	(bc)	25–30		(7)																				
+101B		30–35			(2)	x		x																
+143B		19–20			(3)																			

Tabelle 17: Vergleich der Gräber (relevante Unterschiede)

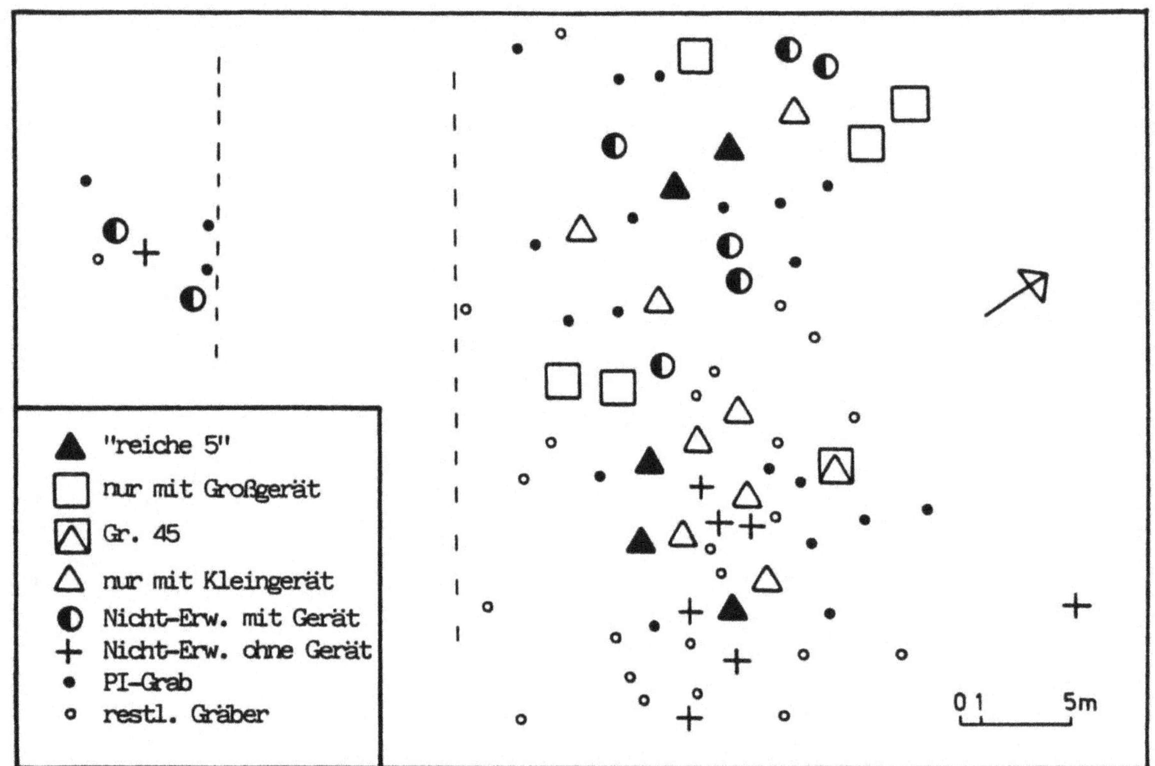

Karte 37a: Vergleich der Gräber
Periode I - männliches Geschlecht

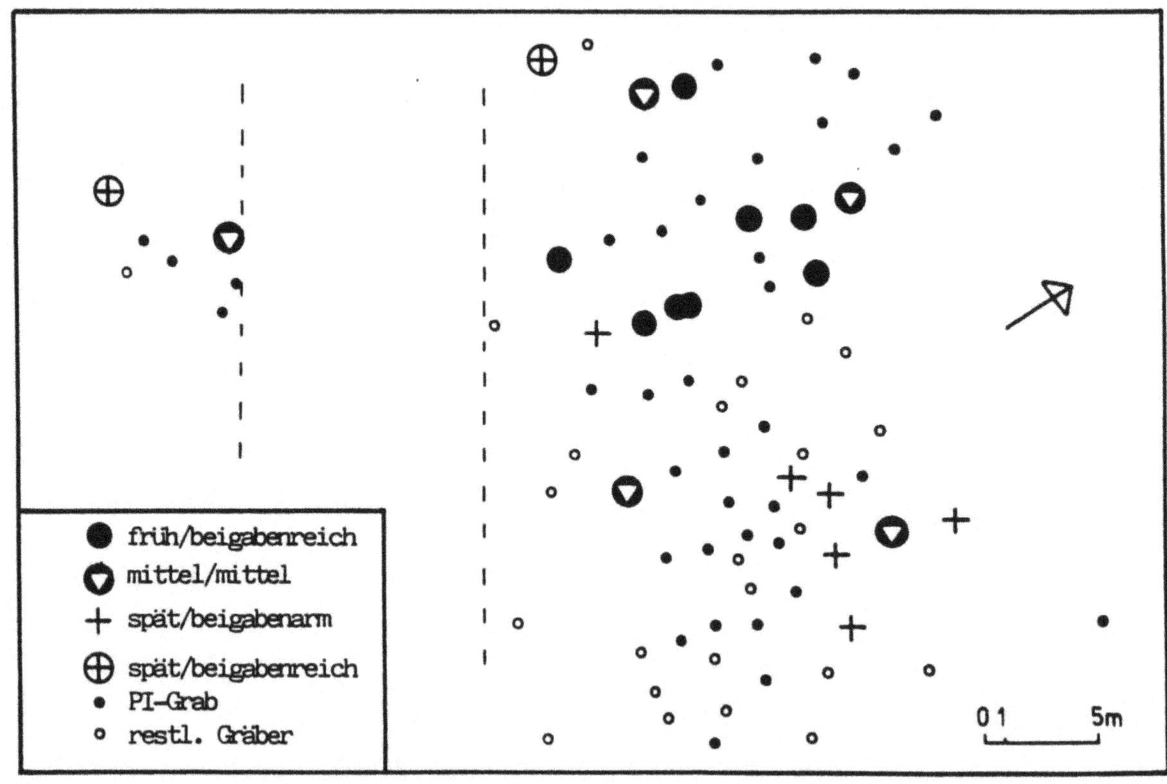

Karte 37b: Vergleich der Gräber
Periode I - weibliches Geschlecht

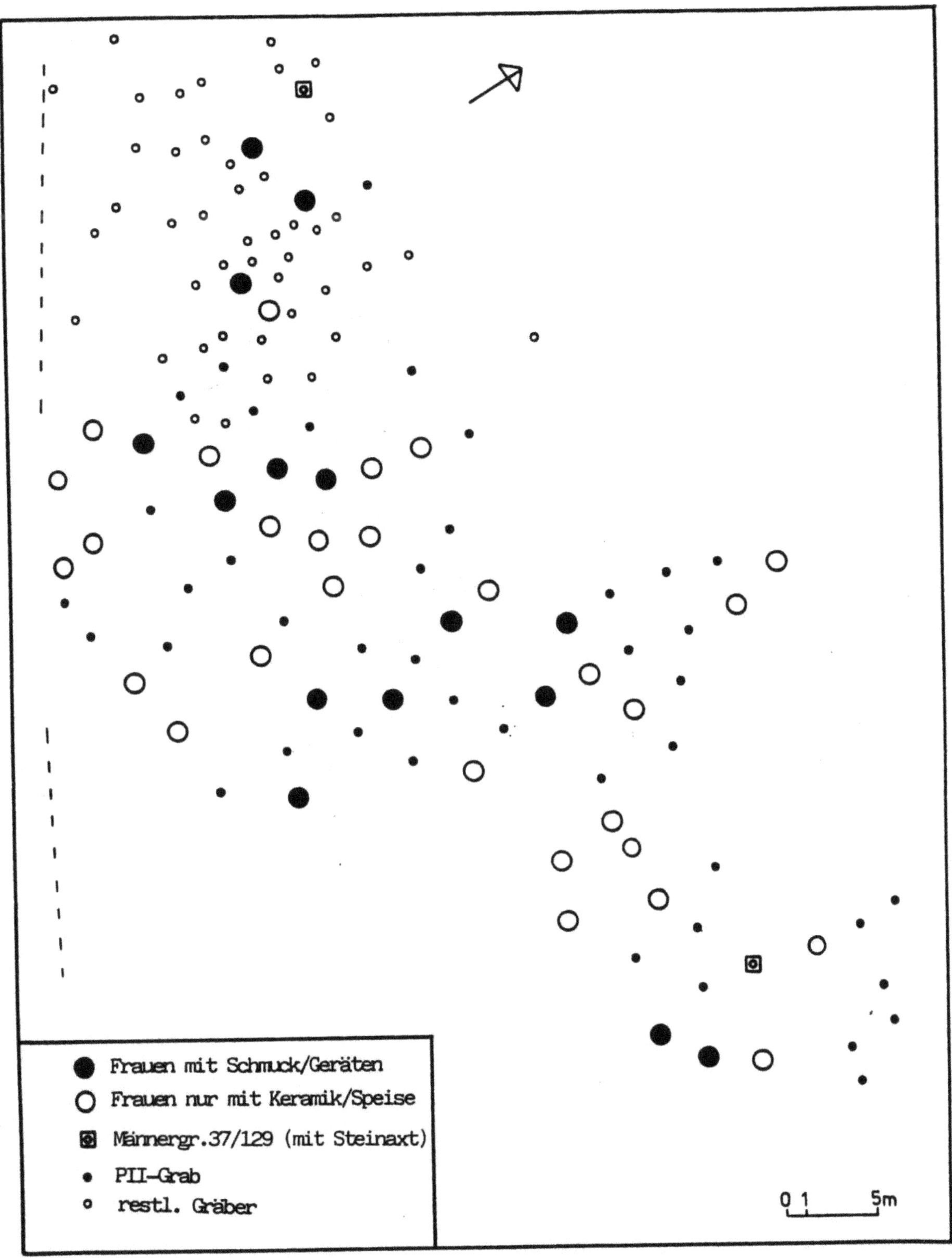

Karte 38: Vergleich der Gräber - Periode II

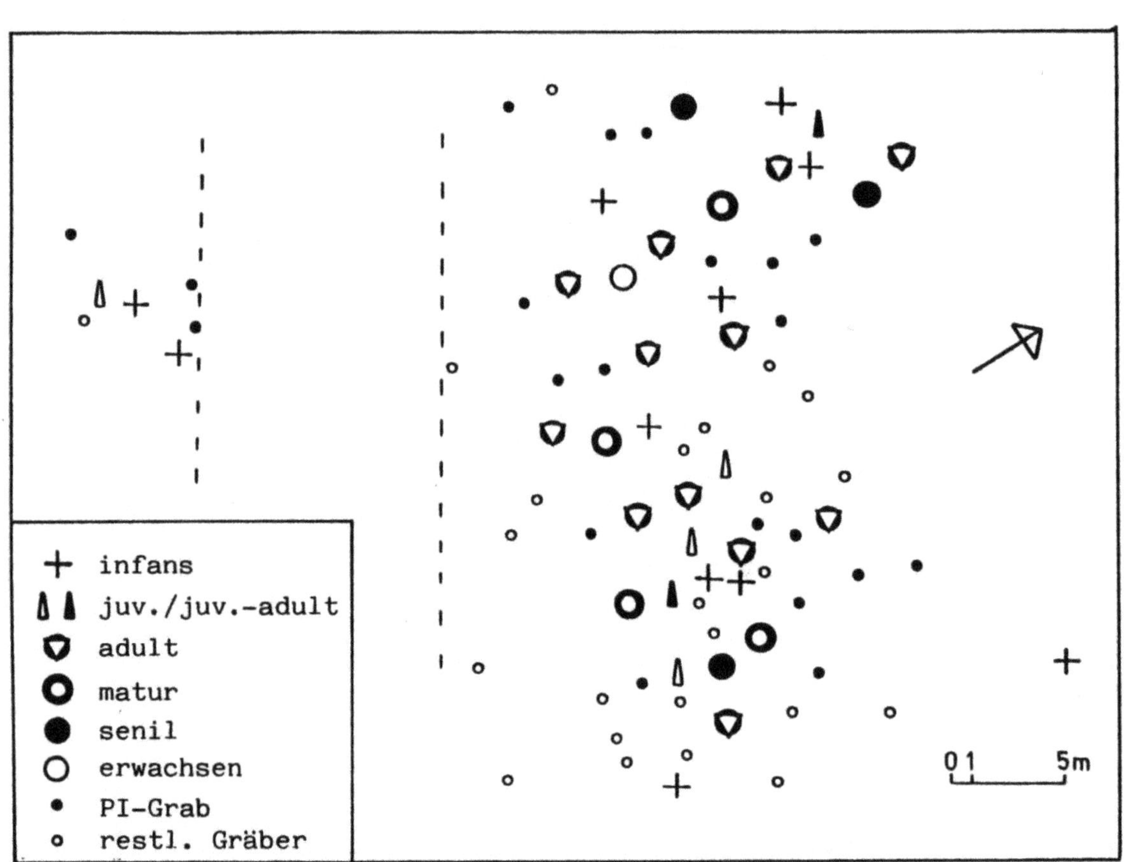

Karte 39a: Verbreitung der Altersgruppen
Periode I - männliches Geschlecht

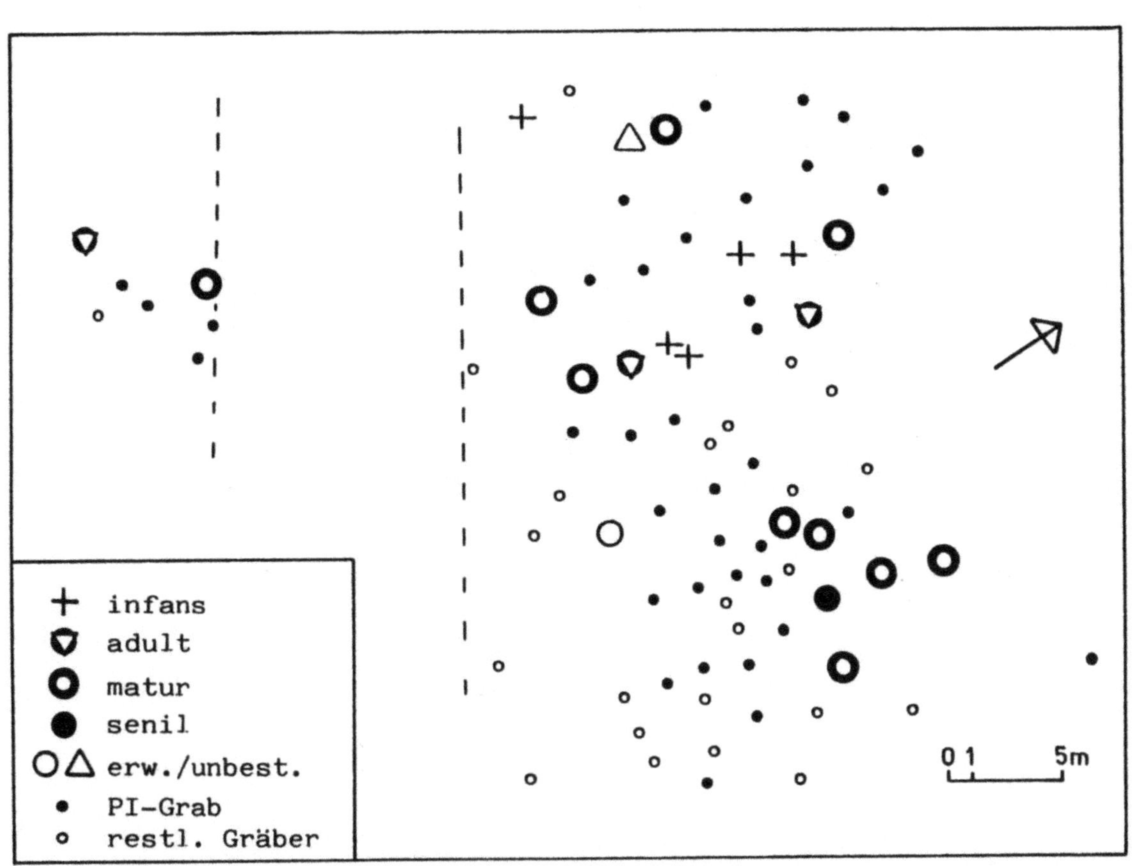

Karte 39b: Verbreitung der Altersgruppen
Periode I - weibliches Geschlecht

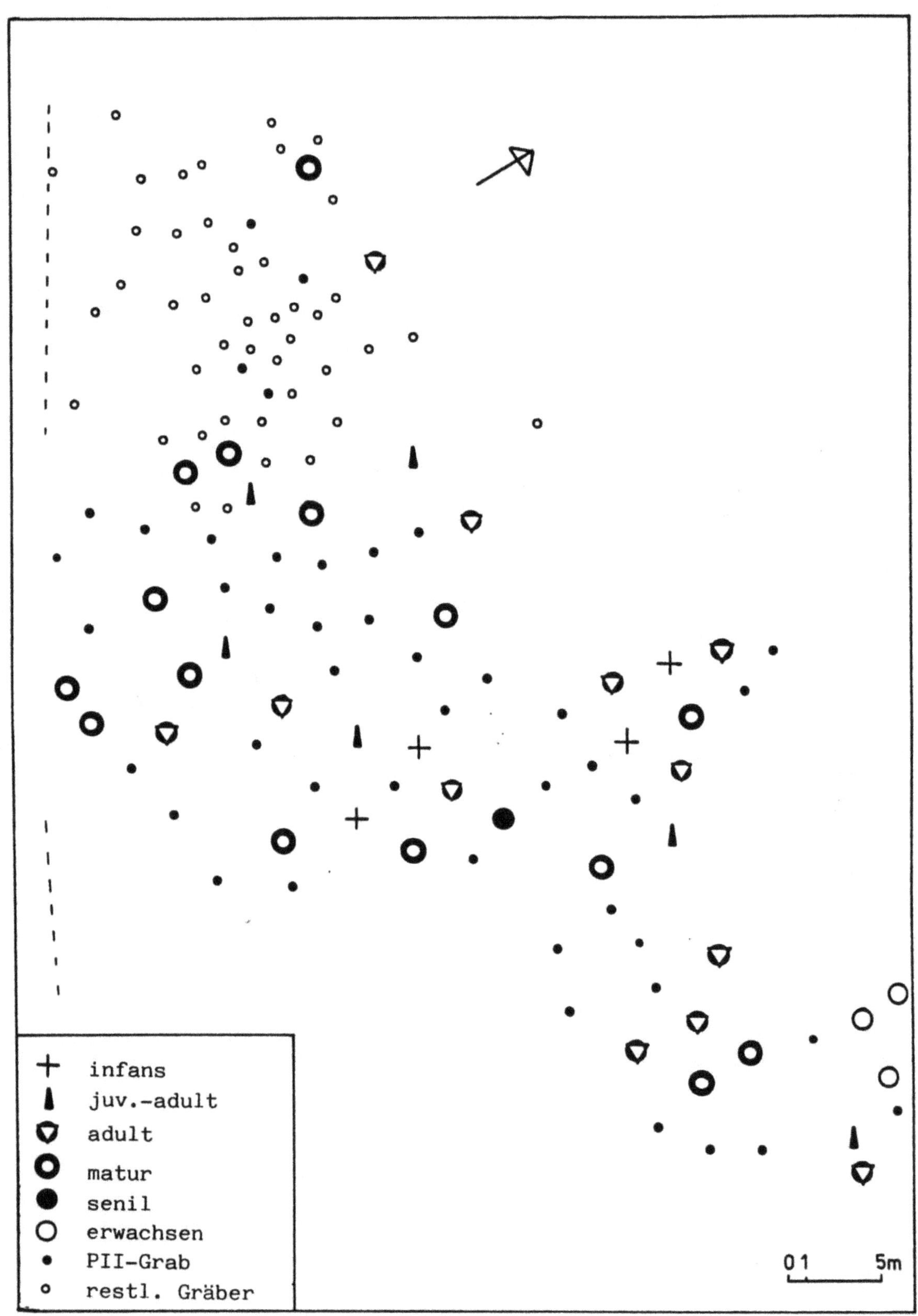

Karte 40a: Verbreitung der Altersgruppen
Periode II - männliches Geschlecht

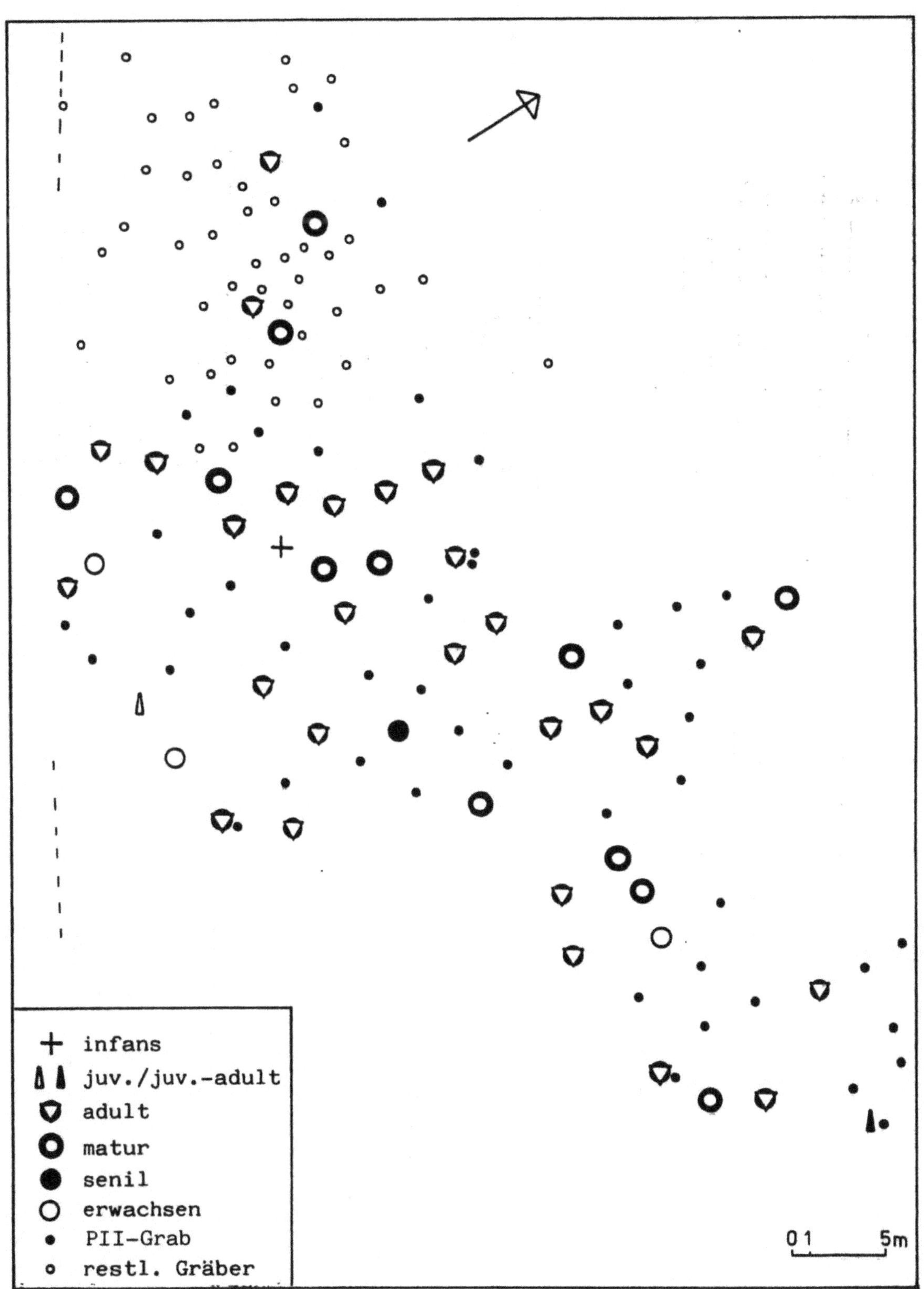

Karte 40b: Verbreitung der Altersgruppen
Periode II - weibliches Geschlecht

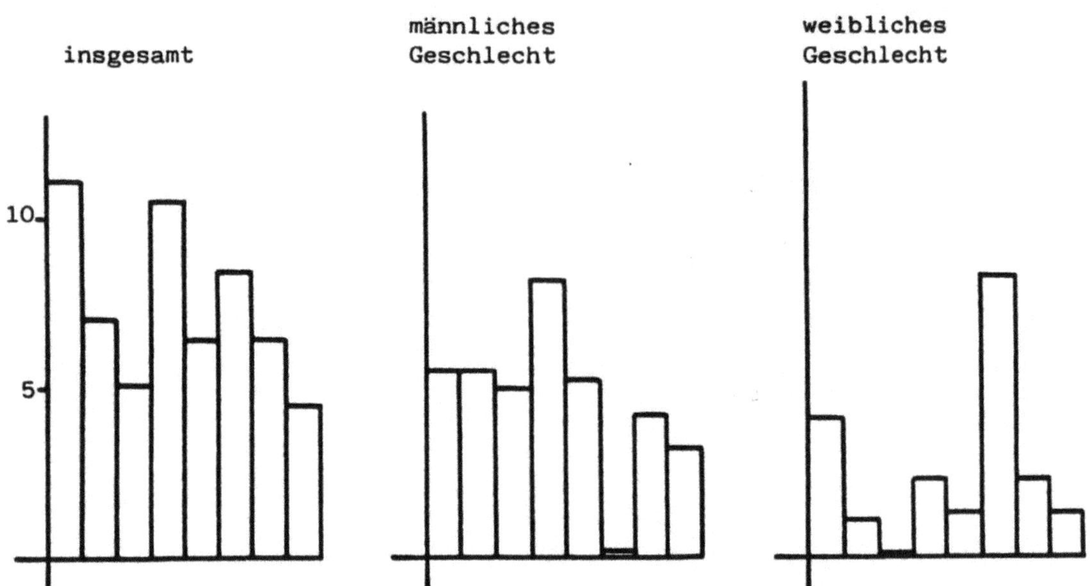

Tafel 9a: Sterbekurve der Bestatteten - Periode I

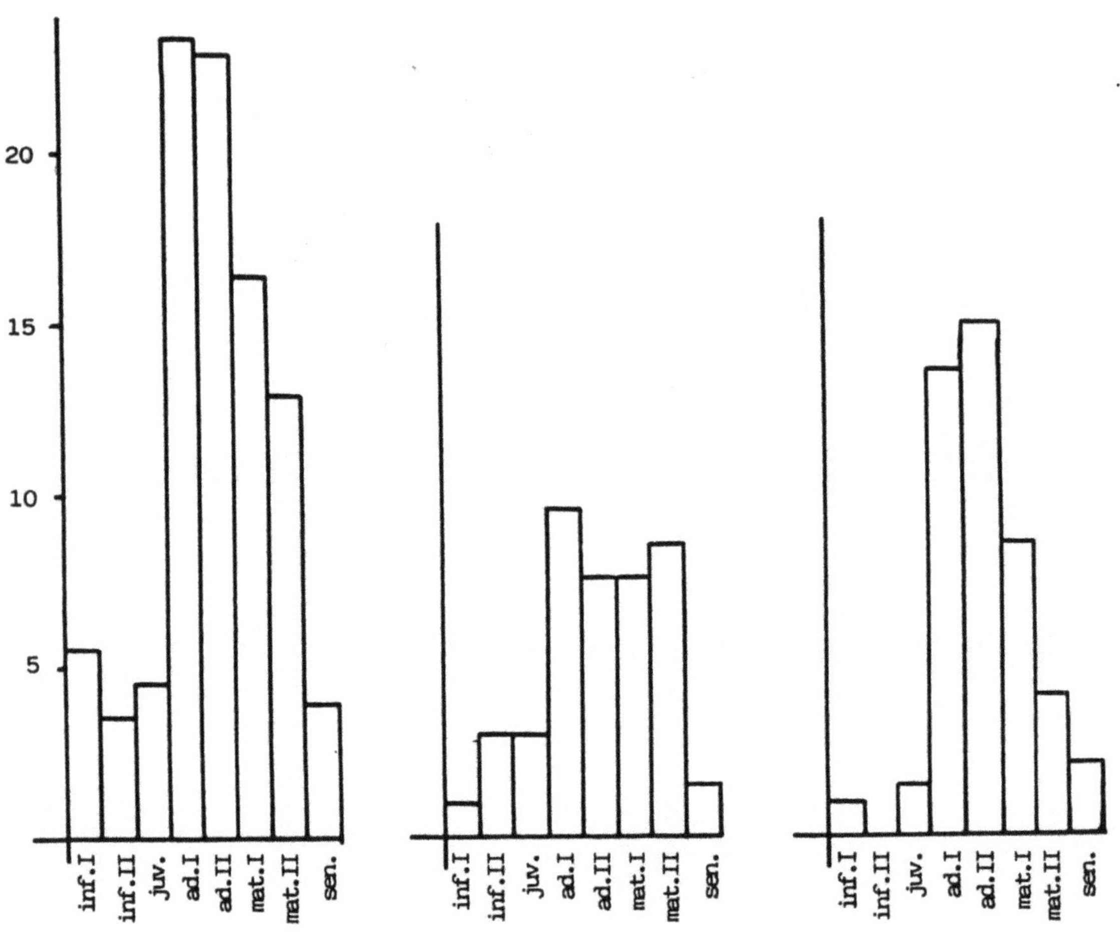

Tafel 9b: Sterbekurve der Bestatteten - Periode II

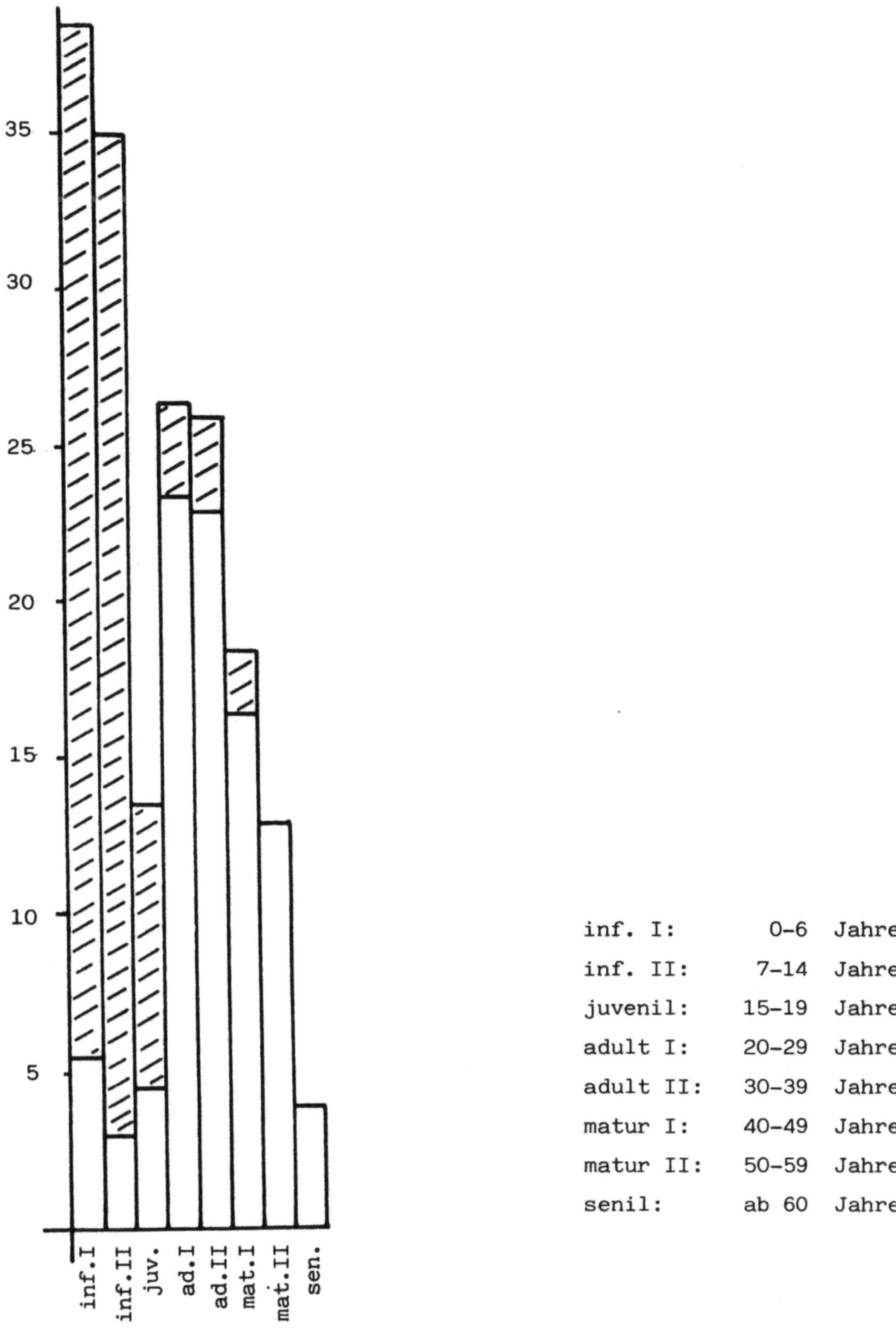

inf. I: 0-6 Jahre
inf. II: 7-14 Jahre
juvenil: 15-19 Jahre
adult I: 20-29 Jahre
adult II: 30-39 Jahre
matur I: 40-49 Jahre
matur II: 50-59 Jahre
senil: ab 60 Jahre

Tafel 10: ergänzte Sterbekurve - Periode II

www.ingramcontent.com/pod-product-compliance
Lightning Source LLC
LaVergne TN
LVHW070940230826
846093LV00015B/528

* 9 7 8 0 8 6 0 5 4 6 1 2 2 *